大川书系

当代情感教育研究丛书
朱小蔓 主编

当代学校德育对话录
情感的关切

DANGDAI XUEXIAO DEYU DUIHUALU
QINGGAN DE GUANQIE

朱小蔓 等 著

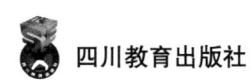

四川教育出版社

图书在版编目(CIP)数据

当代学校德育对话录：情感的关切 / 朱小蔓等著 . — 成都：四川教育出版社，2021.12
（当代情感教育研究丛书 / 朱小蔓主编）
ISBN 978-7-5408-7915-0

Ⅰ．①当… Ⅱ．①朱… Ⅲ．①中小学－德育－研究 Ⅳ．①G631

中国版本图书馆 CIP 数据核字（2021）第 269271 号

当代学校德育对话录：情感的关切
DANGDAI XUEXIAO DEYU DUIHUALU：QINGGAN DE GUANQIE

朱小蔓 等 著

出 品 人	雷　华
策划组稿	康宏伟
责任编辑	李健敏
封面设计	许　涵
版式设计	武　韵
责任校对	赵若竹
责任印制	田东洋
出版发行	四川教育出版社
地　　址	四川省成都市锦江区三色路 266 号新华之星 A 座
邮政编码	610023
网　　址	www.chuanjiaoshe.com
制　　作	四川胜翔数码印务设计有限公司
印　　刷	成都市锦慧彩印有限公司
版　　次	2022 年 3 月第 1 版
印　　次	2022 年 3 月第 1 次印刷
成品规格	185mm×260mm
印　　张	18.25
字　　数	280 千
书　　号	ISBN 978-7-5408-7915-0
定　　价	58.00 元

如发现质量问题，请与本社联系。总编室电话：（028）86365120

丛书编委会

主　　编　朱小蔓
执行主编　杨一鸣
委　　员　（按姓氏笔画排列）
　　　　　马多秀　王　坤　王　慧　陈　萍
　　　　　李舜平　钟芳芳　钟晓琳

编者的话

　　情感教育肩负着现代人情感文明建设的教育使命,是人类完善自身的必要之途,也是中国从自身古老优秀的文明向现代化发展的必经之途。当代情感教育研究是我国著名教育学家、教育家朱小蔓教授历四十余年开创的具有中国特色、时代特征的学术领域。站在新的时代起点上,聚焦立德树人根本任务,情感教育研究在贡献当代中国文化复兴、繁荣中国教育理论及其话语、自觉探索应对由社会发展所带来的新需求和新变化等方面将承担更大使命、更重责任。策划与组织本套丛书,正是对这一时代召唤的积极回应。

　　过去三十年,小蔓教授带领团队在情感教育研究的园地里辛勤耕耘,以"情感及其教育"为学术研究的"母细胞",不断繁衍和扩展到新的研究领域、新的学术语境,形成当代情感教育研究的成果"集束"。2008年后,小蔓教授转到北京师范大学工作。在繁忙的"双肩挑"之余,她对情感教育研究丝毫没有懈怠,又相继研发、培育出一大批较高质量的学术成果。2018年后,小蔓教授病重休养期间,仍以顽强毅力坚持学术写作、阅读思考和指导后学。

　　2019年12月27日,《中小学班主任》杂志组织召开"朱小蔓情感教育思想座谈会",汇聚全国情感教育研究的学术精英,共同研讨、阐释作为当代情感教育研究的重要成果——"朱小蔓情感教育思想"及其内涵与特征、体系与演化、贡献与价值。之后,承蒙四川教育出版社的垂青,小蔓教授不顾病体,亲自擘画与设计"当代情感教育研究丛书",在学术团队近十年相关成果中遴选、敲定书目。

　　本套丛书共六部著作,包括小蔓教授的《当代学校德育对话录:情感的关切》和《教育学的想象——情感教育研究三十年》。前者是小蔓教授历经十年以"对话体"方式对情感性学校德育原理所做的系统阐释;后者则是她对三十年情感教育研究历程进行的系统而全面的回顾与梳理,这部书是小蔓教授在生命的最后两年耗尽"啼血"之力口述后由学生整理完成的。丛书的其他四部著作，分别从情感教育与公共生活、道德教育的情感性特征、乡村教师的情感生活和教师情感素养培育等方面展开讨论。事实上，这四部著作在论题、思想、结构和表达等方面也都不同程度地凝结了小蔓教授的学术心血。

可惜，天不假日！小蔓教授未及亲眼看到丛书问世，便带着无数未了的学术心愿，永远地离开了她无限热爱与不舍的情感教育研究事业。小蔓教授就是为当代中国情感教育研究而生的，她的一辈子也都毫无保留地献给了这一事业。逝者已逝，作为学术后来人，我们应做和能做的，就是要把这份对情感教育研究的爱传承和发扬下去，做好学术"传灯人"。

丛书编委会
2021 年 11 月

序

　　这是一本关于新时期学校德育问题的讨论对话录，也是由我主持的国家社会科学基金"十一五"规划教育学重点课题"社会变革时期青少年思想道德发展的新情况与对策研究"的结题成果。按照当时的设计及我们的承诺，该课题是一项实证研究项目，只需要有基于规模问卷调查的分析报告即可。但我们不满足仅以实证研究的著作与调研报告结题，于是有了这本对话录。

　　对于青少年思想道德状况的了解和研究，可以有多种方法。此次我们尝试用了实证研究的方法，自我挑战了一次。通过规模问卷进行实证研究，有助于在较大的面上了解青少年道德状态的概貌，但它还是不够的，这不仅因为量化统计方法本身对于研究思想道德这一特定现象而言具有局限性，而且受制于我们驾驭此种方法的能力。研究结果难免有些"表层"，对数据的合理解释和进一步开发还有很多工作可做。另一方面，在我看来，对策研究也并不限于政策性的建议，也可以包括更加深层的、思想性的建议，如果能有深刻一些的思想提供，对于判断问题、影响政策、改善现状也不无益处。

　　我个人的学术兴趣偏于思想性探究，多年来主要从事教育哲学思想范围内一些主题的思考及著述，恰恰十分缺乏做实证研究的经历和能力。我在南京师范大学工作时开设的一门教育哲学课程形成的对话性著作《教育的问题与挑战：思想的回应》在 2000 年面世后获得了意想不到的反响，它激励我数次动念再做一本关于德育话题的对话录，将自己对德育理论与实践中一些经常困扰的问题、反复萦绕心头的问题做些梳理，最终皆因事务缠身而未能如愿。

　　2002 年，我受命主持中小学品德课程标准研制，2006 年主持初中思想品德课程标准修订，至 2011 年底新的课程标准颁布，十年来经历学校德育面临的种种矛盾、挑战，其间还包括 2005 年亲身参与由教育部组织的基础教育现代学校制度研究、素质教育全国性调研、教育公平问题的研究。2007 年底，我调任联合国农村教育研究与培训中心岗位，在专业上有了对农村教育（包括农村学校德育）、城镇化进程中学生文化融合、农村留守儿童心灵关怀等新的时代性课题的关注。我愈发感到学校德育与现实生活、与青少年儿童生存状态密切而深刻的联系。德育研究必须回应生活中的新问题，回应教育实践中的新挑战。

终于有了机会。一是该项目的实证研究有了结果，在研究团队的努力下提炼出不少有价值的数据，可供我们分析思考；二是我身边会聚了一批好学上进的年轻人，他们有一股迷恋和向往学术生活的热情和活力。我们相信，思想是在互动中渐渐生成的，它往往需要一个机遇性的思想观念相聚集的过程，经讨论而厘清思绪，经摩擦而创造火花。因此，我们选择对话讨论的方式：没有真理与服从、没有高下与胜负；那些正式与非正式课堂成就了我们彼此精神联结和享受的美好时光。

现实的学校德育状况是复杂的也是生动的，它已与经济、政治、社会、环境等异质性因素捆绑在一起，共处在一张十分复杂丰富的"无缝之网"上。我们需要将"整体的动态分析视角"作为一种方法论工具，避免封闭、孤立地讨论德育；同时，也要突出教育及研究者主体的能动精神，抱持做能做的事之态度。围绕着所选择、确定的主题，参与者共同面对问题，对现存德育的时代病症做揭露，对需要质疑的德育思维方式和行为方式进行审视和批判，其实也是对当下社会转型阶段的物质文化和精神文化的批判，在批判中表达人道主义的忧虑和关切，捍卫和表明自己的教育学立场。我们也要求自己对每个主题所涉的知识、经验有学术的敏感和热情，能够使用概念性思维，提出基于问题的学术命题，展开通俗但又有一定逻辑深度的论证，同时对人们在德育工作中创造的生动经验做归纳分析，力求提炼出有操作意义的思路、原则、策略和方法。这考验我们从具体到抽象，再从抽象到具体的思维能力，考验我们历史性、综合性的判断能力。

我希望能像王元化先生所说，产生有思想的学术和有学术的思想，相信只有当我们的讨论和"话语"能够回到德育的日常生活，较好地解释德育的真相，也能够在通往问题解决的路径上有一点实在的建议时，于教育政策制定者、德育理论工作者和一线工作的教师们才会有切实的意义。

教育研究的类型、样式很多，其中离不开哲学思维和哲学工作，哲学是人文精神最本质的表征。当代教育哲学要关心、关注、反思教育的实践生存，用多种不同的形态和方式回应教育现实，创造和传播推动改善实践的思想、知识、理论，这是教育哲学学者的本分和使命。本对话录所做的工作正是上述认识和信仰的产物，是以为序。

目 录

001 专题一
道德潜能与基础性道德品质

议题的缘由与意义　/003
"道德潜能"的存在　/008
道德潜能与基础性道德、道德学习　/017
基础性道德品质的培养　/023
基础性道德与共同道德、生命教育　/034

039 专题二
关注个体生活经验：自我文化建构

再反思：德育与生活　/041
个体生活经验：道德成长的基础　/052
学校德育：关注个体生活经验　/062

073 专题三
关怀学生的精神成长：学校德育的核心任务

精神性是学校德育的重要维度　/075
学生精神世界的现实诊断　/080
关怀型师生关系的建立　/088
通过劳动提升学生的精神世界　/0095
让学生在阅读中扩展精神生活　/101

107 专题四
文化冲突与融合中促进人的道德成长

文化冲突与融合成为当下青少年成长的一个生活侧面　/109

发现和培植德育新的生长点　/117
学校教育的作为与可为（还是要寄希望于学校）　/125
保留的立场　/134

135　专题五
知识、课程与学校德育

问题的提出　/137
知识在道德形成中的作用　/139
思想品德课程教学与品德教育　/148
学科教学与品德教育　/157

161　专题六
青少年生活方式的变迁与德育应对

青少年生活中蕴含怎样的道德可能　/163
闲暇生活与道德教育　/166
消费生活与道德教育　/180
网络生活与道德教育　/190

201　专题七
学会过公共生活：学校德育的生长方向

关注公共生活：现代学校教育的使命　/203
学校公共生活：为学生提供"准公民"的教育生活　/221
建构学校公共生活：学校教育的可为空间　/233

247　专题八
以德为本：彰显学校管理的特质

学校管理：重要的德育环境　/249
信任关系：学校德育的基本条件　/252
学校管理要建立普遍的信任关系　/259
建立师生信任关系是一个情感培育过程　/263

后　记　/279

专题一

道德潜能与基础性道德品质

议题的缘由与意义

生：您曾经说过，学者的本性就是反思，就是敢于和善于进行独立的思考和判断，对生活的变化怀抱热情，对时代的问题能提出自己独立的、拓展性的见解。20世纪90年代中期以来，您坚持深入学校教育一线，聚焦情感和道德的关系，试图在生活中找到贴近学生情感实际的教育引导方式。身处这个大变动时代，学校德育的理论与实践面临更深层次的问题与挑战，迫切要求专业工作者给出积极回应。您认为，我们可以从哪些方面尝试破解当前学校德育研究的思想瓶颈？

朱：我们研究的问题来源于理论与实践，是理论与实践不断循环往复的结果。本研究是德育原理的对话录，是有着思想的学术，有着学术的思想；是德育理论研究对德育实践的观照，是基于德育实践的理论思考、探索。说实话，我一直不是很满意现在的教育研究方式和表达方式。我认为，教育研究必须直面实际问题，关心和思考现实中人的成长，尤其是人的精神成长问题，期望能在理论与实践的交互作用中探索一种"有思想的学术和有学术的思想"的科研形态。今天，学术研究的藩篱和门槛越筑越高，规范化的学术与自由表达的思想之间的"对话"变得越来越困难。在我看来，人文社会科学有着不同于自然科学的独特性，规范化研究与表达固然能有效推进学术成果的运用、传播和推

注："生"指诸学生的提问与质疑，"朱"指朱小蔓教授的回应与激辩。

广，但同时也有伤害这些学科自带的人文特性的风险。教育研究的对象始终是人，对人的问题的研究恐怕很难做到"一刀切"的精准化，还是应该给自由的想象、个性的表达、思想的激情多留一点空间。我总是想，在人类几千年的思想演化史中，科学实证范式只是近一两百年的事情，而从更长的历史脉络来看，逻辑理性与激情想象之间的交融互动才是人类思想如此璀璨夺目的真正原因。因此，当代教育理论研究，尤其是德育理论的研究，是到了打破学术与思想彼此隔离的时候，应尝试以更融通、更开放、更包容的方式去重构、去再造。

我一贯主张，教育原理的书千万不能变成教条，原理一定是经过历史的检验、锤炼，针对不断涌现出的经验、出现的问题而得出的。原理都有着生活的、社会的情境。当我们解释原理的时候，就要回到事实、情境。教育原理尤其是德育原理更是如此，是和生活、实践、情境血肉相连的。教育原理、德育原理不能够变为简单结论来作为教条记忆。

本研究的议题，都是来源于长期教育理论、实践、政策的融合，在此基础上对原初的、本源的根本性问题的探寻，对现实问题的应答。我们试图厘清一些本源性、基本性的德育基础理论问题。我们认为，这些本源性、基本性的德育基础理论问题在不同的时代会投射出不同的现象，呈现出不同的面相，但根子还是原初性的问题。原理是很重要的，不能够忽视原理，但又绝对不能教条化。道德潜能与基础性道德品质就是这样的一个议题。

生：哦，这让我想起了鲁洁先生近年的一个主张：对德育新路向的探索离不开对一些最基本的德育问题的反思与探讨。这些问题包括：道德教育的人学基础，道德教育与当代人之生成，个人品德形成的基础，道德教育在现代化过程中的境遇等。德育的新路向不会自动显露，但对以上问题的厘定，肯定有助于我们发现前方的亮光[①]。我觉得"道德潜能与基础性道德品质"恰恰也是对鲁洁先生的呼应，是对德育实践的反思，是对德育新路向的探索。

朱：可以这么说。德育研究不断地从深度和广度上拓展，新课改十年，德育新课标修订，这些都在召唤我们来反思德育的本质问题，探索德育的新路向。就德育问题的逻辑来讲，"道德潜能和基础性道德品质"是逻辑起点。同时，这个议题实际上也是我以及我的团队多年思考、研究的成果结晶。从我开始关注

---

① 汪凤炎等. 德化的生活·总序[M]. 北京：人民出版社，2005：2.

道德教育尤其是着重研究情感教育开始，这个逻辑起点就在我的脑海中挥之不去：道德教育、道德学习何以可能？人的情感性尤其是原初性情感的发生机理是什么？在数十年的研究中，通过吸收借鉴脑科学、神经科学、心理学以及文化人类学等学科相关的研究成果，通过对教育实践的观察与实验，我越来越清晰地、明确地认为，人作为类来讲，经过了数亿年的演化与选择，具备了道德潜能，这使得人类进行道德学习和道德教育成为可能。而"基础性道德品质"也是我近些年重点思考的一个问题。这个问题随着全球化浪潮、剧烈的社会变革以及由此给学校德育带来的挑战而变得越来越重要。这一问题与道德潜能又是有着紧密联系的，因此，就作为一个大的专题来谈了。

生：这些问题都是原初性的，在当下又是非常重要的。我们都知道，早在20年前，您就致力于情感教育的研究，正如您在《情感教育论纲》中所言："个体品德形成虽然需要社会环境、舆论、规则、法律等外部力量的支持，但究竟是什么东西在人的内心持续、内发、内控地生长、壮大着，从而使一个人成为善人、好人、有德之人呢？"[①] 这也是您一辈子在思考的问题，您总是在追寻人类伦理大厦的基石。其实也是观照到现实，针对当时道德教育的理性主义的。那么，道德潜能与基础性道德品质这一议题主要是针对什么问题呢？

朱：这一专题针对的最大现实问题是道德教育的异化。从本质上说，道德教育是为了人的道德成长，是为了培养人的道德品质。因此，道德教育一定是内在于人，为人的成长服务的。它应该是每个人尤其是未成年人本身需求的一部分，应该是受欢迎的。但在现实中，道德教育却往往外在于人的道德成长，甚至让人提起来会觉得是很不自然的、说教的；在学校中往往也被归为是班主任、德育课程的事情。

生：您说这一专题针对的最大现实问题是道德教育的异化，这恐怕是每一个深入教育实践的人所难以否认的判断。近年来我国关于德育实效性、道德滑坡的讨论，对此实际上是个明证。那么，我想追问的是：道德教育异化背后的原因是什么？为什么您认为道德潜能和基础性道德恰恰是对道德教育异化的批判？

朱：道德教育异化，在德育思想上表现为割裂社会和个人的天然联系，把

[①] 朱小蔓. 情感教育论纲·自序[M]. 北京：人民出版社，2006：1.

道德仅仅看作是社会的产物，是外在于人的社会要求和规范；割断道德的整体性、统合性，片面强调道德认知而忽视道德情感和道德意志；在德育实践中表现为知性德育，表现为外在灌输。当然，这样的企图制造生长的教育，也往往会变成遏制、摧残成长的教育，正所谓拔苗助长，所以出现了现在人们常常感叹的"小学讲远大理想，大学讲文明礼貌"的现象，这是道德教育异化的表现之一。很多研究对此现象有实证的结论，它们通过对我国高校道德教育及现状的分析，揭示出我国高校道德教育的薄弱环节在于基本道德教育；提出了以基本道德品质教育为基础，构建高校德育新体系，切实提高学校德育的实效性主张。

现在社会上越来越多冒天下之大不韪的事件，昭示了一些人社会底线的沦丧，人之为人的基础性道德的丧失，如毒奶粉事件，还有弃养老人虐待老人的现象、青少年学生求爱不成杀人毁容的现象等。这些事件、现象背后有极其复杂的原因，但不可否认，这些人成长过程中道德潜能没有很好地成长，基础性道德品质缺位是很重要的原因之一。

生：说起道德教育的异化，我觉得现在很令人担忧的一个现象是有的人不重视道德教育，无论是在学校教育、家庭教育还是社会教育中，道德教育没有应有的地位。

朱：这也是道德教育异化、教育异化的表现之一。即使是以培养劳动能力为主，又怎么能够忽略人的道德培养呢？一个劳动者创造社会财富的能力、对社会的贡献力，不仅仅取决于其拥有的知识与能力，重要的是其态度和价值观。道德成长不仅仅是社会的需要，还是人自身的需要。因此，培养人的道德品质尤其是基础性道德品质被很多教育家看作是教育的核心功能，贺拉斯·曼认为，公立学校应该坚持帮助学生发展理智和良心。厄内斯特·波伊尔认为，高水平的学术标准和高水平的道德标准是密不可分的[1]。事实上，一所好的学校总是一贯进行价值观教育的[2]。

生：能不能这样说，您认为道德潜能和基础性道德品质是可以对德育异化

---

[1] 波伊尔. 基础学校——一个学习化的社区大家庭[M]. 北京：人民教育出版社，1998：147.

[2] 波伊尔. 基础学校——一个学习化的社区大家庭[M]. 北京：人民教育出版社，1998：148.

进行校正的。如果我们能够重视道德潜能的激发,能够形成人的基础性道德品质,个人和社会就更倾向于有道德底线?

朱:可以这么说。正是忽视了道德潜能和基础性道德品质的前提意义,长期以来道德教育异化的现象严重。道德潜能和基础性道德品质恰恰是对这些思想与实践的批判与校正。德育不是让人忘记人而是具有道德潜能的,不是制造道德的成长,而只能是促进、引导、帮助道德成长。在人生的基础阶段,应该培养人的基础性道德,以使人的道德之树根深蒂固。

"道德潜能"的存在

生：人研究自身是对人类最大的挑战。相对而言，道德作为一种社会规范是较为容易理解的，而道德作为一种潜能的理论则需要更多的解释。那么，道德潜能是什么呢？您所讲的道德潜能怎样去界定与描述呢？何以证明存在着道德潜能呢？

朱：我们做过一项课题——"社会转型时期道德学习的研究"，认为道德潜能是道德学习的生命基础。我们为什么会有这样的一个判断呢？首先要从我对道德的理解来说明，我认为"道德是学习，是生长，伴随着人的自然生长和发育的过程。道德是个体生命存在与发展的重要组成部分，是人之为人、人之生命结构的重要组成要素"。也就是说，从人作为类来讲，道德潜能是每个个体都有的。道德潜能从生物遗传学上讲是人的大脑遗传或文化积累使得人这一高级物种与生俱来就具有与人相连接，追求与他人一起共同生活的本能。论据呢，则可以从人类历史的经验智慧和当代多门科学的证据来论证。你是学教育史出身的，应该比较熟悉我国古代的性善论吧？

生：是的，人性论是我国古代思想家、教育家论述教育思想的出发点。我觉得孔子是伟大的经验主义者，他很实事求是，凭着自己多年对人生和社会的观察以及几十年的教育经验，认为人性是很相近的，经过后天的外部环境的影响和自身的学习则大相径庭了，他总结为"性相近，习相远"。他没有给出人性是善还是恶的判断。孟子则把这个命题发展为"性善论"。他认为人性在"善"端上是相近的，并把这善端与先秦儒家的仁义礼智相对应，即著名的"四端"

说："恻隐之心，仁之端也；羞恶之心，义之端也；辞让之心，礼之端也；是非之心，智之端也。"孟子认为恻隐、羞恶、辞让、是非四种情感是仁义礼智的萌芽，仁义礼智即来自这四种情感，故称"四端"。正是在这个意义上，孟子认为道德是人类所固有的，他说："仁义礼智，非由外铄我也，我固有之也。"孟子所用的论据是人有基本相同的欲求，人对味道、声音、视觉的判断是有着大致相同的标准的，那么，对于人心而言，又为什么必然不同呢？"至于心，独无所同然乎？"那么，人人心中都有的判断标准是什么呢？"心之所同然者何也？谓理也，义也。圣人先得我心之所同然耳。故理义之悦我心，犹刍豢之悦我口。"

既然人人天生都有道德，但为什么现实中有人却没有道德呢？孟子认为这是"弗思耳矣"。孟子认为是人们没有守住、滋养这宝贵的财富，他讲"求则得之，舍则失之"。孟子以丛林郁郁的山为喻，认为不存养而只是无度地砍伐，山也就变得光秃秃没有生机了。但人并不能由此来抱怨山的本性。对于人也是如此，他说："虽存乎人者，岂无仁义之心哉？其所以放其良心者，亦犹斧斤之于木也，旦旦而伐之，可以为美乎？""故苟得其养，无物不长；苟失其养，无物不消。""非独贤者有是心也，人皆有之，贤者能勿丧耳。"孟子的学说对中国传统文化影响深远，中国有句谚语叫"人同此心，心同此理"。

通过正反两方面的性善论论证，孟子提出了相应的教育原则与方法，他说："仁，人心也；义，人路也。舍其路而弗由，放其心而不知求，哀哉！人有鸡犬放，则知求之；有放心而不知求。学问之道无他，求其放心而已矣。"就个体道德而言，道德是从人的生命中生长出来的，生活是道德的根基与源泉，而个体内在的道德潜能是道德的前提，它使道德成为可能，从而也为德育提供前提。

朱：是啊，这些思想是人类认识自我、指导行动的宝贵财富。西方传统上则倾向于以人的天赋理性说明道德的可能性[①]。随着人类经验的累积和科学技术的突破，当代多门学科对人的道德潜能都提供了不同角度的证明。从生物进化论的角度，美国《新共和》高级编辑罗伯特·赖特揭示出"人是道德动物"，我国著名的伦理学家周辅成从"社会本能"的视角也明确阐明人是道德的动物。"利他""自我牺牲"等道德品质是人类本有的品质，在朴实的劳动人民中普遍存在。威尔逊认为"人的生物性中就包含合作和自我牺牲倾向；人是热爱生命

---

① 龚群. 生命与实践理性[M]. 北京：中国社会科学出版社，2004：67.

的天使；人在最原始的内心深处就有一种要'与人相联系'的感觉"。加登纳做了很多的实验，发现道德中最重要的两个观念——尊重和公正，在人脑中都有生物学的基础，因此他把它称为"人的第九种智能"，也就是道德智能。丹尼斯在1994年提出，人有"将内在知情欲的精神潜质现实化"的真诚冲动，并且由于人的这种精神潜质和自我、时空、环境发生各种关联，或得以彰显，或受到压抑和挫伤，导致功能失调。也就是说，人的道德意识和道德动机存在精神上的根基。我们可以梳理一下关于道德潜能实存的几种论证。

首先，西方哲学对道德潜能给予了研究。弗洛姆从人先天具有一种发展、完善自己的本能角度，认为道德根植于人天性的自然生长过程。在论及义务的本质及起源时，法国哲学家柏格森认为，义务并不完全来自外部，存在于社会中的义务之所以能对我们起作用，是因为它就存在于我们的身上，是组成我们生命的一部分[①]。他说，人的社会所具有的道德，的确可与它的语言相比较[②]。也就是说，道德同语言一样，后天地伴随着人类而生，又以生物的遗传密码，先天地潜伏于人类的个体之中。他说，自然在把人造成群体动物时所怀抱的意图是：这种团结应该紧密，虽说它又将这种团结放松到足以使个体能够为了群体本身的利益而发挥自然赋予他的理智的程度[③]：

无论你属于何种哲学派别，你都肯定会认识到人是一种有生命的造物，认识到生命沿两条主线的演进已经在群体生活的方向中得到了完成，认识到由于生命是有机体故联合乃是生命活动最为一般的形式，认识到正因为如此我们才从有机体中细胞之间的联系不知不觉地过渡到社会中个人之间的联系。因此，我们只注意那种无可争论与无可辩驳的东西。但是，如果承认这一点，则关于义务的任何理论思考都会变得既无必要又无效力：无必要，是因为义务乃是生命的必需；无效力，是因为做出的这种假说最多能向理智提供义务的合法性，而且也是很不完满的合法性，因为义务是先于这种理智上建构的。

---

① 柏格森. 道德与宗教的两个来源[M]. 王作虹，成穷，译. 贵阳：贵州人民出版社，2000：6-8.
② 柏格森. 道德与宗教的两个来源[M]. 王作虹，成穷，译. 贵阳：贵州人民出版社，2000：20.
③ 柏格森. 道德与宗教的两个来源[M]. 王作虹，成穷，译. 贵阳：贵州人民出版社，2000：序.

柏格森还区别了两种道德：道德义务与作为抱负的道德。道德义务把我们同社会其他成员捆绑在一起，乃是一种起连接作用的键链，其性质正如蚁穴中的蚂蚁或有机体细胞连接起来的键链一样①。道德义务是自然设计出来维护社会团结的一种手段，这种压力是一种"绝对命令"。道德义务是出自自然的。他明确提出作为道德义务的道德是来自于大自然的，是人类社会存在的条件，是一种"绝对命令"。那么，我们可不可以认为，作为人类的一员，每个人都遗传了这种"绝对命令"？

生：这让我想起了马克思主义对人的基本判断：人是自然属性和社会属性的统一。什么是社会属性呢？这种社会属性是不是可以认为是道德的基础呢？马克思关于人的本质的思想主要有三个命题：一是"劳动或实践是人的本质"；二是"人的本质是一切社会关系的总和"；三是"人的需要即人的本质"。马克思在《1844年经济学哲学手稿》中指出："人的类特性恰恰就是自由的自觉的活动。"这一思想，提出人的生命活动具有特有的方式，即实践或劳动。实践活动是人和动物的最本质的区别，也是产生和决定人的其他所有特性的根据。马克思在《关于费尔巴哈的提纲》中指出："人的本质不是单个人所固有的抽象物，在其现实性上，它是一切社会关系的总和。"人类社会存在两种关系，即自然关系和社会关系，人的本质离不开同自然的关系，但更重要的是由社会关系决定的，一切现实的人都是"一切社会关系的总和"。在一切社会关系中，生产关系是决定其余一切关系的基本的原始的关系。在生产关系的基础上，人们进一步形成了道德等复杂的社会交往。历史比较研究往往有助于我们分析源头问题。和马克思的观点相似，有学者区分了人类与动物的世界，认为人类是"开放世界"（the open world），动物界是"封闭世界"（the closed world）。动物只是被动地适应自然，人则能够通过生产劳动改造自然，以满足人不断发展的需要。同样，改造社会方面，人正是通过改造世界的实践来提高认识、改造自己，并获得自己的属性。社会性是人的根本属性，实践性也是社会性的表现，人的类性得以实现也是由其社会实践形成的，人的自然属性也打上了社会的印记。从这一观点出发，我们可不可以说，人类区别于其他物种的根本在于人是社会

---

① 柏格森. 道德与宗教的两个来源［M］. 王作虹，成穷，译. 贵阳：贵州人民出版社，2000：序.

性的人，各种社会关系是人类的本质存在？而道德讲到底，就是各种关系的应有规范，因而，道德是人类社会的产物；反过来，道德也是人类之所以能够结成社会、保持社会团结的重要因素。只不过在具体的历史中，道德有不同的具体内容而已。进而具体到每个人，在其作为类的生物特征上，应该是有着某些物质、机制，可以使其易于成为社会的一员，就如同语言一样。

朱：你刚才是从哲学、社会学的角度来讲的，认为人作为类的一员，具有先天的"道德义务""社会性"。近些年来，心理学、脑科学的一些实验研究呈现了让我们很震撼的事实：美国一些儿童心理学家做的一项实验研究发现，把刚刚出生的婴儿放在一个大房子里，有一个婴儿哭，就会有其他的婴儿跟着哭，慢慢地所有婴儿都会哭。但是，用一个玩具娃娃来代替，让它发出这种哭声，这声音是婴儿真实哭声的录音，却不能引起其他孩子的哭泣。这说明什么？说明了人类个体自出生便带有了"同情共感"，同情共感是人的天性。同情共感就是一个人对他人的喜怒哀乐有着即时的身心反应能力，以至于能够站在旁观者的立场上考虑和评判自己的行为，就何为合适的行为做出判断。同情共感实际上就是人类形成社会秩序的基本的、天然的禀赋。哲学人类学研究也表明，"人类生下来就是'早熟的'。他带着一堆潜能来到这个世界。这些潜能可能半途流产，也可能在一些有利的或不利的生存条件下成熟起来"，所以从本质上讲，人是能够受教育的。

人类自身的这种潜能，是造化所给予人类的无比高贵的财富，随着人类对自身奥秘探索的深入，会有更多让我们吃惊的发现。

生：老师，这也是让我很好奇的地方，在大自然数亿年的进化中所孕育出来的万物之灵，人类蕴含了我们还远远没有触及的秘密和力量。人类一直就在思考、探索这种蕴含在自身中的奥秘。早在两千多年前，荀子在区别人和其他动物时，就认识到，人"力不若牛，走不若马，而牛马为用，何也？曰：人能群，彼不能群也"，并认为"人生不能无群"。人正是因为能够"群"才得以立于万物之中的。"群"是中华文化所特有的一个概念，我觉得和"社会""社会性"是比较接近的。

朱：对，我们的语言也表达着自身特有的社会历史。"社会"最早是日本对英文"society"的翻译，严复翻译的时候还是用"群"，如他翻译的《群己权界论》。人能够"群"，能够组成社会，其基础之一可以说是道德潜能的存在。道德潜能和人的"社会性"是密不可分的。不仅是奴隶社会、封建社会的文化教育强调道德，在资本主义的工业文明中，其经典人物亚当·斯密一手持《国富论》，另一只手持的就是《道德情操论》。亚当·斯密写《道德情操论》写了31年，不断地修正。亚当·斯密早就指出："自爱、自律、劳动习惯、诚实、公平、正义感、勇气、谦逊、公共精神以及公共道德规范等，所有这些都是人们在前往市场之前就必须拥有的。"亚当·斯密和当时的苏格兰学派的联系就体现为：典型的思想启蒙，呼唤人的同情共感，自利自保中的同情共感的倾向。人具有相应的本性，如孩子天然地能和别人交流。涂尔干在《社会分工论》中也认为人类社会整合的最基本的力量之一还是道德。也可以说，正是由于他们发现了人类、社会所蕴含着的这些秘密，才成为大家。

生：您说道德潜能和社会性是密不可分的，这给我很大启发：道德潜能是社会性的前提之一，社会性是道德潜能的现实表现之一。

朱：的确，古今中外的大政治家、思想家、教育家无不认识到道德对于人、社会的重要性。这也是个有趣的话题，你有兴趣的话可以做进一步的研究。从柏格森的道德义务我们谈到了道德潜能，谈到了道德对社会之为社会、人之为人的重要意义。

柏格森认为另外一种重要道德就是"作为抱负的道德"，这是出自个别的杰出英雄人物的抱负和创造。前者是"起码的""团体的""静态的"，后者是"更高的""人类的""动态的"。但两者又是相互联系的，前者有后者的温馨，后者有前者的强制力。更重要的是，两者有着共同的来源："倘若追溯到自然的根处，我们或许会发现同一种力量，这种力量围绕着它自身的轴心旋转，在人类刚形成时直接表现出来，后来则通过精英人物这一中介来推动人类前进从而直接发挥作用。"这同一种力量就是"生命冲力"。译者认为，说到底，无论是作为"社会压力"的道德也好，还是作为"爱的引力"的道德也好，都是"生命冲力"的两种互补的表现形式，都是"创化"所需的两种手段；前者维持社会的团结，后者则帮助打破逐渐趋于封闭的这种团结而形成一种新的生活方式。

生：这两种道德作为"生命冲力"的表现形式，对解释社会和道德的变迁有着启示，但似乎总觉得有点儿玄。

朱：我们古代曾经也称哲学为玄学。哲学之所以成为哲学，因为它总是以人类在一定历史时期所达到的最高抽象来解释世界。柏格森所划分的两种道德及其来源的理论，我们可以看作是一个假说吧。让我惊喜的是，经济学界近年来也对人类的道德潜能给出了实验证据。

生：经济学研究道德潜能？给出了实验证据？

朱：很吃惊吧。近些年来，学界越来越认识到把社会事实、文化事实作为整体来认识的重要性。浙江大学组建了跨学科社会科学研究中心，并翻译、发表了一些值得关注的成果。《人类趋社会性及其研究》认为，社会科学是建立在关于"社会"的经验基础上的知识，故而在它的传统之内，它只承认获得了经验支持的知识表达。每一位认真的社会科学研究者都难以拒绝这样一项陈述：贯穿着人类社会以及社会性动物社会的历史的一类秩序——通常被称为"合作"——不论从行为学角度还是从伦理学角度审视，它对社会现象而言，都具有"根本"的意义[1]，"就语义而言，'合作'指称的，是个体与个体之间的一种关系，这种关系在经验世界里与'竞争'关系相对比构成了足够显著的差异"。2004年10月发表在《神经呈像》杂志上的一篇研究报告显示，合作关系和竞争关系激活了不同的脑区组合。这一事实表明，经过漫长的物种演化和社会演化，今天，合作与竞争的神经元网络很可能激发出具有本质差异的人类情感[2]。

生：在教育学和道德教育研究中，您一直在关注其他科学，早在《情感教育论纲》中，您就通过生物学、心理学、人类学等方面的研究来论证情感的基础性作用。今天听您说经济学上的这种进展，更是让我吃惊。

朱：经济学是多年来一直很活跃的学科，而且在跨学科的研究中，我认为它可能会发挥很大的作用。的确，多年来我的研究不局限在教育学领域，这可能和我本身是学习哲学出身有关，也和我对教育学学科的认识有关——我一直认为，教育学本身是一门实践性的学问，它不一定是研究人最先进的学科，但它一定要站在所有学科的最前沿来吸收人类的智慧，唯有如此，才能有好的教育。

这是题外话了。我们回到道德潜能何以存在这个问题上。近年来西方主流

---

[1] 金迪斯，鲍尔斯. 人类趋社会性及其研究［M］. 浙江大学跨学科社会科学研究中心，译. 上海：上海人民出版社，2006：2

[2] 金迪斯，鲍尔斯. 人类趋社会性及其研究［M］. 浙江大学跨学科社会科学研究中心，译. 上海：上海人民出版社，2006：3

经济学家开始转到对人类情感的研究上。"囚徒困境"是经济学博弈论中的经典情景案例,但《带有同情心的囚徒困境博弈》一文指出,同情心的存在可以在单次囚徒困境中导向合作。"人类对合作的兴趣,最起码在生物脑演化的阶段上早于人类的竞争关系"[1]。

其实这又回到了古典经济学创始人亚当·斯密那里了,可以说是一种螺旋上升。斯密从情感机制中找到了离开神的指导之后,人类能够生存和发展的理由。从同情共感这个最基本的禀赋当中,他发现了商业社会得以成立,且具有让人放心的性质的根据。在他看来,人类凭着同情心就可以产生合作秩序,人与人之间可以通过同情心的互相作用,形成某种具有合宜性的规则和秩序。推而言之,市场经济的道德基础也是来自于人的天性当中的两层含义,即理性和情感。说到底,秩序或者规则是人们彼此之间的情感互动达到均衡的产物[2]。一个完全自私的人类族群,由于无法建立稳定的合作秩序,最终会趋于灭亡。应该说,亚当·斯密理论中"看不见的手"存在着另外一只手——被人们忽略的重要社会行为规范,包括伦理道德准则,以可能弥补市场的失灵。

总的来说,经济学对"人是经济人"的判断在不断地修正。这突出地表现在最近十年发生的变化中,主流经济学家意识到并将人类情感纳入研究。这几乎和中国传统看法一样了:情理相融。其实情感和理性都会进入人的认知里面,人的认知过程就是理性和情感的共同作用。利他、合作、同情共感是本能性的趋社会性。在过去,人们往往会把自利理解为自私,其实自利自保中有利他。日后的经济学家将不再追问:自利的人为什么互惠?合作本来是人在进化中的遗产,人类作为类,有着种族遗传和文化遗传机制,在逐步走出丛林法则时产生了道德法则。

生:经济学研究人的合作行为,认为合作背后是同情共感,那么,在面临现代的"陌生人社会"时,这种同情共感会不会减弱?这种社会科学的经验研究有没有更坚实的自然科学的支撑呢?

朱:首先,经济学的这种研究,就是基于对现代人的研究。这表明,即使

---

[1] 金迪斯,鲍尔斯. 人类趋社会性及其研究[M]. 浙江大学跨学科社会科学研究中心,译. 上海:上海人民出版社,2006:9.

[2] 金迪斯,鲍尔斯. 人类趋社会性及其研究[M]. 浙江大学跨学科社会科学研究中心,译. 上海:上海人民出版社,2006:17.

是在现代由陌生人所组成的社会中，人类还是具有与生俱来的同情共感，而且，正是这人人具有的潜能，使得陌生人组成的社会才得以存续与发展。

研究表明，这种行为背后是有着重要的生物基础的，其中之一就是中脑系统的尾核和壳核。中脑系统是主管情感的脑区。大脑皮层是在后来进化中逐步形成的，覆盖在中脑系统上面。中脑比大脑更远古，情感比理智更远古。

社会生物学创始人威尔逊说："人在过去、现在和将来正是用它来保持人类遗传物质的完整无损，除此之外，道德并没有其他可以证明的最终功能。"[①] 经济学的实验研究发现了"利他惩罚"的存在：许多人自愿为惩罚违反社会规范的人支付成本。演化模型和实验证据表明利他惩罚是人类合作演化的一个决定因素。从经验中我们也可以得出，大多数人在发现规则违反者没有得到相应的惩罚时会感觉很不满、很愤懑，而规则违反者一旦受到惩罚则会感到轻松许多。近年来，社会学家尤其是经济学家则采用了数学模型、实验来对此进行研究。研究发现这是有进化的生理根据的。人类合作演化模型也表明利他惩罚行为有其长远的演化根基。

心理学更进一步地研究了道德感的进化，发展心理学、儿童发展心理学的研究则更加细致地描述了这种道德潜能的某些具体形式。进化心理学认为，人类进化出了道德感——情绪机制，诸如同情、愤怒、困窘、羞愧、内疚、轻蔑、感激等道德情绪都在人类的生存发展中起着重要的作用。道德情绪能够促进个体的亲社会行为。每一种道德情绪似乎都适合于某一种特殊的行为，道德情绪能解决适应性问题。在人类进化过程中，道德情绪很可能是以遗传相关度为基础的。这些研究和孟子等人的经验推论是相契合的，只是以更加实证的科学方法进行了论证。

---

① 金迪斯，鲍尔斯. 人类趋社会性及其研究［M］. 浙江大学跨学科社会科学研究中心，译. 上海：上海人民出版社，2006：44.

道德潜能与基础性道德、道德学习

生：无论是经验的、哲学的、生物学的、脑科学的、人类学的还是经济学的研究，都证明了道德潜能的存在。那么，道德潜能的表现是什么？

朱：就目前的研究看，道德潜能首先表现为道德情感。前面我们也谈到过心理学尤其是情绪心理学、进化心理学对道德情感的研究。我在《情感教育论纲》中用的"情感"概念侧重于心理学方面，认为情感是区别于认识活动、有特定主观体验和外显表情、同人的特定需要相联系的感情反应。情感包含着情绪和感情。情绪是更加原初的，是对一个特殊事件的主观反应，可以从生理的、经验的和外在行为的变化几方面加以描述。情绪有生理基础，是人类天赋的一部分。从与世隔绝的前文明社会中收集的人类学证据和对天生的聋哑儿童的观察证实了这一点。人类婴儿从种族进化中获得的情绪大约有8－10种，称为基本情绪，如愉快、兴趣、惊奇、厌恶、痛苦、愤怒、惧怕、悲伤等，所有这些情绪在婴儿出生到一岁左右均已发生，它们都是非编码的、不学而能的，是神经系统和脑结构部位的先天性情绪反应。每一种都有特定的神经基础，以自己独特的方式表现，有自己特殊的适应功能。似乎有一种由遗传控制的程序确保不同的情绪在不同的年龄出现，这对所有人都一样，与社会和文化无关，但表达情绪的方式和场合会因抚养方式和经验的不同而不同。

由此，我们可以推断道德潜能的特点：道德潜能具有普遍性，是人人具有的；道德潜能是一种可能性，其发展和环境、教育紧密相关。

生：那么，我们可以说，人类个体都具有道德潜能，都有接受道德教育、进行道德学习的可能吗？

朱：可以这么说。经过大自然数亿年的基因选择，经过人类数万年的进化，加之社会意识的形成，人类为了生存发展，已经具备了社会性的道德潜能。道德潜能为每一个来到人世的个体赋予了道德学习的可能。

生：因此，道德教育的对象——每个个体都是具有道德潜能的，都具有道德学习的能力，那么，道德教育的作用和意义又在哪里呢？

朱：我们讲的道德潜能，无论是以经验观察论，还是从哲学思辨上讲，都只是为人类提供一种道德成长、道德学习的可能性，却绝对不能认为道德一定会自我生长。这种道德潜能，是需要后天的指引与培育的。道德教育、道德学习的作用也正是在这个地方，要为道德潜能的实现提供方向、条件和环境。我们认为利他、同情、勇敢这些范畴是基础性的、社会性的情感，是道德潜能。但它们在一个孩子身上体现时，家长、教师如果不去激发、强化，而是忽略甚至否定、压制的话，这些可贵的幼芽就极有可能枯萎，而另一些负面情感如自私、冷漠等可能滋生。道德教育要爱护、激发人的道德潜能，并且从小时候激发、强化又最重要。在人的神经系统还没有定型时，人类怎么能够把个体培养成站在他人的立场上感知、思考的人，这也是决定人类整体福祉的大事。以良好的教育把道德潜能激发出来，把神经系统固定下来，形成它良好的结构、方向。一旦神经系统稳固后，就成为新的行为的基础。

现实中也存在许许多多的反例。虽然人人都具有与生俱来的道德潜能，但生活中你总会发现一些道德不良、道德败坏的人，也存在着不人道的人做出令人发指的事。这些都说明道德潜能只是形成人的道德品质的一个前提因素，却并不是决定性的、唯一的因素。人的道德潜能并不能自发生长为道德品质，而是需要教育，需要环境的阳光、雨露、春风。

生：是啊，您在《关注心灵成长的教育——道德与情感教育的哲思》中早就指出："遗传或文化积累使得人这一高级物种与生俱来就具有与人相连接，追求与他人在一起共同生活的本能……但这种本能很脆弱，并不是有了本能就能支持个人变成一个道德的人，需要在生命成长的不同时期为其提供支持性的环境和引导。"[①] 这

---

① 朱小蔓. 关注心灵成长的教育——道德与情感教育的哲思[M]. 北京：北京师范大学出版社，2012：73.

就是道德潜能的可能性与道德品质现实性之间的张力。用孟子的话讲，人的"四端"需要不断地存养、扩展，人心是需要"求"的，而不是"放"的。万物都需要"养"，不养则"消"。

朱：孟子的思想，包括后来卢梭等人的思想，其实都是道德教育、道德学习的历史养料，他们的思想对当下的学校道德教育、家庭教育以及整个的道德教育思想都有启示作用。正因为人类已经具备了道德潜能，道德教育的任务首先就是呵护、关爱人类纯洁、稚嫩的心灵，而不是粗暴地对待，更不能摧残。无论是历史上还是现实中，我们有许多所谓的教育行为甚至道德教育行为，其实都是反教育的，是无视人的道德潜能，违反了人的道德潜能甚至扼杀了人的道德潜能。谈到这里，我想起了斯霞的"童心母爱"，可以说，"童心母爱"教学理念就包括了对孩子道德潜能的存养。

道德潜能的存在，为道德教育、道德学习提供了学理性基础，这也是檀传宝老师在讨论"道德可教吗"这一命题时所找到的相似结论——"新性善论"的意义。道德潜能的存在，还为道德学习、道德教育提供了原则与方法论。无论哪种形态的道德学习、道德教育，只有触动其心灵，才可能有效，才会是有意义的。

生：在话题开始的时候，您就阐明了为什么要研究、倡导培养基础性道德品质的问题，这不仅是个基础理论问题，而且是针对社会中德育实效性差、教育异化的现实。刚才您分析了道德潜能，证明了道德潜能的存在，阐明了道德潜能与道德学习、道德教育的关系。那么，和道德潜能相连，道德潜能与基础性道德是一种什么样的关系呢？究竟什么是基础性道德呢？

朱：我们谈基础性道德，要先明确基础性。基础性，按照词典的规范解释和人们对它的基本共识是：埋墙基为基，立柱墩为础；建筑物的地下部分；基础的原义是指建筑底部与地基接触的承重构件，它的作用是把建筑上部的荷载传给地基。因此地基必须坚固、稳定而可靠。可以说，基础是一个原初意义上很具体的词汇，然后引申为"事物发展的根本或起点"。我一直认为，基础性道德就是指源于人的道德潜能的、对人的道德大厦具有建基作用的道德。它最初表现为基础性道德情感，同时又包含着基础性道德知识、意志和行为。有研究者讨论过"基础性道德情感"，认为基础性道德情感是指扎根于人类本性的、自然的，对今后社会道德情感发展具有驱动和保证作用的情感。基础性道德情感具有早发性与基础性、动力性与预示性、非道德性与道德性等基本特征[①]。这是有道理的。

生：您认为有哪些基础性道德呢？孟子认为人的先天性道德情感是仁义礼智这四种基本道德品质的"四端"。用我们的概念范畴讲，他从人生来具有的道德情感中推导出了仁义礼智。这里面的逻辑也许是值得商榷的，因为仁义礼智无疑是当时社会的道德规范。这些道德规范是否就是发端于人的恻隐之心、善恶之心、辞让之心、羞恶之心，还是只能说是一种假说？但由此我却想到了对道德情感的追问。那些历经千百年的生活而不变，人类共同性的、基础性的道德品质有哪些呢？

朱：世界上别的组织的讨论也会带来启发。英国 WRERU（Warwick Religions and Education Research Unit）研究小组 2005 年提出了 12 种生活价值观：和平、尊重、爱、容忍、诚实、谦逊、合作、责任、幸福、自由、简朴和团结；同时提出了 5 种人类价值观：爱、真理、和平、正当行为、非暴力。1995 年，生活价值观教育计划 LVEP（Living Values Education Programme）在联合国教科文组织和联合国儿童基金会的支持下，提出了 21 种价值观，其中包括 12 种核心价值观：合作、自由、快乐、诚实、谦虚、爱心、和平、尊重、责任、简朴、包容、团结。目前该计划在全世界 74 个国家开展，在 7000 多个地区实施。詹姆士·威尔逊在《道德感》中认为，世界上公认的价值和信仰应该包括同情、公正、自我克制和义务。威廉·本内特在《美德篇》中提出了 10 项经久不衰的共识：自我约束、同情心、责任感、友谊、工作、勇敢、坚韧不拔、诚实、忠诚和信任。国际教育基金会编著的《培养心情与人格》一书提出，爱与被爱的自然愿望是人格发展的核心动力，爱的人际关系是人性实现的最佳环境，因此，对心情（爱的能力）的培养是实现人性的中心任务，也是教育中必不可少的一部分。

在学校教育实践层面也有例可循。美国班耐克小学组织了一个由家长、教师、学校理事会成员等组成的"价值观委员会"来讨论"经久不衰的共识"。他们一致确认了 6 种价值观：同情、正直、坚忍、尊重、负责和自制。美国卡内基教学促进会主席厄内斯特·波伊尔认为理想的基础学校的 7 种美德是诚实、

---

① 沈嘉祺. 基础性道德情感的教育价值及其培育 [J]. 中国教育学刊，2002，(02)：16.

尊重、负责、同情、自律、坚忍、奉献。

生：早在几十年前，廖世承校长就宣读了《东大附中学生的十大信条》，我觉得这也是他作为教育家认为中学生所应该具有的基础性道德品质：

①东大附中的学生是尊重的。他尊重、服从他的父母、师长、领袖和其他的职权。他不侵犯、鄙视他人的习惯、风俗、宗教。

②东大附中的学生是信实的。他的言行是可靠的。倘使他说一句谎话，或做一件欺骗的事情，或受了人家的嘱托，不负责任，就有损他的信用，就当不起东大附中学生的名称。

③东大附中的学生是忠诚的。他对于应该尽忠竭诚的肯尽忠竭诚——他的学校、他的师长、他的家庭、他的父母、他的国家。

④东大附中的学生是互助的。他随时随地肯扶助他人，分任家庭和学校的事务。

⑤东大附中的学生是友爱的。他视各人如朋友，朋友如兄弟。

⑥东大附中的学生是谦恭的。他对待各人都有礼貌。对于妇孺老弱，更知爱护，有相当的敬意。

⑦东大附中的学生是快乐的。他时常含有笑容。能敏捷地、愉快地尽他分内的职务。事务愈困难，心中愈欢乐。

⑧东大附中的学生是节俭的。他不损坏物品。他切实做事，不浪费时间，并能充分利用他的机会。他节省费用，留以周济他人，或达到他个人有价值的目的。

⑨东大附中的学生是勇敢的。他有不避艰险的勇气，服从正义的精神。不受友朋的谄媚。不怕仇敌的威吓。任何失败，不能灰他的心志。

⑩东大附中的学生是清洁的。他保持身体的清洁，思想的清洁，言语的清洁，习惯的清洁。他参与清洁的游戏，结交清洁的伴侣。

朱：廖世承先生所提出的这10大信条，的确是值得研究的。进入21世纪以来，随着社会生活的急剧变化和多元价值的并存，我国也有一些学者对这个问题进行了相关的讨论。叶澜教授在2001年撰文分析了中国当代道德教育内容的基础性构成，"寻求的是最基础性的、一般的构成，是对每个人来说都需要和可能的要求,是有内在关联的体系式的构成",认为"诚实守信""责任心""爱国""善待生命"构建了道德教育的核心内容:以"诚实守信"为核心的为人之德;"责任心"是行事之德;"爱国"是处世的范围;"善待生命"是立身之德,包括自己的生命和他人的生命,应成为"善"的教育的起端①,并强调了越是基本、核心的道德要求,越要从小就开始养成。

更早些时候,我国专家还提出道德价值主要包括集体、真实、尊老、律己、报答、责任、利他、平等 8 个独立内容。

我们在做"社会变革时期青少年道德价值观调查问卷"时,进行过多次讨论,认为基础性道德有诚信、爱(孝顺、同情、善良)、勤劳、感恩、利他、节俭、自尊等。在小学阶段,确定了"爱、规则、尊重、责任、公正、宽容、合作、生命"8 种基础性道德。

生:朱老师,可是我觉得我们所谈到的这些基础性道德,更多的是从一个社会化的人在社会中所具有的基本关系而论的,正如叶澜教授所说的,她是以"每一个作为社会人的道德主体在人生中不可规避的基础性道德关系和道德角色为分析框架"的,这和我们所说的基于道德潜能、奠定人的道德大厦的基础性道德还不是那么相同。

朱:对!我们讨论的视角是不同的。我们讲基础性道德是从道德潜能、从个体道德发展的角度着眼的。基础性本身一定是要看对什么而言的,上面我们讨论所涉及的一些"核心价值""共同价值",其倡导者也多是从社会关系而言的。但我们应该看到的是,这二者是有交叉的,这是辩证的关系:道德潜能正是人类最基本关系的一种凝结。因此,二者是有着共同点的。但是,我还是坚持认为,道德是具有时空性的,人除了作为地球的居民、作为类的一员外,还是特定文化、特定国家、特定共同体中的人。因此,从社会关系出发的基础性道德、"核心价值""共同价值",其实都只是特定范围的道德。它的出发地在哪里,它的范畴就在哪里。

我们谈的基础性道德是从道德潜能着眼的。因此,从道德潜能中易于培养的基础性道德有孝、诚实、忠诚、爱、信任。

---

① 叶澜. 试析中国当代道德教育内容的基础性构成[J]. 教育研究,2001,(09):4—7.

基础性道德品质的培养

生：朱老师，激发孩子的道德潜能、培养孩子的基础性道德品质真的很重要，如果要讲求教育效益的话，这是最应该做的事情之一了。那么，教育应如何培育人类共同性的、基础性的道德品质呢？

朱：人有道德学习的潜能，但是这种潜能很脆弱，需要在不同的生命成长时期为其提供一种支持性的环境和引导。以德行品格为核心和基础的道德学习与德育，是一个复杂的人脑与社会环境、文化生态之间的多因素、多方式交互作用的过程[①]。我们要致力于研究怎么样通过教育（包括家庭教育、学校教育和社会教育）激发道德潜能，培养基础性道德品质。谈到怎么样激发、培养，我想，首先要树立一些基本的德育观念：要让人们尤其是我们的家长、教师了解道德潜能的存在，树立正确的道德教育观。要让人们了解，人天生具有道德学习的能力和倾向，这对人的发展能起到深层次的作用。德育的主体是孩子、是学生，他们不仅是德育的对象，更是目的，家长和教师要和专横的训导、一厢情愿的德育告别。要树立道德教育的基本原则，给予孩子积极的应答。按照一定的时序培养基础性社会情感。"归属感、依恋感、自我认同感、自尊感"是人的德行生长的重要基础和丰富来源，甚至可以说是最重要的起始性因素[②]，

[①] 朱小蔓. 关注心灵成长的教育——道德与情感教育的哲思[M]. 北京：北京师范大学出版社，2012：76.
[②] 朱小蔓. 关注心灵成长的教育——道德与情感教育的哲思[M]. 北京：北京师范大学出版社，2012：63.

应通过教育使之丰厚、坚实。如孩子的安全感，不仅仅是使其在一个环境里感到安全，而是调整到另外一个环境里，同样有安全感，这是异质同构——唯有保持教育的连续性，才能够使道德发生的萌芽茁壮。要理解人的道德潜能的基础性里也含着丰富的发展可能，不能就德目来论德目，而是要立足于个体性的社会文化意义，使之个性化、个体化。如对勇敢的判断，就要把对复杂性的讨论放进去。成人要如何看道德潜能呢？是以成人的标准看，还是以孩子的标准看呢？道德潜能体现出来的，可能是不符合成人的标准要求的。比如说诚实，我们都知道孩子会说实话，孩子的话最真，但很多时候这些实话又可能是成人不喜欢的。当我们以成人化的标准来看孩子时，可能忽视、压制了道德潜能。因此，家长、教师要理解这两种不同的标准，合理地引导孩子，也要理解顺序性发展和偶发性——有些基础性品质可能是偶发的，不是按固定顺序发展的。

生：这些基础性的道德怎样培养？需要家庭和教师怎样培育？需要什么样的价值引导？需要什么样的教育教养条件？道德教育如何遵循生命之道？

朱：这就涉及特定社会环境下教育的作用了，我这里所指的教育，是大教育，除了学校教育，还包括家庭教育、社会教育。"德育的过程虽然必定伴随着道德意识的进步、道德行为的表现，但更为牢固的基础和深层核心还在于人的'感情—态度'的动机系统。"[①] 鉴于道德和道德学习的特点，道德与生活、生命、社会的不可分性，"德育过分地倚重学校，甚至更为不妥的是倚重于作为一门'学科'的德育"，学校教育可以进行高效率的学科知识的教学，但怎么能够很好地进行道德教育呢？德育怎么能够离开家庭、社会进行呢？真正的德育只能在实际的社会生活中，和实际的社会生活结合起来进行。

离开了实际生活来讲道德教育、道德学习，往往会导致实效性差，甚至会产生"只说不做""说一套做一套"的"道德冷漠者"。

我们能感觉到生命时序对基础性道德品质培养实际影响的存在，这是个需要进一步研究的课题，尤其是需要实证研究。这是我们进行道德教育的重要根据。在现代社会，需要更为明确的教育根据，我们不能满足于像传统社会一样依据古老的经验来进行道德教育。当然了，这些已有的经验对我们而言也是弥

---

① 朱小蔓. 关注心灵成长的教育——道德与情感教育的哲思 [M]. 北京：北京师范大学出版社，2012：58.

足珍贵的。

依据已有的研究和经验，我们有理由认为，基础性道德品质的培养，家庭教育负有首要的责任。这是由家庭不辩自明的特殊位置所决定的。家庭是个体人生旅途的第一站，是个体从怀胎到出生、成长的第一个教室，父母是孩子的第一任老师，而且是终身教授。

生：是啊，古代人从经验中就已经认识到了家庭、父母对孩子道德品质养成的重要性。我们中华民族更是有着家教方面的优良传统。早在先秦时期就有对孕妇怀胎时行为规范的要求，认为孕妇的行为举止、喜怒哀乐对胎儿都有影响，总的原则是"蒙以养正"。在后来的两千年中，"胎教""家教"都有许多案例和理论总结，如"教儿婴孩"，尤其以《颜氏家训》最为著名。

朱：这些传统和经验都是宝贵的财富，是我们进行道德教育研究、道德教育实践的重要资源。在这些经验总结的基础上，结合现代心理学、脑科学等研究，我们应该能够进行合意的道德教育。"蒙以养正"在现代的研究中获得更明确的依据——胎儿在母体中就与母亲产生了联系感；出生后，婴儿在与其抚养人之间的情感应答中，联系感就生发为安全感和依赖感。

从现代研究和经验中，我相信生命存在着时序。1岁孩子的关注点是什么呢？他们最常出现的是哪一种道德情感呢？3岁孩子呢？已有研究表明，基础性的、自发性的道德情感如同感、同情、爱心等形成关键期是在3岁。心理学家马丁·霍夫曼认为，成熟的依恋感的形成关键期在4岁，到4岁左右时，儿童会把照料者看作有感情、有动机的独立的人。我曾经通过画表更清晰地展示了这种时序。

表　儿童早期生命发展特点与德育策略[①]

年龄	关注要点	德育策略
0岁	依恋	通过身心关怀，发展满足感、舒适感
1岁	好动	通过支持性参与，发展信任感
2岁	冒险	安全性保护，发展安全感、自主性
3岁	听话	通过尊重性引导，发展秩序感

[①] 朱小蔓. 关注心灵成长的教育——道德与情感教育的哲思[M]. 北京：北京师范大学出版社，2012：65.

续表

年龄	关注要点	德育策略
4岁	模仿	通过选择榜样，培养良好习惯和自主感
5岁	好问	通过支持行为，激发探究心
6岁	合群	通过群体活动，发展认同感

我们知道，安全感是最重要的情感机制。安全感，是指人在一定的环境中神经生理—心理上没有恐惧感，没有或较少有紧张情绪和防备心理。在人的心理需求中，安全感的需求处于最基础的层次。安全感会走向信任、乐观、分享。安全感本来不属于道德范畴，但有助于道德品质的生长。有了安全感，道德品质就有生长的土壤；有了安全感，同情、利他、勇敢、怜悯等就会激发、生长出来。不安全往往会导致胆怯、自私。因此，从小就要把安全感建好。那么，安全感这么重要，怎么建立呢？这首先就是家庭教育的重要责任了。在孩子出生后，其关注要点是"依恋"，对依恋的积极应答，是建立安全感的关键。只有父母、抚养人关注孩子的情绪情感，对孩子的需求做出恰当的应答，才会建立安全性的依恋。为了相互适应，儿童必须能够了解别人，能设身处地。因为道德包含着对别人的尊敬，包含着了解别人……这种依恋关系，会逐渐发展为更平衡的伙伴关系。归属感是个体成长过程中寻求身体和心灵依托的一种感受，它体现了人生而具有的寻求安全保护、关爱、依从的需要，是人类社会性的基本表现。敬畏感是个体面对蕴含在社会、自然和他人身上较其自身更为高尚、深刻、强大的意义与价值时，所产生的尊敬、仰慕、赞赏、谦恭、畏惧的内心体验。它主要包含爱与敬的感情，同时也含有惧怕的感情。自尊感，是一种通过自我评价所产生的自我尊重和自我爱护，并期望受到他人、集体和社会尊重与爱护的情感体验[1]。人不是光靠物质就能够成长好的，还需要丰富的精神养料。

生：听了您所谈的生命时序和基础性道德品质培养的这些特点，我更加理解为什么您一直以来重视道德潜能了。您怎么看待家庭教育在基础性道德品质培养中的地位和作用呢？

---

[1] 朱小蔓，其东. 面对挑战：学校道德教育的调整与革新[J]. 教育研究，2005，(03)：7.

朱：正是因为个体具有道德潜能，而这种道德潜能又不能自发地生长，需要外界环境的养育，家庭恰恰就是个体首先遇到的特殊"外界"。又因为人生命的特殊性，道德潜能的社会性，家庭不仅在实然上，也在应然上对孩子个体道德潜能的激发、基础性道德品质的培养具有不可推卸的责任。

我们已经知道，个体与生俱来地有着愉快、愤怒等 8 种基本情绪。在发展中，情绪会随着自我意识的增强、个体的成熟和社会化而改变，会产生内疚、骄傲、羞愧和难堪等带有更多自我意识的情绪。正如我们所研究的，这些情绪情感对道德具有重要作用。

我们的父母要更多地发展自己的敏感性，多学习相关的知识，尤其是关于情绪情感等心理学、教育学知识。要能够辨识出孩子的情绪情感，能够知道相应的反应措施。要知道，情绪都是有着相应的身体反应的，基础情绪的体征往往伴有身体、面部表情、呼吸的变化，如当孩子骄傲时，本质上是身体的"膨胀"——开放的、挺直的姿势，肩膀后绷，头扬起，两臂高举，眼睛抬高，带着笑容；羞愧时，身体是"垮掉"了的——肩膀下垂，双手垂下紧贴着身体，嘴角下撇，眼睛低视。

在辨识孩子情绪的基础上，父母可以和孩子交流，谈论情绪对情绪发展有重要的意义，能极大地增加儿童理解人际关系的机会，促进孩子思考情绪，这也是提高情绪能力的重要方面。

学前教育、幼儿园、亲子班为什么总是要千方百计地进行学科知识的学习呢？为什么非要坚持不懈地进行识字、算术训练呢？学前教育，最主要的就是要遵循生命之道，爱护、培育孩子与生俱来的人类的各种最宝贵的素质，健壮孩子的身体、养成孩子的良好习惯、爱护丰富孩子的情感、培养孩子的基础性道德品质。这是人生的根基，而这个时期也是培养这些至关重要根基的黄金时期。我们每每会发现孩子很自然地流露出同情、怜悯、诚实、友爱等情感，但这些宝贵的小芽，又被多少老师忽视甚至于压制、摧残呢？

生：朱老师，的确是这样啊！很多家长更关注孩子的身体健康和学业成就，而对于道德品质似乎并不是特别关注。

我看到卡内基教学促进基金会和乔治-盖洛普国际学院《国际学校教育项目》1994 年发布的一组数据，其中对美国、德国、俄罗斯、土耳其和中国等国家的一项调查是："你认为谁应对培养孩子的价值观负主要的责任？家庭、学校或者应由家庭和学校共同负责？"结果挺让我吃惊的，美国、德国认为"以家庭为主"的家长超过了50%，墨西哥、意大利认为"以学校为主"的家长是零，没有家长认为价值观教育是应该以学校为主的。所调研的国家中除了中国，其他国家认为"以学校为主"的家长均不超过5%。但中国却有9%的家长认为价值观教育应"以学校为主"，而认为应该"以家庭为主"的占7%，有84%的家长认为应该由"家庭和学校分担"。尽管这是1994年的数据，但还是能说明些问题。我觉得中国家长可能对价值观教育的责任意识不是很强。

朱：嗯，这是一组让人深思的数据。它的原因可能有很多，应该是很复杂的一个问题，受到文化传统、经济社会背景的影响。倒不一定就得出我国家长对价值观教育责任心不强的结论，也可能是很多家长认为家庭和学校一起进行价值观教育，会收到更好的效果。但为什么会有这样的现象呢？

生：老师，对此我有个还比较模糊的看法，我觉得这和我国在很长时间里的单位制有关。由于社会制度设计等原因，单位在很长时间里承担了很大的功能。或许同整个社会的观念和制度一致，教育下一代被认为应该是社会专门负责教育的部门——学校的事。能不能这样理解呢？

朱：这可能是一个方面，有机会的话，应该对这一问题进行认真的研究。实际上，我们刚才也谈到，在中国传统文化中，有着优良的家教传统。但也的确有"父不教子"的民间俗语。这些因素都再次提醒我们，作为教育行政部门、学校，要充分重视家长头脑中"学校为主""家庭和学校共同分担"的观念，进行道德教育责任的厘清。这里就涉及"家庭和学校的关系问题"。近年来国家颁布的一系列德育文件，也要求学校要引导家庭教育，构建家庭和学校的合作平台，鼓励学校帮助家长正确地进行家庭教育。

生：学校和家庭间应该为了孩子的未来而建立起一种合作关系，除了保有学校的专业化角色，担负起对家庭教育的组织、指导和推进责任外，还要逐步形成和家长沟通交流的机制。不可否认，随着经济社会的发展和人民生活水平的整体提高，大家对家庭教育越来越重视，但是怎么样进行家庭教育却给很多家长带来了困扰。社会上存在着很多对家庭教育的误导，这些年很多家庭教育出版物也成为畅销书，衍生出"狼爸""虎妈"等新词。我国民间的确也有"棍棒之下出孝子""父不夸子"等俗语。在这些背景下，学校怎么样去引导、激发家校协作建立"家校共同体"，培养孩子的基础性道德品质呢？

朱：在我们的教育实践中，已经有了很多家校互动的探索。我们所开展的一项田家炳教育基金会项目，在山西太原、广东深圳等地实施。我想，家校合作，恐怕学校还是属于矛盾的主要方面，首先学校应该有建基于道德潜能之上的观念。我们的实验学校也不是传统概念里的学校——一块黑板，下面是齐刷刷的书桌、座椅，而是采用圆桌式的布置，进行讨论、工作。老师生活在孩子中间，是孩子们的朋友；共同参与很多活动，老师就是长大的儿童。学生和老师的接触时间一定要长，师生关系特别密切。在此基础上，家校间以更加平等的交流沟通方式来建构合作。

需要澄清的是，并不是说讲道德潜能，讲基础性道德品质的培养就是要快乐教育，就是避免规训。规训和激发道德潜能并不是矛盾的。我们知道，道德教育是在具体情景中的，无论是道德情感还是道德知识，都是要经受生活中具体矛盾考验的，生活中的道德教育往往是凝结为规训，从这个意义上说，规训是道德教育的应有之义。同时，人所具有的敬畏感也与规训是相洽的。关键是我们要明白需要什么样的规训，什么时候需要规训，规训方式是什么样的。所以，道德教育是科学，也是艺术。

生：我觉得很多家庭现在都面临着无法回避的问题，那就是父母陪伴孩子的时间问题。总体感觉父母陪伴孩子的时间不多。

朱：我明白你所说的意思。在城市化进程中，我国农村有大量的留守儿童，城市里的孩子也往往有电视、电脑、手机相伴。这些导致父母与孩子相处、交流的时间少了。而且，随着不断的专业化，家庭的功能不断地缩小，家庭成员一起活动的领域也减少了。你小时候可能会经常和爸爸妈妈一起在田里劳动，而现在的农村孩子和爸爸妈妈一起劳动的时间已大大减少了。在过去，小孩子可能跟着父母学很多技能，现在则会跟着各种各样的辅导班、专业人士来学习。总体来说，活动领域和活动时间的减少，就会导致孩子与父母的情感应答减少，孩子对父母的同情与理解就会弱一些。为什么在传统社会中会是"百善孝为先"？除了社会经济基础方面的因素外，家庭的多种功能，父母与子女在共同时间、场域内的活动中所培养的情感联系，子女对父母工作、付出的体验与理解，是"孝"德的重要因素。面对现代社会所带来的客观变化，父母更是要有充分的自觉性，利用尽可能多的闲暇时间，来和孩子交流、和孩子一起做事情。这样，不仅能够培养与孩子的感情，培育孩子对他人的同情、理解，还能在这个基础上形成他们的是非、美丑、善恶等观念。

生：朱老师，这的确是家庭教育中很现实很重要的问题。和家庭中的变化相比，学校德育面临着什么样的挑战呢？我国政府始终是重视思想道德教育的，在《国家中长期教育发展规划纲要（2010—2020）》中，又重申了"德育为先"的思想，我们各级各类学校也都有专门的课程，为什么还是存在着德育实效性不强的问题呢？

朱：这是个世界性的问题，也不是一个单一的问题。但讲到底，还是和我们的道德教育本身相关。我认为，很多时候德育忽略生命之道是个重要原因。道德发展的敏感期，对个人的道德启蒙和教育要遵循生命之道。这也是我们研究道德潜能、倡导基础性道德的重要出发点。尤其在生命早期，由于人脑和神经系统发育的时间顺序，由于最初对环境的机体感受和社会适应，人的基础性社会情绪和情感发展有一个敏感期或关键期，容易形成某种社会性认知的倾向。进一步说，在生命发展的敏感期，在人最具可塑性的时候，基础品德是比较容易植入的，也是比较扎实的，因为它具有一种印刻和固化作用。德育需要十分敏感于不同年龄阶段道德发展的内在可能性，有针对性地展开教育活动。

因此，在教育实践中，学校教育一定要遵循生命之道，真正地发挥自己在道德教育上的优势。我们知道，学校作为介于家庭与社会之间的有目的的专业组织，它具有家庭与社会所没有的独特性。它比家庭的范围要大，又没有社会那样泛化。它有着专门的场地、课程、活动、老师、目标、同伴、群体等，孩子的自尊感、自豪感、认同感等更容易在学校阶段得到充分发展。苏霍姆林斯基总结长期的教育经验，认为人人存在着"可受教育性"，"一个人想成为好人，想竭尽自己整个心灵的全部力量，在集体的眼里把自己树立起来，显示出自己是一个优秀的、完全合格的公民，诚实的劳动者，勤奋好学的思想家，不断探索的研究者，为自己的人格的尊严而感到自豪的人"。这种希望在集体中获得道德自尊的意愿，是学校德育最可宝贵的资源，也是前提性资源，使学校德育发挥其特有的方法、场域有了理论依据。人的德行成长还必须有细心准备的土壤。必须由教育经历、社会环境、文化生态为其提供支持性条件和引导。尤其是个体外部存在的对其道德潜能及其运用持肯定、赞许和鼓励态度的情感氛围，以及由此而来的个体适应感和成功感，必然促成新的道德成长动机。反之，如果缺失了这种外部和内部感情上的支持，人的道德学习潜能将很可能被压抑而沦于道德麻木。从这个意义上说，人的生存状态决定其道德学习行为和动机的可能性，而学校教育的目的就在于从每一个学生个体出发，细心、耐心地保护和支持其道德学习潜能的生长和强大。

同家庭一样，学校也面临着许多挑战，其中很明显的挑战是互联网、手机等新媒体的发展。知识来源的多样化、虚拟空间中的交往、师道尊严、教师形象的变化等，都对学校教育、德育提出了挑战。因此，学校要直面这样的挑战，尊重孩子的道德潜能、培养孩子的基础性道德品质。承认潜能，希望遵循生命之道，在生活中激发、激活潜能，在一定的情景下引导潜能的发展。对于年龄大一些的孩子而言，随着其认知发展，家长、老师更要重视、尊重他们的道德潜能与道德学习，要时刻提醒自己：人是有道德潜能的，人是可以进行道德学习的，要重视自己的学习愿望。要把这些看作教育者更重要的事情——从教的立场到学的立场。

生：朱老师，其实我觉得学校德育实效性低，还有另外一个很直白也可能很关键的原因：学校主抓学业成绩，实际上道德教育沦为很次要的位置。

朱：这也是我们所不能回避的现象。很多学校忘记了，其实，人的基础性道德品质对人的认知、对学业成绩也是有着支撑作用的。高水平的学术标准和高水平的道德标准是密不可分的。

生：近年来媒体曝光了很多涉及学校的事件，如绿领巾事件、特殊校服、特殊考场事件，其实都是忽视人的道德潜能导致的，从而也从根本上违反了教育规律，成为反教育的事件。

朱：早在20世纪30年代，廖世承先生就强调："学校内专尽了教的功夫，不尽育的责任；专供给知识，而不问应用知识的人的人格如何，确有许多流弊。与其有知识而没有人格，还不如有了人格而没有知识，尚可减少一半的罪恶。"我相信以前类似的现象绝非没有，只是由于媒体和事件敏感度等原因没有广为人知罢了。这些现象，从根本上来说都是没有把人作为人，而是作为工具，作为生产线上的产品，根据学习成绩这一极其狭隘的标准，把学生分为合格品与次品，分为优良中差三六九等。这恰恰是忽视了人作为类来讲，生来就具有的不同于动物更不同于物的道德潜能和道德情感，从而在实践中践踏人的道德情感，扼杀了、扭曲了人的道德潜能。孩子的自尊被残忍地、冷酷地伤害了。而我们一直认为，自尊是道德成长、人格成长的重要支柱。

这些学校按照通常的标准，一定不是差学校。为什么会发生这样的现象呢？

恐怕更深层次的原因出于社会。

生：更深层次的原因出于社会？也就是说，学校这样做，恰恰是社会观念与社会要求的一种反映？

朱：可以这么说。正是社会把人的经济价值也就是人的劳动能力作为现阶段最主要的价值，把一个个的人经过培养、鉴别为一类劳动分工、生产链条上的工具人而忽视了人本身，忽视了人的情感，忽视了人的更高需求。

生：所以学校就以分数取人，以为上一级学校输送高分学生为最高使命，这本来是一种教育结果，或者说是一种教育的副产品，而现在变为了最直接的目标，全然忘却了教育尤其是基础教育的本义。

朱：几年前我就有这么一种思想，今天觉得应该重申：在当下培训化、教育化的社会里，学校作为专门的培养人的社会组织，更要注重呵护、滋养人的道德潜能。世界各国也有这样的思想和实践。美国普利策奖获得者戴维·麦卡洛曾指出，我们常教导我们的学生"人生来都是平等的，他们生来就享有某些不可剥夺的权利，这其中包括生存、自由、追求幸福。但是，如果不让他们与艺术、建筑、音乐、舞蹈、歌剧、文学接触，如果他们很少有自我表现的机会，或根本就没有这种机会的话，他们怎么能理解托马斯·杰斐逊所说的那种'幸福'的含义呢"[①]？如果我们从小学甚至幼儿园就把孩子钉在语数外上，他们的情感如何丰富、道德如何建基呢？

生：朱老师，说到这里，我想起了最近读的《窗边的小豆豆》所讲述的小林校长：

校长先生一直考虑的问题是，怎样才能使孩子们与生俱来的素质不被周围的大人们损害，让这些难得的素质得以发扬光大。校长先生经常感叹说："过于依赖文字和语言的现代教育，恐怕会使孩子们用心感受自然、倾听神灵之声、触摸灵感的能力渐渐衰退吧？""世界上最可怕的事情，莫过于有眼睛却发现不了美，有耳朵却不会欣赏音乐，有心灵却无法理解什么是真。不会感动，也不会充满激情……"[②]

---

① 波伊尔. 基础学校——一个学习化的社区大家庭[M]. 北京：人民教育出版社，1998：71—72.

② 黑柳彻子. 窗边的小豆豆[M]. 赵玉皎，译. 海口：南海出版公司，2003：99—100.

小林先生的教育方针，也是他经常说的："无论哪个孩子，当他出世的时候，都具有优良的品质。在他成长的过程中，会受到很多影响，有来自周围环境的影响，也有来自成年人的影响，这些优良的品质可能会受到损害。所以，我们要早早地发现这些'优良品质'，并让它们发扬光大，把孩子们培养成富有个性的人。"[1]

朱：巴学园的确是对一种理想教育的诗意描述。这里所总结的小林校长对于孩子的各种与生俱来的素质的珍视，可能是这本书、是巴学园影响至今的重要原因。每个见过那样的校长、有过巴学园那样生活的孩子，都会对校园生活充满怀念。但每个孩子出生时都"具有优良的品质"是不确切的。正如前面所谈，我认为人生来所具有的只是"道德潜能"，还不是优良品质，只是优良品质的基础。

---

[1] 黑柳彻子. 窗边的小豆豆 [M]. 赵玉皎, 译. 海口：南海出版公司，2003：247.

基础性道德与共同道德、生命教育

生：朱老师，谈到这里，我心中又有些疑惑：我们所说的基础性道德与共同道德、普世价值是什么关系？基础性道德就是共同道德吗？共同道德、普世价值一定是基础性的吗？能用共同性来聚类基础性吗？

朱：这是个比较复杂的问题。谈任何一种"关系"本身就是复杂的，而基础性道德与普世道德的关系就更复杂了。我们必须弄清楚我们所谈的概念、范畴、话题的内涵和外延是什么，我们在对话中所使用的这些范畴、内涵是不是一致的。现在很多争锋，看着热闹甚至于热烈，其实谈的实质问题根本上就是两码事，是在各说各话。

生：是的，这是影响讨论、对话深度开展的重要影响因素，也从某种程度上制约着当今学术发展与实践问题的解决。

朱：因此我们在进行重要问题的讨论时，都要首先明确我们要谈的是什么，是不是针对的同一问题。我们刚才谈了基础性道德，对它的内涵与外延比较清楚了。那么，你所说的共同道德、普世价值是什么意思呢？共同道德与普世价值是一回事吗？我们能否用一个词语来描述你的意思呢？

生：对，这的确是需要明确的前提。我注意到"共同道德""普世价值"近些年来引起了学者、大众、媒体的争论，于是就去查阅了相关的资料，首先是搞清楚"普世价值""共同道德"的来龙去脉。引发争论的"普世价值"，其作为一种思想、理念在古今中外有着悠久的渊源，而其成为一种声音、一种试图影响现实社会生活的力量，则是以组织的形式出现的。20世纪50年代世界宗教组织就通过了一份带有冷战色彩的所谓的普世宣言，1993年世界宗教会议对此进行了修订，通过了《全球伦理普世宣言》。修订后的《全球伦理普世宣言》说明了普世伦理的所指，其"并非各项道德标准，而是单一总体的伦理，即对善恶的基本态度，以及将其付诸行动所需的基础原则和中程原则"。基于此，它是对于人类共同生活必不可少的最低限度的道德价值、理想与目标。由于人都有理性和良心，因此人人都有行善避恶的义务。"己所不欲，勿施于人"，或者换用肯定的措辞，即"你希望人怎样待你，你也要怎样待人"，应当在所有的生活领域中成为不可否认的和无条件的规则。

在国内尽管有普世价值与普适价值的争论，但它们都来自相同的外文，所指也并非有实质性的区别。"共同"的词义通常解释为"属于大家的，彼此都具有的。大家一起（做）"，英文是"common"。共同道德和普世价值、普世伦理的含义有交叉又有不同。

朱：你刚才说到了普世伦理、普世价值的思想发展过程。其实，谈这个问题，应该探讨其产生背景。其背景之一就是全球化，在信息化的推动下，全球化越来越明显地影响着人与人、国与国的交往，这就为普世伦理的出现提供了土壤。许多人都加入到了争论之中，发表自己的观点和看法，这其中也包括人们比较熟知的学者教授、公众人物。其明显地分为两派，一派认为普世价值是存在的，是应该提倡的；另一派则认为这属于虚妄，属于出于各种目的的一种假说。其实，这两派的争论往往构不成真正意义上的争锋。正如我们前面所谈的，他们所说的不是一回事。这其实是伦理、价值、道德的复杂性的体现。其交锋，前者更多的是在讲理想性、应然、倡导，而后者则强调的是现实性、实然。人们不可以脱离现实来谈抽象的人性和伦理道德，脱离开了，只会是空中楼阁，是水中月镜中花，甚至会阻碍人类社会的发展；但人们又不可以就现实而论现实，因为按照马克思主义的观点，现实从来就不是一成不变的，人的实践活动时刻改变着人类社会、创造着历史。这种创造、改变社会和历史的实践活动，是离不开理想信念指导的。孔子就讲"知其不可而为之"，我们更是以共产主义的理想为指导的。怎么可以说因为现实中存在不尊重生命的人、不尊重他国人民生命的国家，就去否认尊重生命的价值呢?!

"普世价值"更多的是从人道主义、人本主义出发，希求找到每个人都可以接受的、能够接受的、对每个人都很重要的价值、规范、原则。而否定普世价值的，往往是从时代性、阶级性等出发，认为任何道德、价值与规范都是属于特定人群的，回避了人属于一定的时代、阶级而具有时代性、阶级性之外，人还具有普遍的人性、德行的问题。

共同道德要看它在什么范围内讲。早在2001年颁布的《公民道德建设实施纲要》就将我国公民基本道德规范集中概括为爱国守法、明礼诚信、团结友善、勤俭自强、敬业奉献，构成了我国社会主义核心价值观，连同后来的"八荣八耻"，都可以说是共同道德。其实，共同道德、普世伦理的旨趣是不大相同的。为什么普世价值引发的争议更大，而没有人来批判共同道德呢？因为共同道德是承认特定范围的。

因此可以认为，普世价值、共同道德是不同的两个概念，做普世价值与普适价值的区分，我觉得意义不大。你的问题可以表述为：基础性道德与普世价值的关系是怎么样的？基础性道德与共同道德的关系是什么？

普世价值观认为，我们要真正地认识到人类的根本属性，尊重人性的自然规律，然后采用理性思考的方式，建立起人和人、国家和国家相处的办法。其实，很显然，普世价值也不能说是古往今来不分民族、阶级、地域等的共同伦理，而只能是在当今社会横向上的可以追求的伦理。古人怎么可能来认同民主呢？也不可能赞同人人平等吧？

生：伽利略被判为"异端"而烧死也提示我们要冷静思考世界上流行的各种各样的思想，当时教会的思想估计也被认为是"普世"的。看来，伦理道德的确是一定范围内的，是在特定时间、空间里的。不会有古往今来亘古不变的伦理道德。

朱：用历史比较法来横向看，我们会发现，联合国组织也好，世界各国也好，都在寻求一些共同的道德与价值。美国人也在寻找，詹姆士·威尔逊认为：世界上公认的价值和信仰应该包括同情、公正、自我克制和义务；美国"价值观委员会"经过热烈的讨论会和公众听证会，认定了"适用于所有学生的六种价值观，这就是：同情、正直、坚韧、尊重、负责和自制"。前面我们还谈到过共同道德、普世道德、普适道德、普适伦理等，其提出的出发点是纷争，是恶化，是担忧，是对人类伦理的总结。其所要达到的目的，大体上不外乎是大国的渗透，寻求人类共同的价值、伦理与道德，以建立更为合理的全球秩序。

普世价值、普世伦理的问题所在，是口号性的、宣传性的、信仰性的，是不加以论证的，是从普遍人性的假定出发来进行的一种努力。我倒是认为，并不一定要讲放之四海而皆准的普世伦理、普世价值，因为伦理、价值是与经济社会的发展密切相关的。可以讲一定社会中的共同价值，如在我国的封建社会，讲"三纲五常"，以我们现代人的视角看，觉得如何的不合理，但在那时那地，"三纲五常"被普遍接受，社会在稳定地发展。

基础性道德的提出，则是从教育的视角、从人的发展的视角出发的，是建基于人脑、神经科学、心理学、教育学的基础上的，其目的是要为人的一生建基，着眼点在个体的发展。因为无论是从当代相关科学的研究成果、教育教学理论，还是从多年的教育教学经验，我都认为，基础性道德品质的培养对于个体的人而言，是人格根基，是其道德发展的重要生长点，是其一生的财富。我们可以说，基础性道德品质的良好发育，是个体社会化的重要标志，同时也是个体个性化发展的坚实基础。当然了，每个个体的基础性道德充分发展了，对于家庭而言则更容易和睦；对于社会、国家、世界而言，则会有更好的对话基础、更多的共同语言，以达到共同发展。

归结起来，基础性道德与共同道德、普世伦理、普世价值是不同的。这表现在它们的内容、起源、目的等方面都是存在很大差异的。

专题二

Topic Two

关注个体生活经验：
自我文化建构

再反思：德育与生活

生：现代社会在科技、经济、政治和文化领域的不断进步，深刻地影响着人的生产和生活方式，我们的生活较之以往已经有了很大改变，这些变化给予我们的德育以时代机遇，同时也提出诸多挑战。例如，信息网络技术的发展与应用不仅为人们的远距离通信提供了便利，扩展了生活的现实空间，更开拓了生活的虚拟空间，这使得个体需要处理的各种关系更加复杂；与此同时，信息革命带来了知识生产方式与学习方式的变化，科技发展与生产效率的不断提高加快了人们的生活节奏，快捷、驳杂的时尚文化充盈着人们的日常生活。在社会生活变迁的过程中，人们的道德价值观念受到冲击：一些传统的道德价值受到挑战，一些传统价值被现代生活赋予新的道德内涵，同时又出现一些新时代的道德价值元素。面对这些挑战，现有的德育乃至整个教育越来越受到指责和质疑，不仅是由于德育未能解决人们生活中的道德难题，还在于它甚至对这些难题逐渐丧失诠释（解释）的能力。因此，置身于这样一个快速、功利、价值多元的时代，以及时代背景下社会生活的变迁，我们需要重新来审视、理解生活与德育之间究竟有着怎样的关系，以便我们更真实地认识德育本身。

朱：中国当前的德育特别是学校德育确实受到诸多挑战，我们越来越感受到德育与生活的关系太密切了，社会生活的变迁必然要求德育做一些改变，因为人们都是从生活中汲取道德认知发展和精神成长的刺激源的。2000年，我们在南京师范大学建立了教育部人文社会科学重点研究基地——道德教育研究所，建所后召开的第一个研讨会议主题就是德育与生活的关系，邀请国内外专家学者参与讨论。当时中国的一批教育学者提出德育要与生活相联系，主要针对中国学校德育中的知识化倾向、唯理性倾向和唯科学化倾向，功利主义还不是当时最重要的靶子。20世纪八九十年代以来，中国社会在追赶现代化的热潮中，追求科学化的进步思潮逐渐在学校德育中表现出唯科学化的倾向，期望用统一的管理模式、统一的评价标准，甚至是量化的标准和方法管理德育。这与德育的内质性、过程性、复杂性特征不一致，甚至可能是南辕北辙的。彼时德育中也存在着明显的知识主义倾向，追求道德知识的系统化，不断强调知识体系，学者们反对学校德育这种过多地依靠知识化的教育、知识化的学习来培养学生品德的倾向。随后，"生活德育"作为"知性德育"的对立面被提出来，二者的根本区别在于，知性德育以知识为逻辑来组织德育过程，而生活德育是以生活为逻辑来组织德育过程。知性德育将道德视为知识道德，道德教育就是道德知识的教育，重视学科的结构化，将知识化、理论化、普遍化的道德作为道德的唯一存在形态，"学习道德也就是学习书本知识，学习书本上写明了的道德"①。而生活德育则认为生活是道德存在的基本形态，道德源于生活，道德学习的根本目的不是道德知识的获得，而是为了过有道德的生活。从"知性德育"转向"生活德育"是一系列德育观念上的转变，这一转变已经反映在国家第八次基础教育课程改革小学和初中的品德课程的改革中。2001年开始，小学和初中德育课程被列入我国基础教育课程改革的日程，围绕知识与技能、过程与方法、情感态度与价值观的"三维目标"，确立了"回归生活"的基本理念，协调、整合原有课程（包括品德课、社会课等），在小学低年级开设"品德与生活"、高年级开设"品德与社会"、初中开设"思想品德"课程，均以生活为主题来整合课程内容、组织教育教学。

生：正如您所说，我们现在谈德育工作的一个基本立足点，就是"回到生活"。德育要回到生活，就是要让德育立足于真实的生活情境中，帮助学生认识生活、组织生活、引导生活和创造生活。其实，强调教育与生活的关联并不是一个新话题，从历史上看，教育与生活的关系可以梳理出一条"合—分—合"的基本线索：人类最早的生活与教育是不分的，后来随着社会分工与知识分化而逐渐分离，特别是近代以来，有了科学知识体系以及学科分化、知识化的学

---

① 鲁洁. 道德教育的当代论域 [M]. 北京：人民出版社，2005：283.

校，生活与教育之间的分隔越来越显著，教育随之越来越精细化、制度化、专业化；19世纪末20世纪初，针对学校教育学科化、知识化等问题，欧美的新教育运动和进步教育运动致力于通过课程设计与教育教学方法的革新来增强学校教育与儿童生活需要的关联；美国哲学家、教育家杜威提出"教育即生活""学校即社会"，认为教育本身就是生活历程而不是生活的预备，学校生活也是社会生活的一种形式；20世纪20年代，陶行知等人将杜威的教育思想带到中国，对当时中国的教育产生了较大影响，也为我们讨论德育与生活的关系提供了重要的思想基础。

朱：是的，我比较同意你提出的教育与生活"合—分—合"的基本历史脉络，陶行知在《生活教育现代化》中也表达了这一思想，他说："自有人类以来，便是人人过生活，人人受教育。"[1] 当时，陶行知受到杜威教育思想的影响，倡导生活教育，但他并不满足于杜威的观点，认为杜威提出教育与生活的关系只是不满于学校教育太封闭、太狭小，"学校里的教育太枯燥了，必得把社会里的生活搬一些进来"[2]。他用了一个很有趣的比喻来解释和批评杜威的观点：

> 这好比一个笼子里面囚着几只小鸟，养鸟者顾念鸟儿寂寞，搬一两丫树枝进笼，以便鸟跳得好玩，或者再捉几只生物来，给鸟儿做陪伴。小鸟是比较的舒服了，然而鸟笼毕竟还是鸟笼，决不是鸟的世界。所可怪的是养鸟者偏偏爱说鸟笼是鸟世界，而对于真正的鸟世界的树林反而一概抹杀，不加承认。[3]

杜威的教育思想是通过改造学校，在学校中引入一些社会生活的内容，同时也使学生能适当地走出学校见识一下社会，其目的是使培养的人将来能够适应和改变社会。然而，陶行知认为这样是不够的，这只是扩大了学校教育的范围，还没有真正将整个社会当作教育的源泉。这过程中有一个最重要的不同，

---

[1] 胡晓风，金成林，张行可，等. 陶行知教育文集：生活教育现代化 [M]. 成都：四川教育出版社，2007：376.
[2] 胡晓风，金成林，张行可，等. 陶行知教育文集：什么是生活教育 [M]. 成都：四川教育出版社，2007：333.
[3] 胡晓风，金成林，张行可，等. 陶行知教育文集：什么是生活教育 [M]. 成都：四川教育出版社，2007：333.

陶行知归国之初是满腔热忱地把杜威的教育思想带回来，并没有认为它有什么不足，但回来后他发现杜威的教育思想在当时的中国行不通。因为，杜威时代的美国学校已经比较精致化，但当时中国所面临的并不是少数几个学校的精致化问题，而是几亿民众都没有受教育权利的问题；当时中国主要不是培养少数精英如何适应社会，而是怎么能够使中国的几亿民众在生活中拿起武器，通过识字等脱贫、脱昧，把生活变为他们受教育的养料，唤起更多的民众进入、改变和改造生活。所以，在1927、1929、1933年，陶行知不断地把杜威的思想"翻半个跟头"（不是完全推翻杜威的思想），不是倡导"教育即生活""学校即社会"，而是反过来，提出"生活即教育""社会即学校"。他认为"生活教育是生活所原有，生活所自营，生活所必需的教育。教育的根本意义是生活之变化。生活无时不变，即生活无时不含有教育的意义"。[①] 当时陶行知已经预见到，不能仅仅靠学校教育，将来有一天整个社会和生活都应该是教育的源泉。他的很多教育实践，都体现出想要扩大到将整个社会都可以作为教育的资源，他认为一个人要活到老、学到老，整个社会都是大学校，还要办社会大学，这是对今天终身教育思想的前瞻性呼唤。

生：也是在 20 世纪初期，德国哲学家、现象学的创始人胡塞尔针对欧洲的"科学危机"提出"生活世界"的理论。"生活世界"理论认为科学不能解决人生的意义问题，要重新获得为人的意义，就必须向生活世界回归。继胡塞尔以后，理性向生活世界回归成为 20 世纪西方哲学的一个重要转向。20 世纪 80 年代末 90 年代初，中国哲学界开始探讨胡塞尔的回归生活世界的思想，教育界也在 90 年代中后期明确提出回归生活世界的命题[②]，相关讨论持续至今。从某种意义上说，中国教育界包括德育界在世纪之交对教育与生活关系的关注，是在西方关于回归生活世界的哲学及教育思潮影响下，与中国学术理论界对社会发展的集体反思相关联的。

朱：我们确实受到国外一些思潮的影响，总的来说，倡导教育要回归生活主要还是受胡塞尔的"生活世界"理论的影响。在胡塞尔的"生活世界"理论

---

① 胡晓风，金成林，张行可，等. 陶行知教育文集：什么是生活教育 [M]. 成都：四川教育出版社，2007：333.
② 较早的探讨见《走出"思想"的"贫困"：教育研究的反思》（刘铁芳，1997）、《论道德教育向生活世界的回归》（张华，1998）、《生活世界理论与基础教育课程改革》（刘旭东，1999）等。

中，生活世界是一个相对于科学世界的范畴，它是我们直观面对的、用日常思维去思考和整理的、用朴素的话语来表达的世界；而科学世界是通过科学符号，运用科学思维去抽象、演绎出的理论世界；科学世界其实是对生活世界的抽象表述，它本身仍属于生活世界。你刚才提到欧洲的科学危机，这对理解胡塞尔的"生活世界"理论很重要，胡塞尔的确是针对现代科学发展过程中所产生的一种忽略科学本身意义、忽视人的存在意义的客观主义来提出"生活世界"的。他认为科学的动机、力量和意义等都是在生活世界中得以产生与发展的，生活世界是科学世界的意义基础，但它却被自然科学遗忘了：

> 最为重要的值得重视的世界，是早在伽利略那里就以数学的方式构成的理念存有的世界开始偷偷摸摸地取代了作为唯一实在的，通过知觉实际地被给予的、被经验到并能被经验到的世界，即我们的日常生活世界。……人们继承了几何学的方法，但是对于导致这一方法的成就是如何取得的这一点，现在已经没有活生生的体验了……他们没有把反思进行到底，不追问从前科学的生活和它周围世界中产生出来的新的自然科学，及其与之不可分割的几何学，是为何种根本目的服务的。——这种根本目的必定存在于这种前科学的生活中，并且必定跟它的生活世界相关联。①

这一遗忘使得"科学观念被实证地简化为纯粹事实的科学……科学丧失生活意义"②。胡塞尔是基于这种反思和批评来区分生活世界与科学世界，进而提出要向生活世界回归的。在20世纪八九十年代，我们这批学者已经开始反思现代性中的唯理性、唯科学主义等问题，胡塞尔的思想给予我们很大启示：我们应当立足并致力于人的鲜活的经验生活，去认识和批评学校德育中的知识化、唯理性和唯科学化倾向。当时有学者将从生活世界中分化出来的、主要在学校课堂上以讲授的方式进行的道德教育称为"科学世界的道德教育"，认为它以生

---

① 胡塞尔. 欧洲科学危机和超验现象学[M]. 张庆熊,译. 上海：上海译文出版社,2005：64—66.
② 胡塞尔. 欧洲科学危机和超验现象学[M]. 张庆熊,译. 上海：上海译文出版社,2005：6.

活世界的道德教育为前提，进而提出学校德育要向生活世界回归①。应当注意的是，胡塞尔虽然区分了生活世界与科学世界，但他本人并不反对逻辑理性；他认为并且致力于证明哲学是科学，即哲学也是用科学语言来表达的，这与哈贝马斯、舍勒等人不同。

就我个人的思想观点而言，我除受胡塞尔的现象哲学影响外，还从伽达默尔、哈贝马斯和舍勒的思想中汲取了养料。伽达默尔关于理性的概念对我有很大启发。他已经走向了对传统哲学的反思，认为科学时代的理性是不完整的，它只是"知识和真理的整个为科学的方法意识所不能把握的半圆状态"，而"理性的德行并非只是要实现人类生活的一个半圆，而是应当能支配给人类打开整个生活空间，也应当能支配我们的一切科学能力和我们一切的行动"。伽达默尔并不反对科学理性本身，而是反对将理性归于科学和逻辑的范畴，他强调实践理性和社会理性对人的生活实践的指导，认为相对于科学理性和逻辑理性，实践理性更为基本②。在实践理性范畴，他认为情感也是一种理性，只不过不是逻辑化的理性。对人的情感培育，也一定要融入理性。我比较赞同他的观点，认为不能把情感视为与逻辑理性相对立的东西，不能说情感就是非理性（或者说非理性的就是情感），情感只是非逻辑理性。哈贝马斯的理性是交往理性，他反对片面的认知工具理性，将其视作理性在现代社会的最大病态。他认为理性不是单个主体的，而是具有主体间性，是在主体间的交往中产生的。哈贝马斯的交往理性并非要走向非理性或反理性，而是要使话语性的交往行为深入理性，最终实现理性在主体间的交往化③。舍勒虽然认为哲学与科学相关联，但他反对科学的哲学，认为形而上的理性与科学的理性相比具有一种不同的本质，他重视人的情感经验，他所展示的现象学更多地关注人的非逻辑（情感的）层面。舍勒认为应从其根本的非逻辑力量中来理解人，并将爱作为人所有理智和意志力的最终本源④。

生：前面您谈到世纪之交教育界提出"德育回归生活"的现实背景和理论

---

① 项贤明. 回归生活世界的道德教育［J］. 高等师范教育研究，2001，13（01）：47-51.
② 伽达默尔. 科学时代的理性［M］. 薛华，高地，李河，等，译. 北京：国际文化出版公司，1988.
③ 曹卫东. 交往理性与诗学话语［M］. 天津：天津社会科学院出版社，2001：导言.
④ 观点引自弗林斯所著《舍勒思想评述》。

基础，也谈到它由理论讨论走向了课程改革的德育实践。现在来看，这场关于德育与生活的讨论已经持续了十多年，第八次基础教育课程改革也已推进了十多年，理论与现实中的德育与生活的关系已经有一些新的变化。一方面，我们对德育与生活关系的理论探讨有所深入，学者们相继提出"德育回归生活""德育生活化""生活德育"等思想观点，并且已开始对这些观点本身进行反思。与此同时，随着新课程改革的推进，回归生活的德育理念已经逐渐为中小学教师所接受和认可，中小学德育已经不同程度地实践着德育与生活的关联。但另一方面，我们关于德育与生活的一些根本性问题仍然没有说清楚，生活德育的理论探讨与实践之间存在一定程度上的脱节。在很多中小学，还存在着"穿新鞋走老路"的现象，一些旧问题仍然没有得到缓解，德育回归生活只是一种表面的、形式化的回归。比如，课堂也开展各种德育活动，学校也组织实践活动，但这些活动的目的更多的是为了体现学校德育是按照回归生活的方式来做的，所以它们展现的只是"貌似"的回归。因此，现在我们再谈德育回归生活，它的现实背景与理论背景都更加复杂。您如何看待当前德育与生活关系的这些新变化？

朱：你刚才谈到的中小学在课程改革中"穿新鞋走老路"的问题，我认为可以把它归结为对德育回归生活世界的一种浅薄的理解和认识，是在实际操作中的走样。在这个问题上，我并没有看出它与十多年前我们提出德育回归生活本身有什么变化。那么，在认识论意义上，除了对知识至上、唯理性、唯科学化以及功利主义的批评以外，我们今天对德育与生活的关系有哪些新的认识？我认为至少有两个相互关联的方面值得反思：一是知识学习与生活德育的关系问题；二是德育要回到生活，其中的"生活"究竟指什么？

十多年来我们更多地倡导要回到生活来组织品德课教学、组织德育，但是笼统地讲"回到生活"是很不够的，更不能笼统地否定知识教育，反对知识学习。

首先，要弄清楚道德成长与知识学习之间的关系。孩子们是需要学习知识的，否则他们无以认识世界、认识宇宙，而知识与价值也是不可分的，不能割裂地说这门课程就是培养品德的，那门课程就是培养数学能力的。我曾多次提到苏联伦理学家德罗布尼茨基的一个观点，他认为道德不是一个可以离开其他活动而独立存在的东西。他在《道德的概念》一书中指出，不要把道德从人的活动中分离出来，道德不是区分于社会现象中其他现象的特殊现象，不能限定道德的空间范围，它渗透于社会生活中的一切领域，无时、无处不在。因此，道德教育是和其他教育，与生活交织、渗透在一起的①。道德学习不能从活生生的完整的生活中抽离，在学生的学校生活中，道德学习不能也无法从各种知识的学习中抽离。另一方面，知识是人认识世界和获得自身发展的工具，知识学习本身并不是以知识的自成体系为目的，而是为了运用这些知识去解决生活中人在认识上和伦理上的难题。

  我最近看到一个故事，一位在美国的中国学者，考虑到中国的应试负担太重，就把孩子带到美国去。到美国的时候，他看到孩子每天背着很轻的书包早早放学，而且学校老师告诉他"你孩子的数学两年都可以不用学了"，他开始发愁："这样下去怎么办？"但随后的一些事情打消了他的忧虑。有一天，他到家看见孩子在电脑前忙，走过去才发现是孩子在准备作文资料，作文的题目是谈谈中国的现在和未来。他没想到老师会让一个十岁的孩子写这样的作文，孩子转述了老师的要求：美国是一个移民国家，各个民族和国家的人都有，所以我们要让孩子们都知道各个国家和民族是怎么奋斗的，有着怎样的历史，我们要适应生存在这样一个移民国家里，哪个国家来的孩子就做哪个国家的内容。最后孩子做得很有样子，这位学者很感动。此前朋友们都说他"真是犯了错误，应该是高等教育去美国读，基础教育一定还是中国最好"，但现在他认识到不能笼统地判断美国的基础教育水平低。孩子的老师对家长说："我们不需要只会记背知识的人。"这个故事带给我一些反思，无论是人文学科还是自然学科，知识学习都是与人的道德、生活紧密关联的。比如，孩子们学习数学知识，不仅可以获得逻辑思维的发展，还可以学会对待事物严谨、理性、审美、坚韧的态度与价值②；通过学习物理知识，孩子们可以认识宇宙，进而可以找到人在宇宙中的位置。我认为应当把所有的知识学习都当作道德学习的重要途径，甚至包括数理化的学习。虽然我们已经逐渐意识到各门学科课程都蕴含着可供挖掘的德育资源，希望将学科知识的学习与道德学习相融合，但是，德育课程在课程设计、教材编写以及课程实施等方面都还没有完全达到这样的高度和宽度，教

---

  ① 朱小蔓. 教育的问题与挑战——思想的回应 [M]. 南京：南京师范大学出版社，2000：288.
  ② 朱小蔓. 情感德育论 [M]. 北京：人民教育出版社，2005：267.

师也还没有足够的能力去帮助孩子们很好地打通知识与道德之间的关联，把知识学习的过程很自然地变成道德学习的过程。

其次，要把对知识学习的认识与对知性德育的批评区分开来。倡导生活德育，是基于对知性德育的批判，但是现在有很多批评是贴标签式的，没有具体分析。我们应当秉持一种辩证的思维方式，要明确是从什么意义上去反对和批评知性德育。批判知性德育，并不是要否定知识对于道德的作用，也不是要反对知识学习本身，而是反对那种把知识当作道德发展的唯一源泉，以建构知识自身的逻辑体系为追求的教育教学活动，是要反对以记诵、考核知识的多少为唯一标准的德育评价。我们不能笼统地反对知性德育，不能把鼓励孩子多学习知识都装到知性德育的筐子里去。知识学习与知性德育是有区别的。如果在知识学习的过程中，孩子获得的只是道德条目的说教和规训，或者停留于知识的抽象的逻辑推理，被机械地要求按照知识来做出某种行为表现，就意味着这种学习并不重视知识在生活中的具体样态，不重视将知识在孩子的生活中展开，它便是不能培养孩子知识运用能力的知性德育。相反，如果在知识学习的过程中，孩子的思维过程得以展开并促进了他的道德认知发展，在知识运用的过程中激起了他的道德体验与反思，提高了他的价值判断能力，增长了他的道德行动能力，那么这种知识学习就可以被视作是德育展开的一个过程、一个重要条件和基础，而不应该被当作知性德育。因此，不能随便把知识学习批评为知性德育，也不能反对教师在品德课程中把一些概念讲清楚。如果教师能够讲清楚什么是自尊、自信，他不是用知识传递的方式，而是使用各种案例、开展一些讨论和活动让孩子们体会到自尊、自信为什么重要而后去辨别、分享，并且教师在实际生活中带头做出尊重孩子自尊心、鼓励孩子自信心的行为等，我们就很难说它不是生活德育而是知性德育。

生：所以，倡导生活德育并不是否定知识教育，不能笼统地反对知识学习，而是要关注知识学习的生活基础，将知识融入孩子的生活世界中。这有利于我们更加清晰、具体地认识"回归生活"的含义，这一点很重要。随着新课程改革的深入和回归生活德育理念的推进，回到生活、以生活为基础越来越成为一个"时髦"的话题，生活德育也容易形式化。形式化的一个危险就是口号化，把回归生活的德育理念从德育生活中抽离出来，成为空洞的口号，从而丧失对德育实践的回应和指导。我们应当把一些抽象的、模棱两可的东西说得更具体、更清楚一些。正如您刚才提到的，生活德育要回到生活、以生活为基础，这个"生活"究竟指的是什么？我们是在什么含义上去谈以生活为基础的？

朱：我们的思维决不能停留在一个口号式的概念上，不能单纯用一个概念去谈论活生生的现实，而应该从德育的现实本身出发去讨论。在这个问题上，我越发觉得现象哲学有一个立场非常重要，就是抛除理论前见，回到事实本身①。现在谈德育要以生活为基础、回归生活，要问为什么我们认为生活是德育的基础，个体的道德成长是在他的生活中展开的，每个人都要过生活，无论时间还是空间，生活总是伴随着个体生命。我们会根据道德成长的一个个鲜活的个案，认为一个人之所以会变成这样或那样，归根结底就是他的生活造成的。那么，得回到这个根本事实上去讨论，先把一个笼统的概念化的"生活"还原为一个个鲜活的具体的生活。在现实中谈生活，它是多维度多层次的，既有宏观层面的时代生活、社会生活，也有中观层面的社区生活、学校生活，还有微观层面的家庭生活；有经济领域的生活、政治领域的生活，也有文化领域的生活；有一个人正遭遇的现实生活，也有其期待的理想生活。德育要以生活为基础，生活不是笼统的，回到生活应是多样的、具体的，既要回到孩子所面临的时代生活、社会生活，要联系孩子的学校生活、集体生活甚至包括班集体、组集体的生活，也要关注他们的家庭生活；既要联系孩子所涉及的政治、经济、文化生活，也要关心他们的理想生活。那么，德育怎么样回到各种具体的生活？各种具体生活之间并不是孤立的，而是相互关联、重叠甚至交融的，各种具体生活的复合交错构成了人的生活的完整样态。正是在这个意义上，我们说德育要以孩子的完整的、全部的生活为基础，而不仅仅是课堂生活、学校生活。其实，每个人都有上述几种生活，并且这几种生活对每个人的影响是不同的。人的多种生活复合交错的情况不同，他的生活的整体样态就不同，也就有了不一样的个人。比如，同在一个班级里，有的孩子身上可能带有强烈的家庭生活影响，有的孩子可能成绩不好，知识问题与课堂学习成为他最主要的生活障碍。即使有着共同的班级生活，不同的孩子在与教师、同学互动中的表现和所获得

---

① 胡塞尔将其视为"一切原则的原则"，他在《纯粹现象学和现象学哲学的观念》中这样表述："每一种原初地给予的直观是认识的正当的源泉，一切在直觉中原初地（在某种程度上可以说，在活生生的呈现中）提供给我们的东西，都应干脆地接受为自身呈现的东西，而这仅仅是就在它自身呈现的范围内而言的。"（参见：刘放桐. 现代西方哲学 [M]. 北京：人民出版社，1990：550.）

的回应不同，他们对班级生活的感受与评价也不同，所获得的个体班级生活经验也就不同。因此，当各种生活融于个人的时候，它就是一个个具体的个人生活，包含着个人生活经验。在这个层面，我们可以说生活是完整的、全部的，它又是具体的、多样的。作为德育基础的"生活"，最终要归结到个体的全部生活，观照个体的生活经验。

2000年前后提出来的德育回归生活，只是针对科学理性，呼唤德育要与孩子的日常生活世界相联系，还没有深入到德育应关注个人生活经验这一层面。那时候我们还没有具体、深切地感受到个人生活的变化对德育影响的复杂性。后来提出以人为本的思想，德育更是要回到人本、以关注个体的道德成长为本。社会转型带来的极大变化在每个个体和不同的人群身上都出现了不同的反映，这促使我们反思德育如何观照不同个体的生活样态和生命需要。我个人从1989年开始思索和写作《情感教育论纲》，经由这些年来三次不同的教育管理和研究岗位的经历和体会，到最近越发感觉到德育应更加关注个体内心的、内在的情感矛盾。在我写作《情感教育论纲》的时候，更多是从理想上去建构，将情感和认知当作一个对子来思考，探讨情感的重要性以及教育如何关注情感等问题。现在我则认为这还不够，需要进一步关心个体的情感矛盾。每个人的情感世界都会发展和变化，随着个体生命的发展和现实生活的改变，会产生新的情感需求、冲突和矛盾。个体情感世界的变化又总是伴随着这些情感矛盾的展开、演变与转化。我有一位博士生的毕业论文是关于农村留守儿童心灵关怀问题的研究，她调查和访谈了一些农村教师和留守儿童，发现由于父母外出而导致的生活境遇的改变，使得一些留守孩子内在的依恋需求与孤独现状成为主要的情感矛盾，心灵的孤独感逐渐融入他们个人的生活经验。德育不能回避个体这种源自于自身生活的情感体验和情感矛盾，德育的"以人为本"要求德育关注个体的道德需要，促进个体的道德发展，而个体的道德需要是产生于他自身特殊的生活境遇和生活经验中的，是与他对自身生活的体会和感悟密切关联的。在这个意义上，我认为德育以人为本和以生活为基础是一脉相连的，只有真正关注了个体生活经验、以个体生活经验为基础，德育才能说是真正以人为本的。我们更需要基于个体的角度，从关注个体的思路深入到个体生活经验的层面去思考和探寻德育回归生活。

个体生活经验：道德成长的基础

生：我们所谈的生活，最终要落脚到个体生活经验的层面。但是，生活与生活经验是否有区别呢？对于个体而言，生活是否更多呈现一种难以回避和绕过的境遇？而生活经验有更多的主观色彩，是人基于生活经历的一种意识层面的凝集，它可以表现为多种形态，如知识的、活动的、理论的、现实关系的、规则的、习俗的等，不同的形态也有不同的载体。个体生活经验源自个体多种生活的交融，反映着个体的整体生活样态；同时它又是零散的，具有特殊性和不可复制的特点。在知性德育中，正是由于个体生活经验是"不客观的（未经客体化的）、零碎的、不系统的、不具有普遍性的，因而被关在了德育课程门外"①，这似乎使得个体生活经验难以说清楚。我们该如何认识个体生活经验？它有没有边界？

朱：生活经验有其主观性，它不是要提出结论而是进行"事后加工"，与科学经验不同，它"不会导致对事物做出一般的定理，而是会导致人的态度的变化"；但这并不意味一个人的生活经验没有客观性，它"有自己的客观性，这种客观性不体现在普遍有效定理中，而是体现在人的具体的态度的变化"②。个体生活经验包含着个体内在意识与外部环境的联系，杜威将其视作一个人的主动尝试行为与生活环境反作用结果之间的连续不断的联系和结合；它所展现的是

---

① 鲁洁. 道德教育的当代论域 [M]. 北京：人民出版社，2005：289—290.
② 费尔曼. 生命哲学 [M]. 李健鸣，译. 北京：华夏出版社，2000：9.

一种个体化的生命与环境的互动过程，以及这一过程中特殊的生活境遇及其体悟。这种认识也得到脑神经研究的支持，相关研究发现人脑的选通系统能够控制经验决定的选择过程，只有环境中的那些能够满足发展中的脑的预期和需求的信号才能改变神经回路[1]。因此，个体生活经验是有边界的，并不是每个人每天生活所经历的东西都能够变成他的个体生活经验，也不是别人的生活经验都可以移植为他的个体生活经验。只有当某种外在于个体的生活内容或生活经验通过个体自身的认知思维、情绪情感以及身体行为等通道，整合到他已有的经验系统中，并且作为个体的再认识融入个体与他人、集体和环境的互动过程中，它才能成为个体生活经验。在这个方面，有一些容易相互混淆的概念需要辨析，如类经验、集体生活经验、代际生活经验、历史经验等，它们既与个体生活经验相区别，又与之相关联（图1）。类经验、历史经验等是人类在长期的历史发展过程中积淀而成的，它先于并外在于个体而存在；一个人所面临的社会生活经验、集体生活经验（或称为群体生活经验，比如孩子在班级中过集体生活的经验、在社会实践活动中获得的群体活动经验）、家庭生活经验等与他的个人生活经验也会有交叉，它们随着个体生活的展开不断丰富和完善个体的生活经验；祖辈、父辈（含教师）的生活经验对于孩子来说属于代际生活经验，它直接地、垂直性地影响着孩子的个体生活经验。这与同伴群体的影响不同，后者是一种平行性的影响。这诸多其他经验只有转化为个体生活经验才可能影响人的道德，它们"只有和载负于个体生命体中的经验相融合，才能真正对个人的德性生成发生作用"[2]。

---

[1] "发展中的脑具有保护自身免受不适当经验对其结构带来不良影响的机制。……它能够排除那些被认为是不适当或相互冲突的环境信号对其结构的影响。发展中的神经回路由于活动而进行改变（强化或消退）的过程中，分子间相互作用形成复杂的信息流都需要神经元活动的触发。这些高度复杂的分子加工链反过来受到各种来源的信号控制，这些信号决定神经元活动是否能够转化为解剖结构的持久性改变。这些选通信号来自始于其他加工区域的反馈体系以及控制整个脑状态的调节系统……"（参见：巴特罗，费希尔，莱纳. 受教育的脑——神经教育学的诞生 [M]. 周加仙，等，译. 北京：教育科学出版社，2011：97.）

[2] 鲁洁. 道德教育的当代论域 [M]. 北京：人民出版社，2005：290.

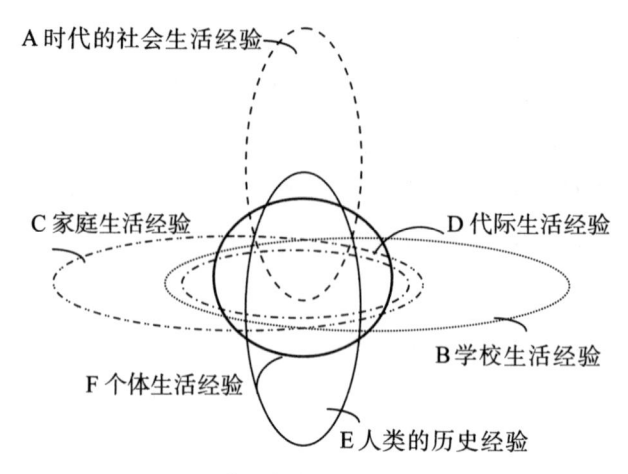

图 1　学生个体生活经验的边界

生：依此看来，正是在这个意义上，我们将个体生活经验视作个体道德成长的基础，强调个体生活经验对德育的重要性。个体的道德学习离不开个体的生活经验，"每个人都只能基于自己的经验去建构他的道德生活"[1]，他们是在属于自己的个体经验中生发出道德胚芽的。那么，如何深入地理解个体生活经验对于孩子道德成长和德育的价值？或者说，孩子是如何基于个体生活经验来进行道德学习、实现道德发展的？

朱：你这一追问很好，应当就孩子的个体生活经验本身说清楚它为什么是道德成长的基础。我认为个体生活经验自身包含着一些具有德育意义的特性，正是这些特性构成了个体道德成长的基础，比如个体生活经验的根源性、主体性、开放性以及连续性与非连续性等。

个体生活经验的根源性主要体现为它是个体品德形成的基本源泉。第一，个体生活经验以生命作为媒介和载体，为个体品德成长提供基本的生命架构。在个体的生活经验中，既有先天遗传性的类经验图式，又包括生命体与环境在不断互动中扩展和积累的具有个性特点的经验。前者构成个体道德学习的潜能，而后者则成为个体道德学习的支撑性条件。它既为个体提供道德学习的基本经验图式，同时又影响个体在生活环境中的经验选择。从神经科学的角度来说，个体已有的生活经验会对个体大脑中经常发生相关活动的神经元之间的神经连接产生选择性强化，进而能够将生活世界中的联系转化为神经连接结构，个体

---

[1] 鲁洁. 道德教育的当代论域 [M]. 北京：人民出版社，2005：290.

由此学习生活中的偶然事件（contingency），并把相关经验整合到已有的经验图式中去①。因此，正是孩子自己的生活经验塑造着他独特的大脑，进而生成并不断调试他自己独特的、应对生活世界的思维和行为方式。我们的德育只能在孩子已有的生活经验图式的基础上促进他们的道德生长，不能忽略孩子个体的经验感受，不能认为我们可以自上而下地赋予孩子某种品德。

第二，个人生活经验与个人的情感经历和体验相连，对个体品德具有持续性的影响。我一直将情感视作个体发展的一种与生俱来的、基模性的质料，认为它对于一个人的道德成长不仅具有工具性价值②，更具有本体性价值，人的情绪情感的成长发育情况本身标示着其道德成长的状况。孩子个体的生活经验离不开他对外部世界的情绪反应和情感体验，其中既包括对具体生活事件的较为细致的感受与体味，也包括对个体生活世界的整体性的情感印象；孩子个体生活经验的扩展必然包含着他们自身情感的发展，与他们在生活中的特殊而微妙的情感体验及其反思密切相关，甚至可以将个体的情感机制视作其生活经验扩展机制的重要部分。个体生活经验与个体情感机制及情感发展的这种关联，使得其对个体品德发展所产生的影响是基础性、持续性的。从这一点来反思，我们不能以为学校组织了社会参观活动、带领学生做了实地调查，德育就是回归生活了。因为有的时候，学生个人虽在参与活动、参与实践，但心思不在，心没有去，或者说他参与活动的整个过程并没有产生情感体验，更没能形成反思性的体验，这种参与就不能帮助他形成自我意识。如果一个孩子没有获得亲历以后的体验和反思，我们很难认为外在的活动对孩子有影响，或者说孩子的这种经历能够内化为他的个体生活经验。我曾在《情感教育论纲》中提到体验有几种不同的体现：

> 现代心理学研究表明，情绪体验可以分为三种水平：①与机体需要相联系的情绪水平；②情感的对象化水平，它包含个人对于客观现实的多种态度和有意识体

---

① 巴特罗，费希尔，莱纳. 受教育的脑——神经教育学的诞生［M］. 周加仙，等，译. 北京：教育科学出版社，2011：96.
② 比如，情感能使人的道德认识处于一种充满动能状态，从而在一定程度上保证道德认识与道德行为的统一；又比如，情感本身构成一种特殊的道德认识，以道德感觉的方式引发或调节人的道德行为。（详见：朱小蔓. 情感德育论［M］. 北京：人民教育出版社，2005：37—48.）

验，表现为丰富多彩的情感；③概念化的情感水平，其体验表现为高级情操。把上述分析与我们对被动体验与主动体验的概念界说联系起来，可以相信，在教育的影响下，人的体验发展水平确实可以从被动走向主动。被动体验的特征是，他们与机体需要相联系，是人们对客观—现实当下及时的体验，伴随有情绪唤醒而表现出情动，但主要是生理—心理层面上的变化，体验的水平仅停留在生活表层。这种体验或者转瞬即逝，人对其中的意义是麻木的，并未引起他人与自我关系的联想；或者时有浮现，却没有形成确定的、内容丰富的趋向，对自我的成长并没有更深刻的影响。对于儿童来说，由于他们大脑皮层的认知加工尚不充分，轻度唤醒已经能在脑内留下痕迹，作为早期经验潜入到无意识中去，但对于形式思维开始发展甚至充分发展的青少年和成人来说，这一体验水平便不能对情感发展起更大的作用了。①

　　孩子在活动参与中所获得的体验，首先是直观体验，是一种被动体验。我们只能说孩子在当时的情境中被感动了，但这种感动只是一种表浅的、及时的体验，它可能转瞬即逝。虽然经过反复的感动它也可能会变成一种强化体验，但如果缺乏对体验的反思，它就很难成为一种具有持续性影响的个体经验。

　　第三，个体生活经验是个人欲求的重要衍生源，是个人表征和形成价值倾向的重要标识器。一个人的期待、渴望和需求，与他的个人生活相关，建立在他自己的生活经验基础上。马斯洛的需求层次理论将人的需求由低到高分为五个层次，较低层次的需求相对满足后会导致更高一层次的需求，然而现实生活中（即使在同一时空里），由于不同的生活境遇，孩子们在不同需求层次的满足程度与欲求程度是极不相同的，具有个体复杂性、特殊性。在同一班级里，一些学习成绩不太好的孩子，可能长时间得不到教师的表扬、家长的肯定，那么获得教师、家长的信任感以及自身学习的胜任感可能就是他们个体生活中最强烈的欲求；一些学习成绩冒尖的孩子，可能得到教师的过度重视而自视过高或引起其他同学的不满，导致同学关系不和谐，那么与人交往的和谐感可能就是他们最强烈的欲求；一些父母常年在外的孩子，不能受到父母日常照顾，不能感受到家庭的完整和温馨，那么获得家庭的安全感、满足感可能就成为他最强烈的心灵欲求。这些个人欲求都是具体的、特殊的、复杂的，是建立在孩子个

---

① 朱小蔓. 情感教育论纲 [M]. 北京：人民出版社，2007：156.

体的生活经验之上的，它们表征着孩子个体的价值倾向，影响着他们的价值选择。

个体生活经验的另一个重要特性是主体性。个体生活经验一定是个性化的经验，它是个体在与环境的互动过程中通过发挥自身的主观能动性所获得的经验。个体生活经验的主体性源自于个体在生活中的自主性和能动性。按照陶行知的说法，生活既有好的生活也有坏的生活，过什么样的生活就有什么样的教育。我们是要指导孩子去过生活的，过生活并不等于就完全掉落在这个现实的生活境遇中，还要使他们学会审视生活。这也是我们反思德育回归生活的一个问题：并不是要孩子单方面地适应生活，而是要他们审视自己的生活，学会过一种建设性的、有创意的道德生活，努力提高自己的精神生活质量。这其中还包含要引导孩子在一定程度上动脑改善自己周边的生活。一个孩子不可能去创造大的社会生活，但是他可以去影响自己周边的生活，比如，孩子可以创造所在班级的生活，如果他当小班长就可以把班级搞得好一点，如果他当小组长可以努力把小组搞得好一点，如果他只是个普通学生也可以把与同桌、周围同学的氛围搞得好一点。在这个层面，孩子是有主体意识的，他对自己作为人的主体地位、主体能力和主体价值可以有一种自觉意识，以一个主体者的姿态去介入、反思和改善生活。德育要充分关注孩子的主体意识，这其实就是一种公民意识的锻炼，要帮助孩子有意识地过生活、建设自己的生活，个体生活的建构与社会生活的建构正是在这一过程中获得统一。

生：谈到个体生活经验的主体性问题，它与我们现在常说的学习者"自主建构"相关联。所谓"自主建构"就是学生通过创造性的活动和思考而非由教师向学生单向传递知识的方式，在已有经验的基础上建构新知识的一种学习方式。当前我们更多的是从各个方面去强调自主建构对学生发展的重要性，而关于怎么帮助学生去自主建构却少有建设性的意见。其实，"自主建构"只有具体落实到学生的个人生活经验中才有意义，因为只有个人的生活经验才真正是他能够自主建构并且进一步影响他的自主建构的。

朱：这些年，我们比较多地从哲学上、从本质上去谈孩子的道德自主建构，但是在现实的学校教育、德育过程中怎么让孩子去自主建构，关于它的策略和操作性的内容，我们没有给予教师更多的具体建议，比如如何让孩子参与交流讨论，如何让孩子进行角色承担等。许多中小学教师感到困惑、茫然，一方面认可

"自主建构"的教育理念，但另一方面，让学生在课堂上自主建构，又容易变成放羊式的教学。其实，我们倡导孩子通过自主建构来进行道德学习，并不是主张教师撒手不管。这需要教师对自主建构有比较深入的理解。建构是一个动态的过程，也是一种主体行为过程——无论是思维的行为还是身体的行为，都必须要有行为发生。如果孩子的思维不产生活动，身体不产生行动，其实是谈不上建构的。所以，我们要明确让孩子去自主建构究竟是什么意思，是让他动脑筋想一想，还是亲身去做一做？正如陶行知所讲的教学做合一，知识的表征是多样的，获得知识的方式也是多样的，孩子在学习中有识知、感知、觉知、行知等，但最终知识必须和行为合一，它才可能使知识成为构建自身的经验，而这个过程才可能是构建自身经验的过程。

生：伽达默尔说过："经验的真理始终包含一种朝向新经验的倾向。"[1] 这是否可以理解为孩子对自我经验的自主建构，不仅具有主体性特征，也表明个体生活经验具有开放性呢？个体的生活经验总是面向生活开放、面向未来开放，它包含着一个动态的过程，个人总是从自己已有的生活经验出发，基于已有经验和对当下境遇的体验，对未来产生期望并对当下生活所呈现的多种可能性进行选择。因此，每个人的生活经验都在不断地生成，并以此创造他的个人生活。

朱：你对个体生活经验的开放性作了一个概念性的解读，我们还可以更深入地来谈开放性的问题。从根本上说，生活是开放的，孩子的成长也是一个开放的过程，生活的变化必然会引起孩子生活经验的变化。任何人都不能先入为主地断定一个孩子现在发展得不好就是不好，现在发展很好就会永远都好；社会不断发展，生活不断变化，孩子也不断成长，其中包含着多种可能性。特别是当前社会价值观念日趋多样复杂，一些似是而非的认识和态度在一定程度上主导着人们，使得一些道德价值的内涵有了新的演变，也影响着孩子的价值判断。我们对青少年思想道德价值观状况的调研发现，孩子道德价值观中的时代性因素逐渐增加，一些传统的道德观念如"孝顺""谦虚"等在孩子现时的生活世界中有了一些变化。比如，对待父母要不要孝顺，一些孩子就认为孝未必就要顺，顺也未必意味着孝。又如，同学之间要不要礼让无争，特别是对一些做了错事的孩子，是礼让他、原谅他，还是帮助他？有的孩子就回答："他必须承认错误，我才让他；他

---

[1] 刘放桐. 现代西方哲学 [M]. 北京：人民出版社，1990：769.

不承认，我就不让他。"过去，我们常说谦虚做人，不要"得理不饶人"，要以和为贵，但现在面临一个竞争的社会，很多家长就教育孩子："人家骂你一句你就骂他三句，揍你一拳你揍他三拳，不然人家就看扁了你，就欺负你。"还有勤劳、见义勇为以及关于消费的价值观念等，也都发生了一些变化。这里就涉及时代变化和时代的价值观，它虽然不一定都来自孩子个人的直接生活，但是它可能会折射到孩子的个体生活经验中去。德育回归生活也包括要回到孩子的时代生活，然而，时代生活已经有了这些变化，我们的德育却很少做这种分析，其实与时代价值观相关的内容都可以拿到品德课中来让孩子们自由辩论。德育培养人，是要培养他们处理各种关系的能力，如果一个孩子从学校毕业以后还不能较好地处理生活中的各种关系，我们很难说这个学校的德育是成功的。

因此，我们的德育应该有一种开放的思维，保持着开放性的张力，不是用一本教材来解决学生的思想道德问题（这既不现实也无可能），而是要保持着让学生能够不断地接触和思考现实问题：面对这个问题你怎么想？你怎么做？要使学生在现实的、具体的、复杂的、变化的、直逼个人的问题情境中去认识、领悟教材中关于道德的知识。这种方式才可能真正地将一个个抽象的、概念性的道德条目具体化、生活化地融入个体的道德学习过程中。在这一点上，我非常认同杜威的实用主义伦理学，他认为人不能只去谈道德，而是要去做事，要在做事的过程中去体会和理解道德，因为道德只存在于个体在具体经验情境下解决实际问题的行为中[①]。一个人的道德成长离不开他在社会生活、集体生活中的实际操练，德育要有意识地创造学生在生活中的实操机会。没有进入到实操中，一个人就不会有真实的、具有个体意义的冲突和矛盾，所讨论的道德困境只是与他自己没有直接关联的困境，所做出的道德选择也只是基于他作为旁观者所秉持的应然的道德价值，这种道德价值是他认为别人应该担当的（却不一定是自己担当的）。在这种情况下，德育也很难真正培养学生的责任意识和担负责任的能力。只有当学生的道德学习进入实操阶段，由于困身于真实复杂的

---

① 杜威将其实用主义伦理学思想应用于道德教育思想，提出"道德观念"与"关于道德的观念"之间的区别。他在1909年出版的《教育中的道德原理》一书中将"凡是能够影响行为，使行为有所改进和改善的观念"称为"道德观念"，而将那些停留于语言的、没有"自动地转变为良好的品格或良好的行为"的道德知识和观念称作"关于道德的观念"，并且强调道德教育要指向"道德观念"而不是关于道德的直接教学。

矛盾，他所做出的选择带入了他的真实感受和现实需要，才能在这个过程中引导学生慢慢学会有所担当，碰到了困难不能躲避，尽量做力所能及的事情。这些也是公民的操练，是让学生承担责任的各种各样的训练。

生：个体生活经验的开放性，源于个体生命成长的开放性和生活的开放性，这种开放性也意味着个体发展的多种可能性。人在生活中会遇到一些不可预测的、超出正常发展轨迹的突然事件，存在主义甚至将这些偶然的、外在的事件作为人存在的基本方式，它们可能会对个体的生活经验产生极大影响。但另一方面，个体的生命发展又总是具有一定的时序性、规律性，个体生活经验有其自身的发展链条。我们应当如何理解个体生活经验扩展的多种可能性与个体身心发展的规律性之间的关系及其德育意义呢？

朱：这个问题正是我要谈的个体生活经验的连续性与非连续性的问题。个体的生活经验与他一生的发展相关，个体生活经验既有持续性，同时，按照德国文化教育学派的观点，它还有断裂的可能。博尔诺夫认为个体生命过程中的非连续性成分具有根本性的意义，在连续性教育之外，还应该有非连续性形式的教育。过去，我们习惯于将孩子的发展看作是一个有顺序、有规律的连续过程，认为教育就是根据孩子身心发展规律，帮助孩子成长。这种认识基本上是正确的，但不全面。人在生活中难免会遇到一些意外事件、偶然事件，它们可能会导致个体生命发展已有的连续性链条发生断裂。如果我们仅仅从人的整体或一般规律的层面来认识孩子的发展，这些偶然事件就很难包含在内，因为规律所表达的是一种普遍形式，它将偶然的、不具普遍性的东西排除在外。那么这些事件对于孩子个体生命发展的影响就容易被忽略。但如果落实到一个个具体的、鲜活的个体，当偶然事件真实地发生在一个孩子的生活中，它就成为一个必然的、不可逃避的现实，它就会进入到孩子个体的生活经验中，影响他对自身、他人以及生活本身的态度。因此，如果把德育完全看作是连续的过程，所有人都有可能是一样的，但如果考虑到德育既有连续性也有非连续性，既有必然性也有偶然性，那么它就必须针对每个个体。一个孩子可能刚入学的时候情绪饱满、表现积极，但一段时间后变得消极、自闭，如果老师不具体了解，可能就会认为这个孩子发展得不好甚至乱贴标签，但如果老师打开他的心扉，和他深入交流，可能就发现原来他的家庭发生了变故。这时，其实是孩子的生活的链条断裂了，他的个体生活经验遭遇了困顿，这个孩子需要老师进入他的心灵，帮助他重新连接起生活的新的链条。在这一点上，我很认同德国文化教育学派提出的"唤醒"这个概念。博尔诺夫等人认为生命发展的非连续性是通过"唤醒"的形式表现出来的，人的心灵深处存在着"本源性"的道德意识，而教育就是要深达人的本性和无意识，在生活的偶然事件中唤醒个人的这种处于沉睡状态的道德意识，帮助他们应对生活中的困难，走向生命的新层次[①]。这种"唤醒"是直达心灵的，是必然要在被唤醒者的内心深处留下痕迹的，它是一种教育关系的体现。因此，我特别强调在孩子个体生活经验的非连续性发展中，教师要走进孩子个体的心灵，倾听他们内心的声音，唤醒他们潜在的、沉睡的生命自觉意识和道德信念。事实上，学校生活之所以会让一些人在成年后仍然怀念，很多时候就是因为某位教师曾经在他们非连续性的生活经验中，在他们的内心留下了令人怀念的痕迹。就像苏霍姆林斯基说的，一个人毕业很多年以后把学校里学习的知识都忘记了，但还有一些东西是忘不掉的，这些忘不掉的东西才是真正的教育。

---

① 博尔诺夫. 教育人类学[M]. 李其龙，等，译. 上海：华东师范大学出版社，1999：译序.

学校德育：关注个体生活经验

生：个体生活经验是个体道德成长的基础，我们的学校德育要关注孩子们的个体生活经验，尽可能地把生活化的德育做得更深入一些。

朱：可以认为，学校德育只有真正关注到个体的生活经验才是真正回归生活、真正以人为本。德育本来就是要关注作为个体的人的成长，这意味着并不是把社会意识形态、国家意志灌输给孩子就算完成了德育，德育固然要传递国家的意志，要告诉孩子如何适应政治生活，但是所有这些都是基于我们希望他们能成长起来，成长为能够积极地过政治、经济和文化生活，而且在一定程度上（作为一个主体）能够去改善、创造这些生活的个体。那么，孩子个体的现实的生活经验就很重要。前面我们说个体生活经验是具有根源性、主体性、开放性以及连续与非连续性的，这主要是从它对于个体道德成长的意义而言的，但是德育如果不关注它，它对于德育而言可能就是锁闭的、扭曲的。如果孩子的个体生活经验不能在德育中得以伸张，他就不能在自己的生活经验基础上接受各种德育的信息，以及与之产生一种理想的引导，因而也就不可能真正实现个体基于道德理想的自我建构。

生：是的，当孩子进入具体的道德教育情境时，他们并不是一块白板，而是携带着各自不同的生活经验。他们面对共同的课堂生活或者讨论同一个道德话题，可能会有极不相同的观念和体认。学校德育应当如何来认识和处理孩子的个体生活经验呢？

朱：孩子个体道德成长的过程伴随着他的个体生活经验的不断丰富和扩展，

总体来说，学校德育是要激励、指导孩子不断地调整、扩展自身的生活经验，要有意识地化解他们个体性的、具有内在冲突性的经验，把消极的经验转变为积极的经验，把狭隘的经验扩展为越来越丰富的经验，使他们不断积极探索和创造新的经验。

一个人的个体生活经验既有显性的，也有隐性的，德育关注孩子的个体生活经验不能表面化。我们知道，弗洛伊德对人的意识和潜意识进行了讨论，意识是与直接感知有关的心理部分，潜意识则被认为是人被压抑的情绪情感经验；潜意识在对人的精神影响中处于核心地位，意识处于次要地位；意识和潜意识之间并不存在绝对的鸿沟，在人的潜意识中，有些经验是可以回忆起来、可能通过意识表达出来的[①]。而在人自身能够意识到的个体经验中，也包含着外显的经验和缄默（可意会不可言传）的经验。以此来看，孩子个体的生活经验，它本身也是有层次的：一些经验是直接外显的，比如孩子的兴趣、偏好等，可能比较容易识别和把握；有些经验是缄默的，如果教师不介入，孩子不愿意或者不尝试表达，它就很难显现出来；还有一些经验可能进入到孩子的潜意识中，特别是那些与内在人格相关的生活经验，往往以一种较为深层的内隐形式存在，可能与某些特殊问题或特定情景相关联，很难在一般的日常生活中或是短时间内表现出来。

德育关注孩子的个体生活经验，不能仅仅关注那些直接外显的经验，认为它们就是孩子全部的生活经验；不能忽略那些缄默的、内隐的、没有表现出来的内容，认为这些内容就不构成他的生活经验或者说孩子就没有相关的生活经验。一方面，德育本身具有不同于知识教育的"内质性"特征，它更多地与个体内在的、缄默的经验相关。所有的教育工作，都只有在人产生内在的、具有属于自己的感受时，才能使心灵世界得到扩展。这种靠内部起变化的特征就是德育的"内质性"特征，也是德育最重要的特征，较为隐蔽并且往往变化缓慢，难以从表面测定。另一方面，个体的道德发展更需要德育对其隐性的生活经验给予观照。对于孩子的缄默的、内隐的个体经验，需要有经验的、敏感的教师有意识地介入才可能被发现。一些比较内向的孩子，他们不喜或不善于自我表达，教师如果不进入他们的内心世界，就很难了解他们的生活经验；还有一些

---

① 高觉敷. 西方近代心理学史[M]. 北京：人民教育出版社，1982：377-378.

看上去很"听话"的孩子，平时表现很好，教师和家长的评价也很高，但他们的内心却可能很受束缚，一些负面的情绪情感经验长期被压抑，得不到关注、倾听和分担。备受争议的药家鑫杀人案引来一些人对教育的批评。药家鑫在庭审中讲述了自己的成长经历："我从4岁起，就天天练钢琴，每天除了弹琴就是学习，稍有不好，就会遭到父母的殴打。学习不好时，父亲好几次把我关在地下室不让上楼。我很多次都想过自杀，因为除了无休止练琴外，我看不到人生的希望。"其实，这是他在外显的学业成功背后很重要的一部分生活经验，但这部分经验如果没有内心的反省，他不会主动地、直接地表达出来。现在来看，这部分经验并没有在学校德育和家庭教育中给予很好的关注和处理，从某种意义上说，这也是导致他的人生悲剧的重要原因。

生：曾经有研究发现，小学阶段教师眼中的"乖孩子"恰恰是心理学家眼中可能存在心理问题的孩子。一些教师眼里"听话"的孩子，教师如何要求他就如何做，如果做得比较好，教师教导起来就感觉较轻松，也比较放心，往往容易忽略与这些孩子之间进一步的心灵沟通。但是，这种"听话"是从教师到学生的信息单向传递—接受过程，学生的内心世界并没有向教师敞开，教师只能看到学生表现出来的那部分经验，却无法触及学生的隐性生活经验。从这点来说，我们强调教师要介入孩子的隐性生活经验，就必须建立起一种"对话"——师生之间双向互动的信息交流。

朱：不仅仅是师生之间的对话，还包括生生之间的对话。我们要鼓励孩子多表达、多分享。扩展生活经验有很多种渠道，并不一定都要跑出去参观、游览，同伴之间表达与分享自己的生活经验也很重要，表达的过程也是分享的过程。品德生成的过程是个体经验积累和经验表达的内化与外化的过程，是一个反复不断的内化、外化、再内化、再外化的循环往复的过程。为什么要鼓励孩子表达？第一，个体经验要通过表达加以外化，如果不表达，他的一些隐性经验就不能变为显性经验。同时，长时间不表达可能导致情绪情感的持续积聚，负面的生活经验得不到积极的化解，就容易成为他心里的纠结。心理学的研究发现，一个人在他生命成长历程中，只要经历过或体验过的事情，特别是使他的内心发生过"震荡"的事，他就有将其表达出来的愿望，并且处在各种可能的解释、说明以及"观照"自己的空间中。如果他的这种需要得以满足，不仅能够获得积极的情感体验，而且有助于消除负向情绪情感，形成积极的情绪情感[①]。第二，如果孩子不表达，教师就很难将孩子已有的生活经验变成一种德育的资源。孩子的个体生活经验对于他的道德成长既有本体意义也有工具价值，学校德育应该有意识地将孩子的个体生活经验看作一种德育资源。

在我负责主持初中思想品德课程标准的修订工作时，在最后关于课程资源开发与利用建议中，通过几番论证，我们增加了一条建议，即要重视对学生自身资源的开发，使学生的参与过程和生活体验成为课程资源的重要组成部分。我们希望指导教师们要善于利用课程资源，这个资源包括来自学生自身的资源，其中包含这样一种观念：不仅是教师要为学生提供课程资源，而且学生自身就应该被视作德育的课程资源；并且，在学生身上，积极表达出来的经验是资源，没有说出来的经验也是资源；学生之间分享自身的经验，就可以扩展每个学生个体的资源；一些隐性的经验被表达出来，它就成为直接可用的资源，通过表达、分享解开个体心里的闭锁，它也能成为一种资源。因此，对待孩子的个体生活经验，学校和教师都应该有一种资源意识，注重这种资源的扩展、分享。

我多次陪国外专家参加我们中小学的德育活动，他们往往会问我：你们的学校德育搞得很活泼、很热闹，但是活动搞完以后老师、学生有分享环节吗？他们在分享中有反思吗？你们的老师很敬业、很认真、有很多主意，那你们学校德育的效果如何？学校德育不能满足于各种活动本身，更重要的是学生的消化与分享，让它真正变成经验扩展、精神成长的资源，能够持续不断地发生作用，这就有别于形式主义。

深刻的东西是能够持存的，而浅薄的、形式主义的东西一阵风就飘过去了，它不可能在孩子的心田里生根、发芽、开花。如何使我们的德育活动在孩子的心田生根、发芽、开花呢？这需要做很多细致的工作，需要把它拿来分享、讨论，还可能在不同情境中再利用，循环往复。这就是德育处理个体生活经验的一个原理：经验的分享具有"增值"和"放大"的效应，它使得个体生活经验"1+1＞2"，即在交换思想、分享经验的过程中，个体已有的生活经验就超出个人意义，它被个体及个体以外的其他人所确认、接纳、修正、丰富、扩展。学校德育要懂得处理这种个体生活经验的意义和价值。

---

① 朱小蔓. 情感德育论［M］. 北京：人民教育出版社，2005：249.

生：如此说来，鼓励孩子表达和分享，也有利于在个体之间建立起人际道德关系，不仅可以通过个体自身的经验扩展来促进个体道德生长，还可以通过具有道德意义的人际关系来完成道德教育。说到"关系"，学校的各种关系也是学生个体生活经验的隐性课程，这些关系本身就可能构成孩子个体生活经验的一部分，并且具有德育意义。

朱：我们关注个体生活经验，不是孤立地来看个体。一个人的生活经验属于他自己，具有个体独特性，但这并不意味着他的个体生活经验就是孤立的，它是个体与生活环境、各种关系不断互动的结果。人都是社会性的动物，生活在一定的社会关系网络中，他只有在一定的关系中才能找到自己，探寻"我是谁"的答案。我认为个体包含着一种关系性存在，他存在于一定的关系性场域和关系氛围之中。因此，关注孩子的个体生活经验，并不是孤立地关注孩子个体，要关注他的关系性存在，关注他日常生活场域的关系氛围以及生活中的各种关系。

从学校整体来说，孩子的个体生活经验与他所在学校的关系性场域、学校的关系氛围密切关联。我比较认同涂又光教授提出来的"泡菜坛子说"，他将人文教育比喻成做泡菜，认为人文教育应该在人文环境的基础上自然形成，正如泡菜的味道取决于泡菜坛子的味道，孩子在不断生成的个体生活经验中，所呈现出来的精神气质（包括道德素养、思想品格等）更多地受到学校整体精神氛围的影响。学校的师生关系、日常生活方式以及学校的精神氛围对孩子个体的道德成长至关重要，不能认为设置了专门的德育课程，组织了主题式的德育活动，就完成了德育。孩子每天是浸染在学校的关系性氛围中的，没有良好的关系，专门的品德课程很难有良好的效果。如果一个学校总体的师生关系很差，教师和学生之间彼此不信任、不尊重，又或者是教育管理者在学生面前表现得不诚实，同学之间相互欺负等，这些问题在学校中长期得不到调整和解决，可以认为这所学校本身是没有道德性的，学校的品德教育也应当受到质疑。

从另一方面来说，这种关系性场域和关系氛围直接影响着个体在生活中的情感体认以及道德情感的生成。苏霍姆林斯基早就讲过"情感是不能命令的"，"有这样一种刻板的公式：我给你讲什么，你就去理解什么，我要在你的心灵里树立什么，你就去感受什么，这样你就会成为一个好人——如果教师相信这样一种公式的效能和教育力量的话，崇高言语就会在少年的意识中变成不值钱的小分币。感情需要引发，需要激起形成道德素养和情感素养所必需的感情，而为此需要有产生情感的环境"①。我认为苏霍姆林斯基对实际存在的道德教育和情感教育的一厢情愿、强迫性和虚假性的揭露和批评，至今仍有现实意义。他指出，"真正的爱是无须表白的，要教会爱，而不是教会谈论爱，要教会感知和保持情操，而不是教会寻找说出不存在的感情的言词"②。因此，情感素养的培养不容许有故意的和人为的做法，而需要有情感环境。这种情感环境就是我们对学校的关系性场域和关系氛围的要求和期待，它首先必须建立起师生之间的人道主义关系，在这基础上，情感的培养要有符合情感养成的方式目标。对于达成情感目标，教师自己首先应该有比较健康的情感和积极的态度，自己的行为能够对孩子产生比较正面的示范作用。

生：对学校的关系氛围的期待需要具体到师生关系，您在前面提到教师要有意识地介入学生个体的生活经验，我认为在这个方面来谈师生关系有特殊的意义。一直以来，我们都从教师的角度强调师生关系需要教师来建立，似乎教师关注到某个学生才有师生关系，但从孩子个体生活经验来看，即使教师没有关心他也没有批评他，他的认知和感受中仍然存在着一种师生关系，只不过这种师生关系可能是淡漠的甚至消极的。这种"关系"并不是单纯由教师来建立的，它自然地生成于师生相处的过程中，通过对这种"关系"的感受和认识，许多信息能够进入学生的潜意识中。也就是说，无论师生关系的好坏，当学生认识到它的一部分乃至全部，它就进入了学生个体的生活经验，并且会对学生的道德成长产生"不在场的影响作用"③。

朱：我们期望师生关系应当是一种教育的关系，但在教育现象学看来，不是所有的师生关系都能够成为一种教育关系。最好的教育关系是在师生之间孕育了某些特殊品质的关系，这种关系总是有着双重的意向性。在这种关系中，教师的奉献和意向是让学生健康成长、走向成熟；反过来，孩子需要有一种乐于学习和进取的欲望。这就是所谓双重意向性，也是具有教育性的"关系"。苏霍姆林斯基非常重视这种教育关系，认为这种关系具有亲密性、细微性和人道

---

① 苏霍姆林斯基. 苏霍姆林斯基选集：第3卷[M]. 北京：教育科学出版社，2001：747.
② 苏霍姆林斯基. 苏霍姆林斯基选集：第5卷[M]. 北京：教育科学出版社，2001：822.
③ "不在场的影响作用"是指当教师不在现场时，教师与学生的关系会影响到学生认识和处理其他关系或事件。

性，它能够产生道德气氛。他有一段教育格言："假如你们需要的话，我来告诉你们，教育的秘密就是要使学生始终有这样的希望，希望你们做他的朋友，希望你们是一个有智慧、有知识，能够付出情感、道德美好、精神美好而且丰富的人。"①师生之间的教育性关系是建立在教师对待学生的人道主义态度基础上的，这种态度本身就包含着教师认识和对待学生个体生活经验的价值倾向，也只有在这种教育关系中，教师才可能真正地关注和处理好学生的个体生活经验，使之对个体的道德发展发挥应有作用。

生：那么，对教师应当如何关注和处理学生的个体生活经验，您能否给出一些具有指导性意义的德育策略？

朱：在具体的德育实践中，教师面对不同的孩子和特殊的教育情境，会有不同的、具体的德育方法和技巧，更多地需要教师创造性地来生成。尽管如此，我认为仍然有一些基本原则可以作为德育操作的思想策略。因为，教师在具体德育情境中的创造性发挥不能毫无根据，它们要建立在一些基本的教育原则及相应的思想态度基础上。思想策略不同于行动策略，它不是要告诉教师具体的操作方法和技巧，而是指出操作上的思想选择和在态度应对上的选择。

行动策略更多地需要教师个性化的教育智慧，相对而言，思想策略则是所有教师都可以以此反思和遵循的基本态度，主要有以下几条原则：第一，不可或缺性原则。这是学校德育关注个体生活经验的首要原则，它要求在同一个班级里不可以忽略掉任何一个孩子，不能有某个孩子教师一直都没有或者很少和他交流交往过。对于孩子的个体生活经验，教师不能视而不见。第二，个体经验的客观自在性原则。每个孩子的个体经验都有其由来，有其道理，正如黑格尔所说"凡是存在的都是合理的"。教师要正视孩子的个体生活经验，无法回避也不应该回避其产生的客观自在性，更不能带有任何歧视和偏见，而应该在一定程度上承认它存在的合理性。承认它的合理性，并不等同于承认它的正当性，而是意味着教师将孩子作为一个发展中的个体来看待，尊重和信任每一个孩子的基本人格及其发展的可能性，从而产生一种积极的教育态度。第三，个体经验的表达外显原则。前面我们提到要鼓励孩子多表达，我认为可以把它作为学校德育的一项基本原则。表达是尽量要让孩子们把他们隐性的生活经验显

---

① 博古什. 苏霍姆林斯基人道主义教育中的惬意童年 [J]. 中国德育，2007 (03)：16.

性化，它对于不同生活经验的孩子可能会有不同的教育意义：就同一个德育话题的不同表达，对于比较压抑的孩子来说是一种释放，对于比较活泼的孩子而言可能就是一种满足；对那些还没有体认的孩子来说是一种邀请和引导，而对于有所体认的孩子来说，它又是一种升华。教师要有意识引导每一个孩子都尽可能地表达。第四，个体经验的分享增值原则。表达与分享是不可分离的，对于个体来说是表达而对于群体来说就是分享。个体生活经验的扩展离不开主体间的交流与分享，这种分享具有使个体生活经验"增值"的效应。这里的"增值"不是指叙事经验的简单叠加，它意味着个体经验在内质层面的改变，比如由于相同经验感受的契合使个体的内心获得自我经验的确认感，使个体的情感体验深刻化；又比如由于不同经验感受的碰撞带给个体心灵的"震撼"，从而导致个体内在的情感体验复杂化、精细化。在德育活动中，教师关注孩子们的经验分享应该甚于关注活动形式本身，为孩子创设适宜的交流氛围和条件。第五，包容引导原则。对待孩子个体的经验表达和经验分享，教师应当包容和引导。包容是要允许不同的声音存在，但包容不等于放纵，教师要在包容的基础上去引导，要有意识"牵引"孩子自己去体验反思。这种体验反思不仅具有整体教育意义，更应当具有个体教育意义，这就是说，教师不仅要引导学生群体性的体验和思考（在这个层面，往往容易从教师带着学生思考变成教师代替学生思考），更要引发学生个体的自我反思（而不是教师去帮他反思）。

生：学校场域是学校德育的重要阵地，前面我们主要讨论学校德育、教师对学生在学校场域内的个体生活经验的关注和处理。然而，学生的生活经验是没有这种空间分割的，它交融渗透于个体生活的各个方面，学校德育无法回避也不应回避孩子的家庭生活、社会生活。德育不能解决孩子道德生活的所有问题，但它又不能不面对这些问题，这恰恰是学校德育现在感到尴尬和无力的一个主要方面。学校德育应该如何关注和对待孩子的社会生活及其相关经验呢？

朱：孩子的生活空间是宽泛的，并不仅仅局限于学校的空间范围，我们谈生活德育主要局限于学校是不够的。一方面，在学校之外，孩子就客观地过着某种社会生活，它会折射到学校生活中，共同构成个体生活经验的基础。另一方面，学校要有目的、有计划地引导孩子学会过社会生活。

首先，学校德育关注学生的个体生活经验就不能脱离他的生活，包括不能脱离他的时代生活、社会生活。不能认为孩子离社会生活还比较远，孩子每天都是在过社会生活的,尽管校园生活是孩子每天亲历的主要的、直接的生活内容,但是他每天在街道、社区、家庭和网络媒介中看到的、听到的,都构成他或直接或间接的社会生活。成人能够获取和感受的社会信息,孩子们也能获取和感受到,只不过他们在理解、辨别和体会上可能没有成人那么复杂、深刻。同时,一些成人生活经验往往会折射到孩子的生活感受中,影响他们对生活的认识。学校德育不应该对孩子的这些经验视而不见。比如,现在学校德育倡导进行公民教育,让孩子从小养成公民意识、体验公民生活。一些班级通过同学们自主演讲、公平竞争、全体投票的方式来竞选班长和其他干部,这本来是很好的让学生获得公民经验的锻炼机会。在这个过程中,孩子们不仅被告知并且还能真切感受如何竞选、明确责任以及兑现承诺等。但是,更多受家庭生活、社会生活的影响,一些班干部选举出现了"怪现象":孩子的选举有家长的参与乃至干预,间接或直接把成人的"经验"灌输给孩子;更有甚者,一些孩子已经习得一些不良的社会作风,将其带入班级选举中,影响班集体生活。家长可能会认为这种做法是在帮助孩子,但实际上他们影响了孩子的价值判断。在社会生活中,成人社会的不良风尚、扭曲的生活经验,会影响孩子个体成长的经验,学校德育无法回避。面对这些问题,我们不能简单地将其归结为"5+2=0"(表示学校对学生5天工作日的正面教育被社会对学生2天周末休息日的"负面影响"抵消掉了),落入空洞的、抽离了鲜活个体的讨论。孩子的个人经验是容易受到影响的,孩子个体成长也离不开社会生活、成人生活的影响,学校不可能也不应该直接去干预社会和家庭对孩子个体成长的负面影响。但是,学校可以直接影响孩子个体的生活经验,不是说要让学校去影响宏观的社会环境,而是说学校可以在社会生活与学校生活之间寻找一定的张力,形成特定的教育空间。同时,我们建议教师应当是清醒的、有价值持守的,不能把在学校生活、班级生活中出现的成人社会的不良风尚当作是正常的事情,不能见怪不怪,教师的这种态度本身会影响孩子的价值判断。在这些事情上,教师应该成为一个主体,能够引导学生做出正确的价值判断,甚至可以把这种隐藏在(比如选举活动)背后的不良风尚、扭曲经验拿来让学生分析和讨论,把它作为现实生活中的道德话题并结合班级生活的实例来辩论。

其次,学校要引导孩子学会过社会生活。学校德育要帮助孩子逐渐融入社会生活,鼓励孩子参加力所能及的社会实践活动,比如一定程度的社会志愿者工作或社区服务工作等。在这方面，现在的学校德育是有所关注的，比如开设综合实践课程以及开展社区服务、寒暑期社会实践等。我们开展的"青少年思想道德价值观状况调查"的数据也表明，学生对社会实践的认同度是比较高的，有89.7%的大学生把它排在第一位，职业学校学生将其列为第二位，普遍认同"社会实践"是最有效的道德价值观教育方式。但学校德育要注意，所有这些社会实践活动都不是以"出去"为最终目的，而是要努力使这些活动在孩子身上内在化，转化为孩子个体的生活经验。

与家庭、社会相比而言，学校在引导孩子扩展社会生活经验方面有其独特价值：学校提供、组织、引导学生参与一定的社会实践活动，既具有比较严格的纪律性、规范性，又具有群体社会性；在这种社会化、组织化的社会活动中，学生容易积累群体经验，这种群体经验可以转化为学生个体的社会生活经验。因为个体经验是随着生活不断发展变化的，积极个体经验的积累需要由各种集体经验来转化。学校通过群体性的社会活动，为学生不断扩展的个体经验输入新的内容，为学生个体经验的生长做出贡献。

这一转化过程是一个双向激活的过程，既是群体经验不断内在个体化的过程，也是个体社会兴趣不断增长的过程。我们的德育课程主要是从社会兴趣和社会性认知的角度来看社会实践活动与个体生活经验之间的关联。2001年我们讨论第八次基础教育课程标准的时候，结合国外的一些资料，特别是受杜威"社会兴趣"的影响，我提出应当珍视学生的"社会性认知"，将其作为思考德育课程以及设置综合实践课程的理论依据之一。杜威认为人的兴趣不仅与知识学习相关，也与道德学习有密切联系，他区分出"自我兴趣"（也称"个人兴趣"）和"社会兴趣"，认为随着持续深入的社会活动，人在"自我兴趣"的基础上可以萌发出"社会兴趣"，使自我主动地容纳社会活动所包含的各种关系，接受他人的影响，并重新调整、扩充已有的道德观念[①]。我认为这种"社会兴趣"是在个体通过行为认识社会的过程中逐渐培养起来的，它与人的社会性认知的发展相关联，更多地需要通过主观知识的学习来完成。学生在课堂里学习的知识，主要是客观知识、客体性知识，这种客体性知识要变成个人的社会性认知有一定的困难和局限；同时，现有的学校分科课程在扩展学生的社会性认

[①] 观点引自杜威所著《民主主义与教育》。

知方面是有局限的。所以，我们提倡的综合实践课程，主张走出课堂、学做合一、做中学、研究性学习等，目的就是要扩展社会性认知，认识社会，培养社会兴趣。孩子是需要培养社会兴趣的，需要从个体小我的生活向社会生活扩展，养成社会关切心，养成公共意识和公民意识。

　　因此，学校在组织和引导学生参与社会实践活动的过程中，应当有从活动的群体经验转化为学生的个体经验的意识，并在这种转化的过程中发展学生的社会性认知，培养学生的社会兴趣。具体的操作办法可以有很多，比如实践活动结束后的叙事性讨论或自由写作，通过自我叙事的方式鼓励学生表达活动感想，引导学生进行活动反思。不管采用哪种方法，我们都要注意：我们不是要留给学生形式化的经验，不是要教学生去说那些大而空的话，不是单纯去强调社会实践是为社会做贡献那一个方面、一个方向；我们要观照到每一个个体，对于每一个志愿者本人来说，一次社会实践应该成为他的个体生活经验的一部分。成为他人生经历的一部分。对于德育而言，我们需要关注它之于个体心灵成长的意义。

专题三

Topic Three

关怀学生的精神成长：
学校德育的核心任务

精神性是学校德育的重要维度

生：近年来，青少年自杀现象频发，据统计，中国18—34岁人群死亡案例中，自杀是其中最大的死因，超过了车祸、疾病等。社会学家迪尔凯姆在《自杀论》一书中指出："通俗地讲，自杀首先是一个再也活不下去的人在绝望时所采取的行动。"[①] 同时，还存在另一种现象，即"无聊症候群"现象。"无聊"时下已经成为青少年学生常用的一句口头语，他们的外在表现是对学习没有兴趣，生活缺乏方向感，无所事事，爱逃课等。我感受到，这些青少年身上存在的一个共同的特征是他们感受不到生活的意义，看不到生活的希望，精神生活太贫乏。青少年时期本来是人一生中最美好的时光，是为人生奠基的阶段，也正是青少年接受正规的学校教育的时期。从学校教育角度讲，应该如何应对青少年成长中出现的这些问题呢？

朱：学校教育在青少年成长中占据重要地位，一个人接受学校教育的时间几乎要占到人一生的四分之一。最早，斯宾塞在《教育论》一书中把教育分为德育、智育和体育三大部分，其中，德育主要关注的是学生的精神成长问题。只是由于我国当前教育评价的方式还比较单一，且存在激烈的就业竞争压力，致使"重智轻德"现象仍然比较严重，导致青少年的精神成长和发展问题得不到应有的关怀和关注。事实上，精神成长是人成长和发展的基石。

总体上讲，人是由身体和精神两部分组成的，也就是说人是身体存在和精

---

① 迪尔凯姆. 自杀论[M]. 冯韵文，译. 北京：商务印书馆，1996：9.

神存在的双重性存在物。人的身体存在是人的生物性存在,即是人的肉身的、物质的存在,这是能够触摸得到的,也是能够看到的,这是一切生物都具有的特性。然而,人的精神是无法触摸到和看到的,却又是的的确确存在的。臧克家在《有的人》一诗中讲,"有的人活着,他已经死了,有的人死了,他还活着",讲的就是人的精神存在现象。这是说人来自于物,却又不是物;有着动物的生命体,但又不等同于动物生命的本性。人的生命不满足于本能生活,他的生活一定是经过理解和筹划的、有意义的生活,他不光满足于能吃喝拉撒地"活着",还要追求理想和自我价值的"为什么活着"和"人生的目的和意义"。法国大文学家雨果曾经说过:"人有了物质才能生存,人有了理想才谈得上生活。你要了解生存与生活的不同吗?动物生存,而人则生活。"马克思对此也做出了精辟的揭示:"动物和它的生命活动是直接同一的。动物不把自己同自己的生命活动区别开来,它就是这种生命活动。人则使自己的生命活动本身变成自己的意志和意识的对象。他的生命活动是有意识的。"[1] 人的生命活动的意识性体现的就是人的精神存在现象,而且,人的精神存在是人之所以为人的一种重要和独特的属性。比如,有些人身体残疾,但是他们的人格和精神是健全的,他们追求过有意义和有价值的生活,这些人正是由于他们精神的伟大而成了真正大写的人。霍金就是这样的一个典型例子,他身残志坚,成为当代国际最享盛誉的科学家之一。南京师范大学教育科学学院教师侯晶晶也是这样的一个特例,她是全国第一个坐在轮椅上的女博士,她用坚强的意志力和强大的精神力量克服了下肢瘫痪的种种不便和困难,自学了小学到本科的所有课程,顺利考取了硕士和博士研究生。她自强不息的精神正是她内在强大的生命力量的展现。

  青少年学生是学校教育的对象,我们也要关注和重视他们的精神培育和精神成长教育,这是因为培养青少年学生具有健全的人格、丰富的精神生活是他们健康成长和发展的重要基础。而且,只有这样,他们在任何环境和条件下才能够积极和正确应对各种挑战和问题。把精神性作为学校德育的重要维度是要凸显学校德育在促进青少年学生精神成长和发展中的地位、意义和价值。德育是要把学生培养成为人格健全、人格丰满的人,培养成为追求理想、追求人生意义和价值的人,这些都关涉人的精神成长和发展,是精神发展健全的人的重

---

[1] 马克思,恩格斯. 马克思恩格斯全集:第42卷[M]. 北京:人民出版社,1979:96.

要特征和标志。当然，青少年学生的精神成长和发展涉及人格成长、审美情趣、智能发展、道德情操、意志磨炼、创造能力等多个方面，是他们整个精神世界发展状况的综合反映。苏联教育家苏霍姆林斯基非常重视和强调学校在培育学生精神方面的作用，认为学校是人民精神生活的发源地，对此，他有一段精辟的见解："学校，是人民的精神摇篮。没有学校，人民就没有未来。学校的智慧越多，人民的未来也就越辉煌。"① 苏霍姆林斯基认为，教育就是教师和孩子们进行精神交流的活动。他在自己的教育实践中非常重视学生的精神成长，在学校日常的教学、劳动、交往等活动中扩展、丰富和壮大学生的精神世界。

生：您的分析使我们对学校德育促进青少年学生的精神成长和发展的功能有了比较清楚的认识。但是，学生是未成年人，不同于成人，教师在引导他们精神成长方面应该遵循他们自身的哪些特征呢？涂尔干在谈到什么是儿童这一问题时，他说："这个年龄的基本功能、自然分派给它的角色和目的，都可以用一个词来概括：这是一个成长时期，也就是说，这是一个生理上和道德上个体都尚未形成的时期，这是一个人形成、发展和塑造的时期。"② 我们在探讨学生的精神成长和发展问题时，涂尔干对儿童的这一定义也会对我们有一些启示。

朱：《国际儿童权利公约》认为，儿童指的是 18 周岁以下的任何人。也就是说，18 岁以下的人都可以称为儿童，这个年龄段的人也主要是在校青少年学生。我们承认学生的成长特性，也就意味着我们不能以一成不变的眼光看待他们，而是要用发展的眼光来看待他们，在一定程度上要宽容他们在成长过程中所犯的错误，允许他们的思想和行为出现反复，不能用对待犯错误的成人的方式来对待学生。这里还涉及一个学科立场问题，不同学科具有不同的学科立场，其着力点也是不同的，如经济学立场，用投入和产出来衡量效益大小；法学立场，用是否触犯法律为标准来对人的言行做出判断，等等，我们在关注学生的精神成长和发展问题上必须坚守的是教育学立场。马克斯·范梅南认为："何谓儿童？看待儿童其实就是看待可能性，一个正在成长过程中的人。"③ 教育是培养人的活动，学生是正在成长过程中的人，他们身上具有发展的多种可能性，

---

① 苏霍姆林斯基. 怎样培养真正的人 [M]. 蔡汀，译. 北京：教育科学出版社，1992：132.
② 涂尔干. 道德教育 [M]. 陈光金，等，译. 上海：上海人民出版社，2006：310.
③ 范梅南. 教学机智——教育智慧的意蕴 [M]. 李树英，译. 北京：教育科学出版社，2001：1.

教师不能按照他们一时一地的表现予以盖棺论定，要对学生怀有持久的支持、信任和关怀，并相信他们会朝向美好、积极的方向发展。也就是说，从教育学立场出发，教师要善于发现和爱护学生身上积极向上的精神和努力提高道德水平的积极性，哪怕是一丁点的进步都要给予肯定，这也是教育的全部秘密所在。

精神属于人的内在世界，人的精神成长和发展是一个逐渐生成的过程，而且，青少年学生又是成长中的人，所以，我们必须清楚他们的精神性成长所具有的几个特点。首先，学生的精神成长具有过程性。怀特海的过程哲学批判了传统的实在论哲学把人看作是实体、实在、静止的观点，认为自然界不存在任何永恒不变的实体，所有机体都处于变化发展之中，处于过程之中。过程继承的是过去，立足的是现在，面向的是未来。人也如此。青少年学生的精神成长也是一个发展变化的过程，是一个动态生成的过程，是一个积淀性的过程。其次，学生的精神成长要从小抓起。心理学研究成果尤其是弗洛伊德的精神分析心理学认为，童年具有重要的价值和意义，童年生活的经历会对人的一生产生重要影响，我们每个人在成年后的行为表现和思想发展等都能够找到童年的影子。脑科学研究也发现，人的行为形塑是在生命的早期阶段完成的。苏霍姆林斯基曾发出这样的呐喊："一切都取决于童年期的教育！"童年既是人生的初始阶段，更是人生的奠基阶段，根基打坚实了，就不怕出问题和故障。正是在这个意义上，我们要从小关注孩子的精神世界，引导他们过精神生活，培育和壮大他们的精神世界。再次，要充分考虑到学生的具体特性。联合国教科文组织国际教育发展委员会编著的《学会生存》一书指出："每一个学习者的确是一个非常具体的人。他有他自己的历史，这个历史是不能和任何别人的历史混淆的。他有他自己的个性，这种个性随着年龄的增长而越来越被一个由许多因素组成的复合体所决定。这个复合体是由生物的、生理的、地理的、社会的、经济的、文化的和职业的因素所组成的，而这些方面对于每一个人来说，都是各不相同的。"[1] 青少年学生的精神成长也是基于自己的独特的经历和体验生成的，正如世间没有两片完全相同的树叶一样，也不存在两个经历和个性完全相同的学生，即使是同卵双胞胎，他们在气质、性格等方面也存在很大差异。所以，教师一

---

[1] 联合国教科文组织国际教育发展委员会. 学会生存：教育世界的今天和明天[M]. 北京：教育科学出版社，1996：196.

定要在充分了解学生具体个性的基础上引导他们的精神成长。

生：青少年学生的精神成长是涉及他们成人的重要事情。我们是从德育角度来探讨学生的精神成长的，人的精神成长跟道德成长是不是一回事，以及它们是怎样一种联系呢？

朱：应该说，它们是一种交叉的关系。一个追求精神生活和精神世界丰盈的人，他在德行方面发展得肯定也很好；反过来，一个在道德成长方面良好的人，他的精神生活肯定也是积极、进取、富足的，它们二者之间是相互包含、相互促进的关系。另外，我们强调德育的精神性的核心指向个人的道德价值观，主要是基于学生的基本的道德价值观念和道德品质的培养。当然，随着社会经济的发展、物质的富足，人们的交往方式等发生着变化，但是，人们还需要坚守一些基本的道德价值观念，如仁爱、友善、尊重、诚信、感恩、正义、公平等。党的十六届六中全会通过的《中共中央关于构建社会主义和谐社会若干重大问题的决定》提出了社会主义核心价值观体系，主要由坚持马克思主义指导思想、坚持中国特色社会主义共同理想、坚持以爱国主义为核心的民族精神和以改革创新为核心的时代精神以及坚持社会主义荣辱观组成。社会主义核心价值观体系规定了公民所应该具备的基本道德价值观和道德品质。从德育角度探讨学生的精神成长是不能绕开培养学生具有这些基本道德价值观和道德品质等内容的。

学生精神世界的现实诊断

朱：我主持的全国教育科学"十一五"规划国家重大招标课题"社会变革时期青少年思想道德发展的新情况与对策研究",在全国发放了近万份问卷,主要调查了小学生、中学生、大学生的道德价值观状况。我们运用SPSS统计软件对调查数据进行了数理分析。从对调查问卷数据统计的结果来看,当前青少年学生的道德价值观的主流是积极、健康、向上的,跟国家和社会对他们的期待和要求基本吻合和一致。

生：在对小学生、中学生和大学生的道德价值观问卷调查中,主要考察了哪些德目?

朱：学生的生活世界是一个逐渐扩展和丰富的世界,以他们自身为圆心,随着年龄的增长,他们的生活范围和接触面就会逐渐扩大,这犹如掉进水池的一块石头向四周激荡起的一圈圈波纹一样。青少年学生的道德成长也遵循这样的发展规律。所以,我们在德育课标编写的过程中也充分考虑了学生精神成长和发展的这一规律,比如,2014年颁布的初中《思想品德》课标内容顺序为"成长中的我—我与他人和集体—我与国家和社会",就是按照学生不断扩展的生活范围来编排内容的。因此,我们的调查问卷所考察的德目也充分考虑到了不同年龄段学生的生活范围和特点,小学生问卷主要考察小学生在爱、尊重和生命三个德目方面的价值观念,中学生问卷主要考察中学生在爱、尊重、生命、合作、宽容、公正等德目方面的价值观念,大学生问卷主要考察大学生在爱、诚信、利他、自强、权利意识、国际理解等德目方面的价值观念,以及对一些道德关系，诸如个体与集体、道德与利益、个体道德与制度德行、道德与幸福等的认识和判断。每一个德目之下设置了具体的问题情境，考察学生在具体德目方面的认知、情感、价值观和行为发展状况。

从调查问卷统计结果看，小学生爱的意识比较强，包括对父母的爱、对他人的爱、对祖国的爱、对人类的爱、对自然的爱。以对父母的爱为例，小学生对"卧冰求鲤"中王祥的做法的态度选择中，选择 A 项"真了不起，后妈对他不好，他还能这样做"的占 90.7%；选择 B 项"没必要这样做，又不是自己的亲妈"的占 4.1%；选择 C 项"没必要这样做，为这样的后妈付出这样的代价真不值得"的占 1.7%；选择 D 项"太傻了，这样的后妈病了活该"的占 3.5%。可见，超九成的小学生表现出具有较强的孝敬父母的意识。小学生也具有较强的尊重意识和生命意识，绝大部分小学生能够对各种道德情境做出正确的选择。绝大部分中学生在所考察的爱、尊重、生命、合作、宽容、公正等德目方面的道德价值观比较良好。以"乘车时是否同意给老年人让座"为例，选择完全不同意的中学生占总数的 0.6%，选择基本不同意的占 1.1%，选择说不清楚的占 6.7%，选择基本同意的占 25.1%，选择完全同意的占 66.5%。可见，九成多的中学生愿意为老人让座，具有利他意识。从对大学生道德价值观问卷调查结果分析看，他们在诚信、感恩、公益精神、合作、平等意识、宽容等方面的价值选择跟社会主流价值观要求相一致，以"虽然痛恨贪污腐败，但如果有机会，我也会贪污、受贿"一题的数据统计结果看，只有 3.4% 的大学生选择了完全同意题干观点，14.3% 的大学生基本同意题干观点；38.5% 的大学生选择了 C 项，基本不同意题干观点；43.8% 的大学生选择了 D 项，完全不同意题干观点。共计 82.3% 的大学生对题干观点持完全否定或基本否定态度，显示绝大多数大学生有着明确的是非标准，且表示能做到自律，表明大学生此项道德价值观主流与社会核心价值体系基本一致。

生：当下中国正处于社会转型时期，在思想文化领域呈现出文化多元的态势，传统文化与现代文化，西方文化与中国文化，前现代文化、现代文化和后现代文化错综交织在一起，这对学生道德价值观的形成和精神成长是否也带来了一定的影响呢？

朱：文化和道德属于同一个范畴，当前中国的文化多元导致的一个结果是道德价值的多元化发展趋势。从我们的调查问卷的统计结果看，学生主流的道德价值观与社会核心道德价值观是吻合和一致的，但是，对某些德目的价值观也呈现出了多元化趋势，这一点也应该引起足够的关注和重视。比如，在大学生对自私行为的评价测试题目中，对于汶川地震逃跑教师的评价统计结果显示，有71.3%的学生对此行为仍持与传统价值观一致的态度，但是，也有近30%的学生对此行为持更为宽容和模糊的态度。这充分体现出当代大学生道德价值观在持守传统道德价值观的同时趋向多元宽容的一面，这与当下中国文化多元化的现实状况是一致的。又如，在中学生爱国意识的测试题目中，对于郎平带领美国队打败中国队的行为的评价统计结果显示，6.6%的中学生认为郎平不爱国，46.8%的中学生认为郎平"做了教练该做的"，24.6%的中学生认为"不涉及爱国"，22%的中学生认为郎平是中国人的骄傲。从中学生对此题的回答中，我们也可以看出中学生道德价值观发展的多样化趋势。当前，中国传统的道德价值观伴随中国的改革开放政策的实施和西方文化价值观念的涌入已经受到很大冲击，但是，新的适应中国社会发展的道德价值观念还没有完全建立起来，在这个时候，道德价值观念出现多样化趋势也是在所难免的。

另外，我们的调查统计结果还显示出少部分学生的价值观、人格等发展方面还存在偏差，这一点也是需要特别引起注意的。比如，关于大学生羞耻心的测试结果显示，虽然共有77.8%的大学生对作弊被发现感到羞耻或对作弊行为感到后悔，但是，同时也还有22.2%的学生并不以作弊为个人道德之耻，而试图从其他方面寻找开脱的借口。并且，在有明确羞耻感的77.8%的大学生中，尚有部分学生是由于作弊被发现而非因作弊行为本身而感到羞耻。中学生问卷中，对"你觉得考试'搞夹带'是一件令人羞耻的事"一题共设五个选项，即完全同意、基本同意、说不清楚、基本不同意、完全不同意，大部分中学生对考试"搞夹带"感到羞耻，但是，还有20%多的中学生觉得"搞夹带"并不是什么了不起的事，或者对此事认识模糊，弄不清楚是好还是坏。这些都表明，当前青少年学生的道德价值观发展在保持主流与社会核心价值观体系要求一致的情况下，还有少部分学生的价值观发展存在问题和偏颇，需要加强引导和教育。

生：是的，对于少部分学生存在的道德价值观发展方面的问题我们必须重视，加强教育和引导。您能否综合来谈一下当前青少年学生在精神成长方面普遍存在的问题？

朱：综合起来看，当前青少年学生在精神成长方面存在这样几个方面的问题，我们在教育中需要引起重视。首先是意志不够坚强。意志力的培养是个体精神成长的一个重要方面，意志也通常是跟克服困难相联系的。当前，青少年学生中独生子女比例仍然比较高，形成了诸多的"124"家庭模式（即一个孩子，两个父母，四个祖父母），存在成人对孩子过分宠惯的现象。报纸上经常报道的大学生父母陪读现象等充分说明了孩子在成人的过分呵护下不能独自面对生活中的困难，这样，他们战胜困难的意志力也就难以生成。由于他们的意志力不够坚强，在学习和生活中就容易养成依赖他人的习惯，缺乏勇敢精神。其次是人格不够健全。人格发展是个体成长的重要组成部分。健全人格具有以下几个方面的特征：一是内部心理和谐发展。他们的需要、兴趣、爱好、人生观、价值观等都向健康方向发展，内心协调一致；二是人格健全的人能够正确处理人际关系，发展友谊。在人际交往中能够做到自我尊重，也尊重他人，跟他人能够相互理解和信任等；三是人格健全的人能把自己的智慧和能力有效地运用到工作和事业上[1]。然而，调查中发现的学生之间存在的欺负现象、自私自利现象、对成人的盲目反抗现象，以及之前发生的马加爵事件和药家鑫事件等都是青少年人格发展不够健全的表现。造成他们人格缺陷的原因是多方面的，包括社会环境、家庭环境影响，但学校德育也是一个不可忽视的重要因素。再次是心胸不够宽阔。一般来讲，心胸宽广的人能够容纳不同的观点、不同个性的人等，这与其是否具有宽容品质相关。《伦理学小辞典》中对"宽容"一词的解释是"基于平等的自由精神而表现出的对所不赞同的生活方式、价值观念、爱好情趣的容忍和尊重"。这里的不赞成可以是道义上的，也可以是与道义无关的（即不喜欢）。我们在调查问卷中发现，绝大部分学生在与同学相处中能够尊重他人的观点、行为方式等，但还是有极少部分学生存在不能包容他人，甚至有打击报复的心理和行为等，这些都需要引起我们足够的关注和重视。

生：那么，您认为当前青少年学生在道德价值观发展、精神成长方面存在这些问题的原因是什么呢？

朱：引导和培育学生精神成长的责任不是学校一方可以完全承担起来的。从根本上讲，由于血缘关系的存在，家庭应该肩负起更大的责任。所以，学校

---

[1] 高玉祥. 健全人格及其塑造 [M]. 北京：北京师范大学出版社，1997：16—17.

和家庭之间需要真正对话、协调和合作。另外，社会环境也影响着青少年学生的精神成长和发展。因此，我们可以从社会、学校和家庭三个方面来分析。首先看社会因素。法国社会学家涂尔干认为："谈论道德教育而不具体说明它在什么条件下进行，这一定会先陷入含糊不清和不着边际的道德教育的共同性而不能自拔。我们现在要寻求的不应该是人类共同的道德教育，而应该是我国现实的道德教育。"[1] 当前我国学校德育的发展也是不能离开对我国当下的时代发展状况的考察的。历史地看，中国社会整体道德精神的滑落是伴随着中国现代化发展进程出现的。现代化是一个国家走向富强和文明之路，西方资本主义国家自17、18世纪的工业革命已经开始了现代化发展之路，而中国是在鸦片战争之后才被迫打开国门，开始接受西方的先进科学技术。事实上，中国真正的工业化发展开始于1949年中华人民共和国成立之后。但是，由于中国本身是农业大国，中华人民共和国成立后国家采取的是城乡分割的政策，在城市搞工业，在农村搞农业，这导致的结果是城乡之间的发展很不平衡。自改革开放以来，中国农村才走向了现代化发展之路。中国整体面貌已经发生了巨大变化。中国当前正处于社会转型时期，正由传统的农业社会转向现代的工业和信息社会。在这个转型过程中，表现最为突出的是经济的飞速增长，反映经济发展水平的重要指标之一的GDP连年上涨，仅2010年中国GDP增长值为10.3%，经济总量已位居世界第二。然而，伴随经济的飞速发展出现的却是部分人在道德领域的迷失。始于西方的几个世纪前的现代化浪潮，冲破了泛道德主义的束缚，陷入了道德断裂和道德虚无的泥淖之中，中国也难以逃出这个怪圈。在当前大众传媒如此发达的社会里，学校已经不是一个封闭的场所，学生每天通过各种媒介通晓各种社会信息，尤其是当学校倡导的道德价值观与社会上存在的负面现象冲突时，往往会使学校德育显得无奈而无力。

生：除社会环境因素外，当前学校教育中还存在哪些阻碍青少年学生道德成长和精神成长的因素呢？

朱：我们认为德育要发挥促进青少年学生精神成长和发展的功能更多正是基于当前我国学校德育的现状提出的，我们现实的德育正走向低矮化和表层化。尤其需要关注和重视的是德育的形式化现象很严重，一些学校德育活动很多没

---

[1] 张人杰. 国外教育社会学基本文选[M]. 上海：华东师范大学出版社，1989：389.

有真正落实，只是为了应付上级的检查做些表面的文章。当然，德育在学校里被架空跟当前功利化的教育现状是分不开的，有的中小学应试教育倾向还比较明显，我们的中考、高考主要看的是文化课成绩。因此，德育在学校自然不会受到重视。更需要强调的是，我们教育中的很多内容跟精神的搭建和联系甚少，比如在大学里很多学生热衷于考计算机证、驾驶证、英语四六级证等，这些都是选择追求功利化教育目的的结果，很大程度上跟学生精神世界的良好、健康发展关系不大。而且，一般来说，相对自然科学等理科内容来讲，人文学科和艺术更有助于学生审美能力、道德情感等人文素养的提升和精神世界的丰富。但是，我们长期以来存在文理分科，以及重理轻文的现象，并不利于学生的精神成长和发展。美国教育家欧内斯特·L.博耶在《关于美国教育改革的演讲》中说道："今天，德育先于智育的做法越来越少了。不仅如此，教育工作者甚至不愿意谈论这个问题。今天的人们可以大谈学术标准，却不愿意谈论伦理道德标准。"[1] 事实上，尽管我国已有国家政策文件非常强调和重视德育，曾经也有过"德育首位"的提法，但是，重智轻德的功利化的教育现实，却使德育在教育实践中成为"说起来重要，做起来次要，忙起来不要"的事情，德育促进学生精神成长和发展的功能难以得到正常和有效发挥。

生：家庭是孩子生活的第一个场所，父母是孩子的第一任教师，家庭环境对青少年精神成长的影响自然也是不能忽视的一个重要因素。从家庭方面来说，您认为存在着哪些不利于青少年学生精神成长的因素呢？

朱：一方面，在部分家长的思想深处，功利化的教育观念也是根深蒂固的，他们也仅仅盯着孩子的考试成绩，对孩子其他方面的发展关注太少，尤其是忽视孩子的精神成长问题，包括道德价值观、意志力、审美、人格等方面的发展。另一方面，也是我们必须引起重视的一个方面，那就是在社会转型环境下人们的婚姻伦理价值观念也在发生着巨大变化，离婚、分居现象比较普遍，这使得更多的青少年学生生活在离异、单亲家庭之中，这些孩子相对生活在完整家庭中的孩子来说，所享受到的亲情、爱、安全感等就比较欠缺。马斯洛提出了"满足健康"概念，认为"需要满足的程度与心理健康有确定的联系"[2]。一个

---

[1] 博耶. 关于美国教育改革的演讲 [M]. 涂艳国，方彤，译. 北京：教育科学出版社，2002：30.
[2] 马斯洛. 动机与人格 [M]. 许金声，等，译. 北京：华夏出版社，1987：77.

人基本需要的满足能够促进其形成健康的人格，儿童阶段爱的需要的满足与成年后的健康人格有完整的联系。生活在不完整家庭中的青少年，爱的欠缺是他们人格发展不健全的一个重要因素。以农村留守儿童为例，由于他们跟父母分离，亲情缺失，不完整的家庭生活是他们留守生活中的现实遭遇，他们的心理和人格发展容易出现问题。已经有研究发现，留守儿童的人格发展存在这样几个方面的问题：第一，柔软无助，如不愿与人交流，老师找其谈话时易掉眼泪，性格内向，不开朗；第二，自卑闭锁，自暴自弃，丧失信心，学习上降低要求，上进心不强；第三，寂寞空虚，父母外出的孩子大都感到家庭空落，心理寂寞；第四，盲目反抗或心理逆反，总感到别人在欺负他，一点小事就计较当真，与人交流时充满警惕甚至敌意，对老师、监护人、亲友的管教和批评产生较强的逆反心理；第五，对父母充满怨恨，少数孩子认为家里穷，父母无能耐，才会出去挣钱，对父母不理解，由此产生怨恨心理。有些孩子在父母回家后疏远父母，产生情感隔膜。也有少数孩子在父母外出后变得更加坚强、自信，自理能力增强，而且能够理解父母的做法，把对父母的思念、感激变为学习的动力，自觉上进，表现良好。大多数孩子在父母外出后会表现出一些心理问题，其中年龄越小的孩子表现越突出，女生比男生突出[①]。而且，随着农村中小学布局调整政策的实施，农村寄宿制中小学数量剧增。在农村寄宿制中小学里，学生在校时间的延长意味着学校教育责任的加重，尤其是对于留守儿童来讲，由于家庭教育的普遍缺失和农村社区教育的普遍匮乏，就会出现留守儿童家庭教育和社区教育的责任向学校推诿的现象，致使农村中小学几乎要肩负起所有的教育责任。另外，随着社会经济的迅速发展，人们的生活节奏普遍加快，生存和生活的压力加大，致使家长们忙于工作、生计等，无法保证投入更多的时间跟孩子相处和交流，使诸多孩子虽然生活在完整的家庭里，但是却处于"精神留守儿童"的状态之中。加拿大现象学教育学家马克斯·范梅南认为，现代社会是一个急剧变化的社会，分居和离婚是现代家庭生活的现实环境，"有些孩子根本就没有父亲或母亲，或者没有像真正的父母那样的父母，或者家庭中缺少父亲或母亲。但是，人类的世界对于一个孩子来说，拥有父亲、母亲或者至少拥

---

① 范先佐. 农村"留守儿童"教育面临的问题及对策[J]. 国家教育行政学院学报，2005（07）：78-84.

有某个对他们终身奉献特别关心的人,这仍然是比较好的",这是因为"孩子们的天性依然不变,这是教育学的事实:他们需要安全、稳定、指导、支持"。因此,"教师们正与一群来自多元化的背景和有着不同的广泛经历的孩子生活在一起。这些教师对这些托付给他们照看的孩子履行着一种'教师替代父母'的职责"①。同样,在当今中国现实情况下,当生活在离异、单亲家庭中的青少年儿童,以及缺少父母照顾的农村留守儿童、城市"精神留守儿童"进入学校的时候,教师就要履行"教师替代父母"的职责,为他们提供安全、指导、支持的学习和生活环境。他们对学校和教师寄予了更多的期望,也使得学校德育的责任加重。正是在这层意义上,我们要重视学校德育功能的发挥,重视学校德育在引领青少年学生精神成长方面的意义和价值。

---

① 范梅南. 教学机智——教育智慧的意蕴[M]. 李树英,译. 北京:教育科学出版社,2001:73,8.

关怀型师生关系的建立

朱：社会学家米德认为，凡是在个体的发展和成长过程中具有重要影响的人物就是其"重要他人"。在学校生活中，可以说，对学生的成长和发展发挥重要影响的人物就是教师，教师就是学生的"重要他人"。韩愈云："师者，所以传道受业解惑也。"教师肩负着给学生传授做人道理、讲授学业知识，以及帮助学生答疑解惑的责任和义务。尤其是在当下中国社会转型时期，对于那些处于特殊家庭中的青少年学生来说，教师还要履行"替代父母的职责"。因此，教师在学生的成长过程中会对学生产生全面的影响，尤其是对他们道德价值观的形成、人格的发展、审美能力的培养等精神成长产生重要影响。

教师和学生之间的互动和交往形成了师生关系，学校的一切教育教学目标的实现都有赖于师生之间的互动和交往。良好的师生关系是教师对学生产生正面的、积极的影响的基础和前提，也是教师发挥作为学生的"重要他人"角色之作用的基础和前提，教师对学生精神成长方面的积极和正面的影响也正是通过良好的师生关系来实现的。师生关系是我们考察教师引领青少年学生精神成长的一个重要和不可忽视的视角。教育学家马克斯·范梅南认为，师生关系是教育的黄金法则。他认为教育现象学就是成人和儿童如何相处的学问，教师要悬置和摆脱所有已有的理论、观念和看法，直接面对学生的生活世界和生活体验，并对它们做有益的反思，从而形成一种对教育具体情况的敏感性和果敢性。这意味着教师在教育教学过程中要以学生为本，一切从学生的发展出发，为学生的发展着想。

生：然而，我们对教育实践的考察却发现，在学校里有些教师根本没有履行教书育人的职责，现实的师生关系存在着诸多不尽如人意的问题。在一些负面的师生关系案例中，学生感受到的是害怕、恐惧、否定、不安全感等，他们的精神处于紧张和敌对状态之中，这肯定是不利于他们健康成长的。显然，在这种不正常的、畸形的师生关系中，这些教师也不具有引领学生精神成长的基本素养，也不可能成为学生心灵成长的引路人。那么，这种畸形的师生关系的实质是什么呢？

朱：教育的对象是人，青少年学生是活生生的、有血有肉的、有思想的、具体的人，那么，教育中师生之间的关系应该是人与人之间的关系，教师也应该用人对人的态度来对待学生。也就是说，教师最起码应该理解和尊重学生。而师生关系构筑的主导在于教师，尤其是对于未成年的中小学生来讲，他们的心智还没有成熟，他们自身的主体性还没有完全树立起来，良好的师生关系的建立更多要依赖于教师，依赖于教师如何看待学生。正常和健康的师生关系要求教师要理解和尊重学生，把学生当人来看待。要想使教师对青少年学生的精神成长产生正面、积极、健康的影响，师生关系就应当走向"我—你"型师生关系。只有在"我—你"型师生关系下，教师引领青少年学生精神成长的作用才能实现。德国哲学家马丁·布伯认为，"凡真实的人生皆是相遇"，"我实现'我'而接近'你'；在实现'我'的过程中讲出了'你'"[1]，师生之间也是一次人生的相遇，教师在与学生的相遇中，在相互之间精神交往和互动的过程中，双方各自的精神境界得到提升，各自的人生价值得以实现。在这种"我—你"型师生关系中，教师把学生当成活生生的、具体的人来看待，教师在尊重和理解学生的基础上引导学生自主成长，使他们成长为人格健全、精神和谐的人。

生：在教育实践中，尤其是部分生活在特殊家庭中的青少年儿童由于家庭教育的缺失，导致出现人格发展不健全和心灵失调的问题，比如就像我们在前面提到的一些农村留守儿童由于亲情缺失，人格发展方面存在诸多问题。显然，"我—你"型师生关系有助于帮助这些青少年学生在学校里获得来自教师的各种支持，包括心理支持、情感支持、学业支持等。那么，在"我—你"型师生关系下，教师是怎样引导他们精神成长的呢？

---

[1] 布伯. 我与你[M]. 陈维刚，译. 上海：三联书店，1986：27.

朱：关怀是每个人都需要的，这是因为"关怀是人类生活中的一个基本要素，不可以被视为可有可无的——确实所有的人都希望得到关怀"①。在一定程度上来讲，关怀就是对个体存在价值的关注和承认。阿德勒认为，阻碍儿童人格正常发展的三个主要因素是身体缺陷、娇惯和忽视，也就是说儿童没有得到成人给予他们足够的关怀是他们人格发展的障碍之一。正是在这个意义上，教师给予青少年学生充足的关怀能够促进他们人格的健全成长。俄罗斯伦理学家恰尔科夫谈到俄罗斯对孤儿、流浪儿等处境不利儿童的社会救助时也认为，我们通常对他们物质生活救助较多，而对他们在社会生活变迁中失却的尊严感、对生活的希望和信心等精神生活重视不够。他认为要给予他们心灵关怀，"心灵关怀就是要求关怀者将意识指向意义，用情感去体验，以思维去反思心灵活动，护卫心灵，安抚心灵，提升心灵境界，进而让被关怀者感受到生命的意义价值，从而建构认识主体，纯化自己的心灵"②。心灵关怀要以情感为媒介，没有情感的关怀注定是死板的、毫无生气的，不能打动处境不利儿童的心灵，也不能取得任何效果。心灵关怀的目标在于唤醒和激发处境不利儿童的心灵，调动他们的"自觉能动性"，在其生活环境中创造出新的生命个体，"帮助他成长并实现自我"③。在"我—你"型师生关系中，教师能够充分考虑青少年学生的具体境况，关怀和支持他们成长。

下面是一位农村留守儿童在班主任的关怀和帮助下，生活和学习所发生的变化以及内心的体验和感受，我们能够深刻地感受到班主任的关怀唤醒激发起了他内心潜在的生命动力以及面对生活挑战的信心和勇气。

我的生活没有温暖，充满了艰辛。我住在一个破旧的矮房子里面，父母因争执而离了婚，爹爹（当地方言，即爷爷）奶奶也先后弃我而去，只剩下年幼的我和爸爸一起生活。爸爸总是抽烟喝酒，还时常对我打骂，让我不仅得不到爱的滋润，还伤了我幼小的心灵。现在他到远方去打工，对我不闻不问，让我

---

① 诺丁斯. 始于家庭：关怀与社会政策 [M]. 侯晶晶，译. 北京：教育科学出版社，2006：11.
② 朱小蔓，李铁君. 当代俄罗斯教育理论思潮 [M]. 北京：教育科学出版社，2009：222-223.
③ 诺丁斯. 始于家庭：关怀与社会政策 [M]. 侯晶晶，译. 北京：教育科学出版社，2006：19.

伤透了心。

　　上课时，我总是走神，精神不集中，班主任知道了，便把我叫到办公室问话。在长时间的问话里，老师知道了我和我家的情况，非常同情我，还鼓励我要坚强、要乐观，要勇敢地去面对生活，努力学习。此后，老师对我非常关照，什么事都会为我着想。班主任去跟食堂的人求情让我少交一点钱，还让我住校，目的是让我不用每天来回跑十几里路上学。住校期间，我的三餐能够得到保障，不用自己动手煮粥了。此外，我没本子用时，班主任还给我一些本子用，就是让我好好学习。前不久，我的学习跟不上了，我自己心里也非常着急，就怕跟不上。所以这段时间我下课就问老师，课后让老师给我布置一些题目自主练习。我一定会努力学习，再苦我也不怕，我绝对不能让那些曾经帮助过我、对我学习抱有希望的人失望。我要坚强，要乐观地去面对生活，面对学习的挑战。

　　生：但是，有时候，对青少年学生的关怀却不能促进他们积极、健康成长。比如，在教育实践中还存在这样一种现象，在大学里每年都有对家庭贫困生补助的项目，但是有些学生拿到补助金后，不是把这些钱花在学业上，而是用于玩网络游戏、请客等消费上，这当然与设立贫困生补助项目的初衷背道而驰。另外，我们在给予一些有特殊需要的学生帮助时，却往往会给他们贴上"学困生""贫困生"等标签。这样做有时会给他们的心理造成阴影，不利于他们心理、精神的健康成长。请您把这些现象分析一下。

　　朱：美国关怀伦理学家诺丁斯认为关怀分为自然关怀和道德关怀。自然关怀是伴随人的感受力产生的自然情感，并不是德行深厚、秉性仁慈的人所特有的；道德关怀是经过道德努力而做出的关怀行为，它与具体情境密切相关，与克服困难相关。教育实践中，在教师对学生的关怀里，这两种类型的关怀都存在，对"学困生""贫困生"等的关怀也是如此。在这里，我们需要探讨这样一个问题：什么样的关怀是一种道德意义上的关怀？从德育的角度讲，道德意义上的关怀肯定是要保护学生的自尊心、激发学生的自信心、唤起学生自身内在的生命潜能和精神力量；与之相反的，都不是道德意义上的关怀，都是会阻碍学生精神成长的。显然，给学生贴"贫困生""学困生"等标签，是把这些学生从集体中隔离出来了，会使他们感觉自己是跟其他学生不一样的，是弱小的、低下的，他们自身会觉得没有力量，很无力。同样，贫困生拿着补助金去娱乐消费会助长他们追求娱乐性消费的心理，却没有唤起他们自身应对困难和克服困难的勇气和毅力。所以，这些都不是道德意义上的关怀。正是在这个意义上，我们给予学生关怀时还需要注意方式和方法，要能够激发学生的自尊和自信，以及内在的动力和意志等。

生：我们知道，教师对学生的关怀要能够激发出学生内在的精神生命力，使他们积极面对生活中的困难和挑战，增强他们的意志力。情感是关怀的一个重要因素，教师的情感关怀是构建良好的师生关系的基础和前提。那么，从师生关系的角度讲，教师应该具有哪些关怀性情感品质才有助于"我—你"型师生关系的建立呢？

朱：教师对学生的情感态度不仅关系到良好的师生关系的建立，还关系到教育的成功与否。德国教育人类学家博尔诺夫认为，"教育的成功与否往往取决于生活环境中一定的内部气氛和教育者与受教育者一定的情感态度"[①]。一般来讲，师生关系建立的主导在教师方面，"我—你"型师生关系需要教师主要具有敏感、信任、关爱三种情感品质。

首先，教师对学生的具体的境况要敏感。苏霍姆林斯基说过，"在对一个集体进行教育时，必须了解这个集体中每一个儿童不同的精神世界，细心地教育每一个培养对象"[②]。这是因为没有两个完全一样的学生，即使同卵双胞胎也有很大区别，每个学生由于自己的生理遗传、生活环境、气质类型等差异，个性特点各不相同，教师要对每个学生具体的境况敏感，了解他们的个性特点，能够给予他们相应的教导。特别是在当前社会转型时期，学生的家庭变化比较大，家庭的变故容易带给孩子更多的心理问题，更需要教师对每个学生的具体生活处境敏感，这样才能给学生提供相应的帮助；否则，教育的成功率就会大打折扣。然而，教育实践往往会忽视这些，这正如联合国教科文组织国际教育发展委员会编著的《学会生存》一书中指出的：

教育有两个根本的弱点，往往使教育成了一个难于对付的工头。如果我们承认这两个弱点，教育学就能得到大大的改善。第一个弱点是它忽视了（不是

---

① 博尔诺夫. 教育人类学 [M]. 李其龙，等，译. 上海：华东师范大学出版社，1999：41.
② 苏霍姆林斯基. 要相信孩子 [M]. 汪彭庚，译. 北京：教育科学出版社，2009：4.

单纯地否认）个人所具有的微妙而复杂的作用，忽视了个人所具有的各式各样的表达形式和手段。第二个弱点是它不考虑各种不同的个性、气质、期望和才能。①

其次，教师要充分信任学生。在师生关系中，信任应该是双向的，包括教师对学生的信任和学生对教师的信任。在很大程度上，这二者之间是相互促成的。但是，在中小学阶段，青少年学生是未成年人，教师作为成熟的经验个体在师生关系的构筑中起主导作用，所以，我们更强调的是教师对学生的信任及其所产生的效果。教师信任学生意味着教师承认和肯定学生的价值和品质。一般来讲，教师对学生的信任会使学生获得力量感、安全感，朝向积极和健康的方向发展，这是因为"这种关系对教育具有无可估量的、怎么强调也不过分的意义。教育者控制儿童发展方向也取决于教育者如何看待儿童。如果他把儿童看作是诚实的、可靠的、助人为乐的……那么儿童的这些品质就会得到激发和增强。教育者的信赖可增强他所假定的儿童具有的那种出色能力。反之也完全一样：如果教育者把儿童视为好说谎的、懒惰的、阴险的……儿童就不会抵制这些行为，他们肯定会说谎、偷懒、耍诡计，正如教育者所猜疑的那样"②。苏联教育家马卡连柯让曾经是小偷的学生去取钱的故事就充分说明了教师对学生的信任能够使学生悬崖勒马，朝向良好的方向成长和发展。当然，有时信任中也包含着风险，教师对学生的信任也是如此。但是，尽管如此，因为师生关系中教师面对的是未成年人，他们是成长中的人，这需要教师始终给予他们真诚和期待，才能确保他们朝向积极方向发展的可能性。而且，有时候，在短期内很难感受到大的变化，但是，从长远来看，教师对学生的信任肯定会成为促进他们健康成长的积极力量。

再次，教师要给予学生充足的关爱。教育家夏丏尊先生说得好，"教育上的水是什么？就是情，就是爱。教育没有了情爱，就成了无水的池，任你四方形也罢，圆形也罢，总逃不了一个空虚"③。苏霍姆林斯基也认为，"教育者最可

---

① 联合国教科文组织国际教育发展委员会. 学会生存：教育世界的今天和明天［M］. 北京：教育科学出版社，1996：105.
② 博尔诺夫. 教育人类学［M］. 李其龙，等，译. 上海：华东师范大学出版社，1999：47.
③ 亚米契斯. 爱的教育［M］. 夏丏尊，译. 上海：华东师范大学出版社，1995：2.

贵的品质之一就是人性，就是对孩子们的深沉的爱，父母亲的亲昵温存同睿智的严厉和严格要求相结合的那种爱"①。他还认为，"为了关怀儿童，不仅要理解他们的精神世界，而且还要学会用他们的思想和感情来生活，把他们的忧伤、焦虑和为之激动的事情统统装在自己的心里"②。另外，弗兰克尔也特别强调爱的意义，认为"人类的一切救赎都是经由爱而成于爱的"③，爱既可以使自己了解一个人，更能够发现所爱的人身上尚未发挥的潜力，并且凭借爱的力量，能够使所爱的人的潜力得到发挥。教师给予学生的关爱是他们人格健全发展的基础，也是他们获得内在生命力量的动力之源。而且，只有教师给予学生关爱，教师才能够获得学生的信任，走进他们的心灵世界。这样，教师才能够真正成为学生精神成长的引路人。

---

① 苏霍姆林斯基. 育人三部曲 [M]. 毕淑芝，等，译. 北京：人民教育出版社，1998：13.
② 苏霍姆林斯基. 要相信孩子 [M]. 汪彭庚，译. 北京：教育科学出版社，2009：3.
③ 弗兰克尔. 活出意义来 [M]. 赵可式，等，译. 上海：三联书店，1991：31.

通过劳动提升学生的精神世界

生：在学校生活中，教师是学生的"重要他人"，师生之间良好的师生关系有助于教师发挥对学生的精神成长的引领作用。师生关系是从学校生活中人的要素方面来讲的，如果从德育内容的要素来分析的话，劳动是提升学生精神世界的一项重要的内容和方式。

朱：古今中外许多教育家都非常重视劳动在儿童成长中的价值。苏霍姆林斯基在《公民的诞生》一书中专门有一章论述劳动对少年精神生活的作用，他认为，让少年和儿童获得完满的精神生活是教育的目的，少年和儿童通过劳动就可以达到这一目的。关于劳动在学生成长中的地位和作用，他认为"劳动是全面和谐发展的基础，这个思想意味着什么？在对儿童和少年进行实际工作的时候，这个思想意味着：劳动与智力发展、道德发展、美感发展、情感发展、体力发展之间，劳动与思想和个性的公民基础的形成之间有一条强有力的纽带联系在一起。不能把劳动想得过于简单，认为劳动不过是把课堂上所学到的知识在实践中进行巩固和检验。这种联系应该扩大为更深刻、更细致的课题：智力发展—劳动，智慧—劳动。要善于解决这一课题，这对于少年的教育具有特别重要的意义。要找到一种能发展智力和能力的劳动，使它能把人引入创造的领域——这是进行智能教育和劳动教育的一项主要任务，只有把这些教育工作结合在一起解决，才能取得成效"①。也就是说，劳动是学生健康、和谐发展的重要的组成部分，它是与学生其他方面的发展紧密联系在一起的，并不是独立、割裂式存在的。学生通过劳动可以促进他们的智力、美感、情感、体力等方面的发展，充实和壮大他们的精神世界。比如，一项劳动任务要顺利完成，不仅需要学生进行体力付出，往往还需要他们动脑筋、想办法高质量地完成，这个过程就是学生的智力锻炼和提高的过程；学生通过自己的辛勤劳动，完成了一项劳动任务，当看到自己亲手收拾过的整洁的房屋、漂亮的墙报等时，他们内心肯定会涌动着一种美感享受；学生利用节假日为孤寡老人打扫、帮助他们做事后，他们自身内在的道德情感自然会得到提升；学生通过完成一项难度大的任务还可以磨炼和提高他们的意志力，等等。这些都表明，劳动过程是促进学生和谐发展的过程，也是提升学生精神生活的过程。对此，苏霍姆林斯基有一段精辟的论述：

劳动的乐趣不同于一般的乐趣。它可以与人们攀登高山顶峰的感受相比拟。怪石嶙峋的崎岖山路，每迈出一步都必须付出极大的努力。然而在人们面前有着一个崇高的目标——登上顶峰。当一个人爬上了山顶，他感到自己变得崇高了，确立了自尊心。他觉得自己刚强、勇敢，准备去克服新的困难。②

生：但是，教育实践中却处处存在忽视劳动的现象，有些家长从来不让孩子做家务劳动，或是为了给孩子节约时间来学习，或是为了不让孩子劳累。《北京青年报》公众调查组在北京八大区做了一次调查。调查结果表明：85.7%的孩子认为劳动没有必要。其中32.3%的孩子没有劳动习惯，37.2%的孩子不知道怎样才算劳动。在此次调查中，家长问卷中设有这样一个问题："你最关心、看重孩子什么？"71.4%的家长回答："孩子的学习。"而关心孩子劳动的仅占14.3%。在学生问卷中，也设有类似的问题："你最看重的是什么？"60%的学生回答："学习成绩。"北京市家庭教育研究会的一个调查结果也令许多教育人

---

① 苏霍姆林斯基. 公民的诞生[M]. 黄之瑞，张佩珍，姚亦飞，等，译. 北京：教育科学出版社，2002：382.

② 苏霍姆林斯基. 公民的诞生[M]. 黄之瑞，张佩珍，姚亦飞，等译. 北京：教育科学出版社，2002：397.

士忧心忡忡。这项调查在北京市近郊区的3308名学生中进行,主要调查学生在家庭中参加劳动的情况。调查结果表明:小学三年级的学生主动做家务的占24.4%,被动做的占63.3%,根本不做的占12.3%;小学五年级的学生主动做家务的占22.7%,被动做的占66.6%,根本不做的占10.7%;初中二年级的学生中,主动做家务的占23.7%,被动做家务的占66.8%,根本不进行家务劳动的占9.5%。为什么这些家长和孩子不重视劳动?请您分析一下出现这种现象的原因。

朱:劳动具有强大的教育作用,而人们忽视劳动的教育作用的原因之一在于他们缺乏一种联系的观念。前面我们已经分析谈到,劳动是与学生智力、美感、道德等各个方面的发展紧密联系在一起的,在劳动中和通过劳动学生能够得到和谐健康发展,这是我们对待劳动必须坚持的联系的观念。但是,在教育实践中,有些家长和教师却是用割裂的、孤立的观念来看待劳动,他们看不到劳动对孩子其他方面发展的提升作用,割裂劳动与孩子各个方面发展的联系,劳动就成了孩子的负担,他们就会想方设法推掉这种负担。所以,孩子就不喜欢参加劳动了,也无法养成热爱劳动的习惯。当然,这种忽视和轻视劳动现象的出现也与当前我们过度重视智力学习的教育风气相关。苏霍姆林斯基认为,学习是学生精神生活的领域之一,除此之外,学生还有很多其他精神生活的领域,劳动就属于其中之一。但是,当前功利化的教育追求的是学生智力的片面化发展,中考、高考指挥棒让更多的家长和教师只盯着学生的考试成绩,而忘记了其他方面的发展,也使学生自身也只盯着自己的学习成绩和看重学习成绩,不重视自身其他方面的成长,把劳动当作是浪费时间或无足轻重的事情,无法发挥劳动对他们身心和谐发展的作用。而且,在功利化的教育实践中,由于家长和教师过于重视学生的学习这种精神活动,很容易使学习变成学生的一种负担。在繁重的学习压力面前,在成堆的作业面前,学习成为强加给孩子的一种事情,他们是在成人的强制、诱导、规劝、压制下进行学习的,学习没有成为他们自身一种内在的需要,他们也不能从中获得快乐的享受,也无从获得精神健康发展。我们看到正是有些孩子由于承受不了学习上的压力而逃学、离家出走,甚至自杀、杀害他人的报道频频见诸报端。这种只看重学习成绩的做法的弊端是显而易见的,让孩子适当参加劳动,劳逸结合,养成劳动的习惯,让孩子在劳动中获得和谐健康发展是家长应当具有的意识和观念。

生：在教育实践中，除了有些家长不让孩子参加劳动，轻视劳动的现象外，有些教师却把劳动作为一种惩罚的方式，让违反纪律或犯错误的学生打扫教室或清洁区作为惩罚。劳动本来是人们的一种基本的生活方式，当这些教师把它作为惩罚学生的手段时，已经扭曲了劳动自身的价值。

朱：是的，这些教师把劳动作为惩罚学生的手段是对劳动价值的扭曲。本来，学生在劳动中应该能够体验到自己参与劳动的喜悦，看到自己的劳动成果，内心会油然而生一种自豪感和价值感，自己能为集体做些事情，说明自己是有用的、有价值的，这也能够增强个体的自尊心和自信心。更为重要的是，自尊、自信、自我价值感等个体内在的感受和体验是一个人确证自我的重要内容，缺失这些，个体的自我感就无法确立。但是，当教师把劳动作为惩罚手段让学生参加时，这些学生会把劳动作为一种耻辱、羞耻、见不得人的事情。他们虽然会按照教师的要求完成劳动任务，但是，他们不可能从劳动中获得积极的体验和感受。相反，他们获得的肯定是消极的、负面的体验和感受。而且，教师的这种做法会让他们仇视劳动、逃离劳动，而不是热爱劳动。这是因为在他们心目中劳动是一种受罚的标志。在这些老师的思想深处，他们认为体力劳动是低贱的，体力劳动者是低贱的；相反，脑力劳动和脑力劳动者才是高贵的。这也正反映了他们缺乏正确的劳动观念。当然，这些教师用劳动惩罚学生的做法不仅难以从根本上纠正这些学生的行为，也难以让他们形成正确的劳动态度，而且，也会让其他同学难以形成热爱劳动的习惯。《家长周刊》曾刊登了一篇题为《学生为何拒绝担任劳动委员》的文章，讲到初一刚开学，因为老师对学生不熟悉，就采用暂时任命班干部的方法。没想到的是，当任命劳动委员时，却遭到了意想不到的拒绝，连续任命几位学生，均避之如"瘟疫"，最后给一个学生做了很久的思想工作，这位同学才带着一脸苦相勉强答应了。为什么会出现这种现象？这跟有些教师常常把劳动作为惩罚手段的做法不无关系，而且，这些受惩罚的学生往往是学习差、纪律不好的学生，无形中，劳动也就变成了不光彩的事情，甚至是不屑和耻辱的事情。所以，轻视劳动、嘲笑劳动逐渐也会变成学生对劳动的畸形态度，他们热爱劳动的习惯无法养成，劳动自身的价值也就难以发挥和体现了。

生：与有些教师把劳动作为惩罚手段而致使学生厌恶劳动和轻视劳动的现象相反的是，有些学校已经在尝试让那些学业成绩不好的学生通过参加劳动实践来树立他们的自信心，并且还取得了比较好的效果。

朱：每个人都是一个能量场，体内的能量经历着不断释放和生成的过程，处于成长中的青少年学生更是如此，他们的能量需要合理的释放方向和渠道，然后再生成新的能量予以补充。在功利化的教育环境下，教师和家长通常只是拿着学习成绩这一把尺子在评价学生，势必会使那些学业困难的学生难以获得自信，当他们体内的能量向学习这方面投放时，难以得到肯定和赞赏。但是，他们体内的能量必须找到释放的方向和渠道。我们也看到了一些学业困难的学生沉溺网络、打架斗殴、犯罪等现象，这些都是学生体内能量投放方向错误的现象。现在有些条件相对比较好的学校就已经在尝试给那些学业困难的学生提供更多的实践机会，让他们在劳动实践中挖掘出自身的潜力。我们国家在20世纪90年代初，在一些农村中学里开设职业教育课，不仅为那些即将走向社会的学生提供掌握实践技能的机会，也为学业困难的学生提供发现自己潜能的机会。现在，我国的职业教育发展比较迅速，学业困难的学生通过接受职业教育，掌握一技之长，也能够树立自信和自尊，实现自我超越。在一次我国台湾地区和大陆学校校长交流会上，有个台湾的中学校长讲道，他们学校把一间旧房子改造成了木工房，专门让那些爱逃学、不爱学习的孩子去那里自由参加实践活动。没想到的是，有些孩子竟然能够雕刻出非常精美的工艺品来。这样，这些孩子在木工房的实践锻炼中也能够找到乐趣，体验到快乐，找到自信和做人的基本尊严。俄罗斯在社会转型时期出现了许多孤儿、流浪儿等社会处境不利儿童，俄罗斯联邦政府采取了一系列措施解决社会处境不利儿童的受教育问题，按照不同的处境不利儿童群体设立各种学校。俄罗斯布里亚特共和国乌兰乌德市第4号普通寄宿学校就是一所收容社会处境不利儿童的学校，这所学校的办学理念是开发学生最大的潜力。在这所学校里有一种关怀方式的活动场所——联合体教室。在这个教室里有若干个职业教师，有若干种职业（商贸房、木工房等），儿童不分年龄，他们到这里劳动，从杂乱无章中求知，充分发展每一位处境不利儿童的最大潜力。这些儿童在教师、受聘专家主持的工作室活动，他们的认知、情感、理智活动和情感体验融合交织在一起，能够感受到真正的关怀，心灵受到震撼，唤醒了精神生命力，锤炼了儿童的坚强、毅力等品质。

苏霍姆林斯基认为，所谓"差生"并不一定是差生，他们属于"闪光点"尚未被发现或思维还没有"觉醒"的学生。他说："没有任何才能的人是没有的，教师不应该只用学习成绩这把尺子来衡量学生，而要善于发现每个学生的能力、兴趣、爱好和特长，并为他们的表现和发展提供充分的条件、进行正确的引导。"他以巴甫里克的故事为例，讲劳动实践如何使他成为一名优秀的学生。巴甫里克是一个思维迟钝的学生，他被判为"没有能力掌握知识的学生"，直到他的生物老师发现他具有植物学方面的天赋。当一位教师在校务委员会会议上说，这个五年级学生会做的事，是有经验的园艺工也很少能做成功的，这时"全体教师才第一次听说，原来巴甫里克是一个非常聪明好学的学生，而他的智慧——用自然科学教师的话来说，是'表现在手尖上'"。后来巴甫里克进了农学院，成为农艺师[1]。所以，我们要给学生提供更多的实践机会和方式，让每个学生在其中发现自己的长处和爱好，获得自豪感、自信心，劳动就是这样的一种实践机会。

生：的确，劳动并不是跟学生其他方面的发展相割裂和独立存在的，而是紧密联系在一起的，劳动是学生和谐发展的基础，我们需要用一种联系的观念来看待劳动。那么，我们如何才能够使学生养成热爱劳动的习惯，以及享受到劳动带给他们的幸福和乐趣呢？

朱：我认为，最为重要和关键的是学生要认识和感受到劳动是他们内在的精神需求，只有这个时候他们才会自觉地参加劳动，并能够从劳动中获得快乐感、幸福感。当然，这也是一个逐步形成的过程，不可能是一蹴而就的。如果他们日常的劳动能够带给他们肯定、自豪、自信等情感体验，这些体验和感受日积月累，就会使劳动成为他们一种内在的精神需求。在这个过程中，需要教师和家长给予他们正确的指导和引导。

---

[1] 赵健秀. 苏霍姆林斯基劳动教育思想及对职业教育的启示[J]. 河北能源职业技术学院学报，2009，9（02）：20—23.

让学生在阅读中扩展精神生活

生：高尔基说："书籍是人类进步的阶梯。"波罗果夫说："书就是社会，一本好书就是一个好的世界、好的社会。它能陶冶人的感情和气质，使人高尚。"对于青少年学生来讲，除养成热爱劳动的习惯之外，如果他们能够养成爱好读书的习惯，那么在阅读中他们的精神世界也会得到充实，他们的情感、审美、道德等会得到熏陶和提升。苏联教育家苏霍姆林斯基非常重视阅读对学生的精神成长的价值，他在帕夫雷什中学任校长期间专门编著了以讲述英雄人物故事为主要素材的《道德价值文选》一书作为学生的道德教育教材，该书对学生的道德情感、道德判断以及道德行为的养成发挥了重要的作用。综观世界各国的教育，大都很注重阅读教育，近些年国内阅读教育做得也很有起色。阅读是扩展学生精神生活的重要方式，在学校德育的实施中也可以让学生在阅读中提升他们的精神世界。

朱：不错，一个人的精神发育离不开阅读，可以说，一个人的精神发育史就是一部阅读史。我们身体的成长更多的是受遗传基因的支配和影响的，但是，我们精神的成长却完全与此不同。这是因为我们精神的成长更多依赖于我们的阅读、我们跟先哲和名家的对话，只有在不断阅读各类书籍、著作的过程中，我们的精神境界才能够得到提升，我们的视野才能够得到拓展。虽然阅读不能改变我们人生的长度，但是，它可以增加我们人生的厚度和深度。而且，我们也要把阅读提高到民族、国家的高度来认识。一个民族的精神境界也取决于这个民族的阅读水平。一个国家、一个民族的竞争力不是取决于人口的数量，而是取决于人口的质量，人口的质量主要看精神力量，国民精神力量的增强很大程度上要依赖于阅读。联合国教科文组织早在1970年第16届大会上把1972年定为"国际图书年"，1982年又向全世界发出"走向阅读社会"的号召，引起了各国对阅读的高度重视。1995年，在第25届全球大会上联合国教科文组织又把每年的4月23日定为"世界读书日"。日本文部省把公元2000年定为"儿童阅读年"。英国把1998年9月到1999年8月定为阅读年。所有这些努力都是在大力宣传阅读的作用，促使人们养成良好的阅读习惯，朝着建设"阅读社会"的方向迈进。世界各国也纷纷把提升国民的阅读能力列为教育改革的重点，通过阅读提高公民素质，把阅读量作为衡量公民素质的一个重要标志。毋庸置疑，阅读是学习之母，是教育之本。现代教育所推崇的终身教育思想，其中心内容之一就是让每个社会成员都养成终身阅读的兴趣和习惯，从而最大限度地提高阅读人口的数量和质量。我们国家也非常重视国民阅读水平，2009年第七次全国国民阅读调查结果显示，我国18—70岁国民中，包括图书、报刊和数字出版物在内的各种媒介综合阅读率达72%，与往年相比呈增长态势。其中，数字化阅读持续增长，但是，与此同时，仍有58.1%的国民认为自己的阅读量很少或比较少，超过六成的国民希望有关部门举办全民阅读活动；在建有农家书屋的地区，有六成以上农村居民表示使用过农家书屋。中国居民的阅读意识和阅读水平在逐渐增强和提高，但要实现"阅读社会"目标，还需要社会各个部门继续努力。

生：从个体和国家的角度讲，阅读对于个体成长和国家强盛的价值是不言而喻的。青少年学生是正处于成长过程中的人，学习本身是他们这个年龄阶段最重要的事情，您能否把阅读对于青少年学生精神成长的价值和作用做具体分析？

朱：阅读是一切学习的基础，是终身发展的灵魂。阅读对于青少年学生的影响是全面的，能够扩展和提升他们的精神世界。

首先，青少年学生通过阅读可以拓展他们的视野，开阔他们的心胸。从知识的来源上讲，可以把知识分为直接知识和间接知识，直接知识指的是个体通过亲身实践所获得的知识，间接知识指的是从书本等其他媒介所获得的知识。对于个体来讲，究其一生，通过直接实践所获得的知识肯定是有限的，所获得的绝大部分知识都属于间接知识。我们只有通过广泛的阅读才能够获得大量我们无法通过直接实践获得的知识，包括文学、历史、哲学、自然科学等方面的知识，拓宽我们的视野，扩充我们的知识面。同时，阅读能够促进我们对各种世事的思考，增长我们的人生智慧。而且，我们随着阅读面的拓展，了解和掌握的知识面的丰富，理解事理的能力也会增强，我们的心胸会随之开阔起来，包容能力会增强。

其次，青少年学生通过阅读可以增强综合能力，增强自信。对于青少年学生来讲，阅读的过程也是个体理解能力、写作能力、人生经验等丰富和提高的过程。有研究表明，凡是那些写作能力比较强的学生，他们肯定喜欢读书，阅读面比较广。当学生能够通过自己的阅读，各个方面的能力得到提高的时候，他们应对各种事情的能力会提高，这样，他们自身的自我效能感会增强，自信心自然也会增强。

以美国为例，语言课是美国中小学的一门主要课程，在美国，语言课一般不讲语法和语言理论，主要是阅读。美国小学二年级的语文课本，一篇课文长达六七页，课文多数是讲小孩子的故事或是名人童年故事，也有诗歌等；到四年级开始阅读中篇小说。比如，纽约州规定小学生每年必须读 25 本书。一般来讲，学生每读完一本书，都要写读书报告。美国学生读书面很广，虽以文学书居多，但也涉猎政治、社会、文化、历史、科技等书籍。而且，美国学校不考死记硬背的知识，考题通常比较灵活，要求学生自己搜集资料，完成对某一论题的见解，要求要有自己独到的观点和看法，注重的是能力的考查，这是建立在一定的阅读量基础之上的。

正是由于美国中小学注重阅读教育，美国中小学生的综合能力才普遍比较高，这对于我们改进中小学教育应该有深刻的启示。

再次，青少年学生通过阅读可以提升他们的道德情操、净化他们的心灵。如果说食物是用来满足人们的生理需求的话，那么，书籍就是人们的精神食粮。书也分好书和坏书，只有好书才是人们的精神食粮，才能够打动人、鼓舞人、激励人，促使人去追求美好的事物。坏书则会让人走向邪恶，不利于人的健康成长。对于青少年学生来讲，选择什么样的书来读也是至关重要的，只有好书能够促使他们的精神和人格得到健全发展。一部好书能够提升人的道德情操，净化人的心灵。一般来讲，只有经典名著才算得上真正的好书，因为这些书已经经过了时间的考验和证明。比如，在一定意义上，路遥的长篇小说《平凡的世界》是一部具有教育意义的道德人生题材的小说，书中描写的中国改革开放之初背景下主人公的坎坷命运，他们对真、善、美的追求，在命运面前的顽强不屈的精神等会使读者对人生有更多的感悟和理解，坚定对人性美好一面的追求。这样的书能够促发他们对人生的思考，净化他们的心灵，提升他们的道德情操。这也就是文学作品的内在力量，好的文学作品具有的深厚的教育意义和价值。

生：阅读对青少年学生精神成长的价值是不言而喻的，但是，关键问题是学校教育中要切实重视阅读教育。

朱：是的。随着现代图书出版业的发展，以及国民阅读意识的增强，人们对阅读价值的认识更加深刻和到位。现在，我国中小学对中小学生的阅读教育也是比较重视的，基本上每所学校都会有图书室，并有一定量的藏书，在条件较好的学校，图书室藏书会比较丰富，足以满足教师和学生的阅读需求。以中央教育科学研究院南山附属学校为例，这是中央教育科学研究院与深圳市南山区联合建立的一所九年一贯制学校，学校以"文化央校、自主央校、智能央校、都市田园央校"为价值引领，力争以文化立校，以建造教育的都市田园为目标。学校高度重视文化建设，启动"儿童阅读行动计划"，鼓励学生走进经典，组织班级读书会，营造书香校园、书香班级。采用教师、家长、学生三维对话的形式，就学生在身心发展中遭遇和关注的现实问题为专题，通过和同学一起精心选择、编写阅读文本，开展阅读与对话，在阅读中渗透德行教育。为了配合阅读行动，优化文化阅读环境，学校按合群、童心、乐观、民主、责任等35个德目选择充溢着美、趣、智的文学作品，分别按低、高段编写了《与心灵共舞》《与心灵约会》两册《美德文化读本》，组织孩子们阅读交流，鼓励孩子们与家人读书，促进道德积淀。通过读书，学生的言谈举止、精神气质、道德风貌焕然一新。为提升教师的文化积淀、人文素养，营造书香校园，提升教师的精神生活质量和品位，学校开展形式多样的文化研修、文化阅读、文化鉴赏、文化沙龙、文化讲坛等活动，学校还赠送给每一个教师《教师人文读本》《教育的理想与信念》《新青春读本》《情境教育的诗篇》等书籍，鼓励教师书海泛舟，广泛涉猎文史哲等领域。校长李庆明率先垂范，以风趣活泼的形式，利用图画书尝试儿童哲学阅读的相关实践和探索，把哲学的永恒问题"什么是自由"的探讨引进了小学语文课堂教学之中，《中国教育报》以《儿童哲学阅读悄然起步》为题做了报道。可以说，中央教育科学研究院南山附属学校在学校文化建设，以及阅读教育方面的尝试和实践是比较成功的，学生在阅读中精神面貌等方面都得到了提升，这是我们中小学阅读教育的一个范例。

生：然而，当前我国中小学教育中应试教育的倾向还比较明显，相当一部分学校、教师、家长和学生基本上还在为考试成绩忙碌，对于考试要考的内容比较关心，其他的就不怎么关心了，这是否是阅读教育实施的一个障碍呢？

朱：我们首先需要清楚的是，阅读教育的目的不是为了考试，而是为了提升青少年学生的精神素养、人文情怀、道德面貌。阅读也并不跟考试相背离和对立，相反，学生通过阅读可以扩展阅读面，增长知识，增强理解能力，在很大程度上有助于学生考试成绩的提高，尤其是作文题，学生如果有一定的阅读量的话，写作能力自然会得到提升。可喜的是，现在中小学里基本上都有图书室，有些学校里班级中还有图书角，这为学生养成读书的习惯创造了条件。然而，由于受当前应试教育的制约，在一些学校里，我们经常看到的情况却是学生忙于做各类试卷，没有时间广泛阅读各类书籍，装在书包里的主要还是课本和教辅书。更让人不可思议的是，有些学校在学生每日作息表上安排了学生早读、中读和晚读的时间，其实，根本不是让学生阅读，而是强迫学生背单词、背课文、背公式等。不容置疑的是，孩子的天性是好学的、好读书的，只要他们发现喜欢读的书，是会废寝忘食读下去的。节假日里，我们只要走进新华书店、书城、图书馆等，就会发现有许多小学生、中学生在如痴如醉地读书，读书已经成为他们的一种精神享受。当阅读成为青少年学生自身的一种内在需要时，阅读的价值和意义就会得到真正的实现。

生：另外，随着电视、网络等电子媒介的普及，我们已经进入信息化社会，在信息化社会里青少年学生获取信息的渠道增多，他们每天能够接触到诸多的信息，这些没有经过筛选的信息良莠不齐。对于心智还未成熟，处于成长中的青少年学生来讲，选择什么样的书籍和信息来阅读成为一个我们不可回避的、需要认真思考的重要问题。

朱：尼尔·波兹曼在《童年的消逝》一书中指出，在印刷品时代，儿童由于受文字阅读能力所限，他们无法阅读到关于成人世界的秘密，儿童和成人之间有明显的界线。但是，随着电子媒介时代的到来，电子、图像信息的阅读已经不受文字阅读能力的限制，成人世界的秘密已经完全暴露在儿童面前，儿童与成人之间的界线消失。正因为如此，在信息化社会里，成人世界的暴力、色情等不健康的元素侵蚀着青少年学生的心灵，诸多违法犯罪的青少年就是由于看了不健康的影视和书籍而走上了邪路。然而，对于身处信息化时代的我们来说，除了积极应对现实中存在的各种问题之外，没有别的选择。在引导青少年学生阅读时，一方面，我们要培养青少年学生具有选择性阅读的意识，并不是随便拿到什么书就读什么书，而是要读那些能够带给他们精神享受的书籍，能够促进他们精神健康成长的书籍，包括古今中外的经典名著、人文地理、文化艺术以及名人传记等书籍。另一方面，我们要培养青少年学生具有分析辨别的能力、自我控制的能力，让他们能够自我辨别哪些书籍和信息是健康的，哪些是不健康的，并能够自觉抵制不健康的因素，积极吸收健康的因素。只要教师和家长帮助青少年学生做到这两点，他们就能够避免在阅读中受到不良和不健康因素的侵害了。

生：阅读对青少年学生精神成长的价值是毋庸置疑的。那么，如何让青少年养成阅读的习惯呢？

朱：习惯的养成不是一朝一夕就可以形成的，通常需要长时间的积累。一是要尽早培养孩子阅读的习惯。父母是孩子的第一任老师，父母从小陪孩子一起阅读是培养孩子阅读习惯的重要方法。父母在与孩子一起阅读中不仅加深了亲子感情，还能够尽早让孩子养成阅读的习惯。儿童教育家陈鹤琴的儿子在回忆父亲时讲到，父亲教给他的两件最重要的事情是早上起来后蹲大便和洗手。从小养成的好习惯会很难改变，并且会受益终身。美国前总统布什的母亲教育孩子的重要方法，就是尽早与孩子一起阅读。国际教育成就评估协会新近的调查结果表明，美国孩子比世界其他国家的同龄孩子具有更强的阅读能力。二是父母和教师要做好表率。近朱者赤、近墨者黑的道理我们大家都明白，这是讲环境对一个人成长的影响和作用。同样，孩子阅读习惯的养成也受到环境的影响。一般来讲，家里有藏书，以及父母喜欢阅读的孩子也都比较喜欢读书；相反，如果父母压根不喜欢读书，却强制孩子去读书，一般情况下，孩子的阅读习惯难以形成。同样，教师喜欢阅读，上课能够旁征博引，这也会激励学生去多读书。三是营造阅读的环境和氛围。在学校里，教师要创设形式多样的活动，营造阅读的环境和氛围，如创设图书角、读书沙龙、专题研讨等鼓励学生多读书、多交流，让他们在阅读中增长智慧，提升精神素养，学会分享和交流。当青少年学生养成阅读的习惯后，阅读会成为他们的一种内在精神需要，阅读也会成为他们的一种精神享受。

专题四

文化冲突与融合中促进人的道德成长

文化冲突与融合
成为当下青少年成长的一个生活侧面

生：在前面几个专题的讨论中，我们非常关注的一点是：聚焦学生的个体生活经验，探讨如何引导学生从自己的生活中发现积极的意义，获得道德成长。个体的生活难以脱离时代和社会生活背景。现在，我国正处于一个快速发展期和深刻的社会变革转型期，在现代化的建设进程中又适逢全球化的迅猛来袭，身处传统与现代、民族与国际等多种张力的旋涡中。这不能不深刻影响到青少年的生活，成为青少年成长中必须面对的一面。我们探讨青少年的道德成长和道德教育，这方面的因素是不是也应加以高度重视呢？

朱：人是社会中的一分子，时代和社会的变化在个体的生活中必会投下影子，需要面对和深入探讨，这也是我们设立这个专题的初衷所在。当下我国处于社会快速发展期和深度变革期，不同的经济利益、政治诉求、文化张力等交织在一起，盘根错节，表现出复杂、多元的价值需求。文化层面的冲突与融合，相比较于器物和制度层面，是较深层次的问题。无论是个体生活中的经历与体验，还是宏观层面的审视，都不难发现这方面带来的挑战。

生：我们注意到有两个事件曾经在网络和社会舆论中引起巨大的反响和热烈的讨论，各辨是非，莫衷一是：一是一些动物保护志愿者自发组织起来，用车封堵了一个合法经营收购狗的店铺，致使一卡车收购来的土狗不能运出[①]；

[①] 自贡千只狗运广西 百名志愿者驰援半路拦截［N/OL］. 四川新闻网，2011-10-16. http://scnews.newssc.org/system/2011/10/16/013336156.shtml.

另一个事例是一些动物保护志愿者开着私家车，在高速路上拦截合法运狗车，以阻止杀狗①。虽然事件最终在包括政府部门在内的多方协调下得以解决，但其中所体现出来的文化、价值观念方面的差异乃至冲突，争议双方据"理"力争的努力和激动，以及沟通协调方面的旋涡般的处境，很是让人惊叹。

朱：这两个事例很生活化，也很典型，是社会当前文化、价值观冲突的一个缩影，集中展现出当前社会变革和转型时期社会文化方面存在的分化、冲突与融合的现状。我国自近代以来就进入这样一个大的转型时期，多种社会发展问题叠加在一起，影响非常深刻。鲁洁教授对此有过精炼的概括："当代的中国社会正面临着一个史无前例的转型期。与其他国家和社会相比，中国社会的转型内含着众多特殊的矛盾和问题，具有它独特的复杂性。首先，从中国社会转型所要完成的任务来看，它不但要完成从传统的农业社会向现代工业社会的转型，同时还要实现由计划经济体制向市场经济体制的转变。这两方面的转型，就其所要解决的问题而言，既有其共同、统一的方面，又有各自不同的方面。其次，中国社会作为一个现代化后发型的社会，不是在西方现代化文明方兴未艾之际实现现代化转型的，而是在原发型现代文明高度发展并已经对它所呈现的众多弊端与危机做出普遍深刻反思的时代中进行的。在全球一体化的背景下，中国正在进行的社会转型不能不成为世界范畴内现代化进程的一个方面。为此，原本以历史形态依次呈现的农业文明、工业文明和后工业文明，在一个开放的世界体系中，又在中国转化为共时态的矛盾，当代中国的现代化不能不在传统与现代、现代与后现代各种两难的交互复杂的矛盾之中做出其路向的选择。"②所以，身处这样"三千年未有之大变局"中，就不能回避这样的社会现实。

这种变动也是世界近代发展中的较为普遍的一种态势——"伴随着移居或农村人口外流而来的背井离乡，家庭的解体，混乱无序的都市化，近邻的传统连带关系的破裂，这一切使发达国家和发展中国家的许多群体和个人陷入孤立，处于社会的边缘，当今社会既有社会危机又有道德危机"③。21 世纪教育委员会

---

① 现场：高速路拦运狗车 [N/OL]. 新京报，2011 - 8 - 16. http://news.bjnews.com.cn/2011/0416/115480.shtml.
② 鲁洁. 道德教育的当代论域 [M]. 北京：人民出版社，2005：188.
③ 联合国教科文组织总部. 教育——财富蕴藏其中 [M]. 联合国教科文组织总部中文科，译. 北京：教育科学出版社，1996：39.

的这个判断虽然是在十几年前,但作为发展非常迅速的发展中国家,我国的这些变化及挑战来得更为集中和剧烈。

生: 我们感觉,在这个过程中,在文化层面,我们传统的文化、价值受到不断扬弃,西方的很多价值观念与多种文化观念得到传播,形成各种风潮,对年轻人的影响很大。而且随着时间的变化,影响的强度越来越大。

朱: 西方文化价值观念的影响和冲击由来已久,有学者认为中国的现代化转型就是由于近代外敌入侵带来的外源性的被动过程,认为"当代中国文化冲突实质上是现代工业文明的文化模式与传统农业文明的文化模式的冲突,这种冲突同时又与本土文化和西方文化的冲突交织在一起",主要表现为"传统文化与现代文化的冲突""本土文化与西方文化的冲突"[①]。现在因为科技的发展和全球化的推进,西方文化价值观念也产生了很多新的影响。

生: 我们感受很深的是,信息技术的快速发展,尤其是网络的发展,使文化和价值观的生产、传播和分享发生了巨大的变化,也使西方文化思潮和价值观念得以更为迅速地传播到国内来。电视、电影及通信也对青少年产生着深刻影响。现代发达国家也是文化输出的重要源头,无论是好莱坞大片中拯救地球的"英雄主义",还是迪士尼动画中的卡通造型,以及日本动漫当中的萌酷造型,等等,都在当下中国的青少年身上产生着影响。

朱: 是的,这些方面的分析点出当下影响青少年的很重要的一个因素——大众传媒。当然,传媒带来的信息也不仅仅是刚才提到的这些,还有很多人文思想、民主思潮、多样化的文化风情等,我们还是要辩证地看待这个问题。不过,现实的情况可能是上面提到的那些对青少年更容易产生影响。相关抽样调查就发现,电影、电视是有效影响学生道德价值观范围最广的媒体,也是被学生最为认可的触动道德情感的媒介方式,而网络被学生认为是指向公共生活道德价值观影响力度最强的媒体。信息的来源变得多样化,文化、价值观念变得多样化,学校教育包括道德教育遇到了很多新情况。

生: 这其中很明显的一点就是,这些影响使年轻一代展现出鲜明的时代特征和代际特征。现在广泛被使用的所谓"80后""90后"乃至"00后"的代际

---

① 李庆霞. 社会转型中的文化冲突[M]. 哈尔滨:黑龙江人民出版社,2004:225—226、228—238.

标签，可以视为人们尝试对不同年代人群做出界定区分的努力。而事实上，确实也存在很多的代际差异，如有一著名运动品牌的广告语就为"你不懂的 90 后"，画面是一个造型"酷酷"的男孩，流露出的眼神让人莫测高深；在文化、价值观念非常活跃的网络世界中，所谓"火星文"以及层出不穷的各种网络用语与文体，经常使人感到跟不上节奏，常常被"OUT"。

朱：这些差异是多种因素造成的，既有国外文化、价值思潮的影响，有些也是社会发展的必然现象。美国学者尼勒对当时美国青少年问题的一段论述，拿到现在来映照中国当下的情形，仍颇有些解释力和启发性。他说："经济的专门化促使父亲同儿子疏远，部分地因为这个儿子不再需要从事父亲的职业，部分地因为他必须学习（假如他是在学习）的知识和技能对他父亲来说可能是太复杂了，以致没有时间教他。而且，家庭的内聚力消弱了，因为青少年对家庭经济没有实质性的贡献，并且因为家庭几乎不教他任何适合于成人社会某一角色的专门知识或技能。最后，在一个急遽变化的和多元的社会里，他触及一大批在宗教和世俗体系之间相冲突的价值，即一种仍然进一步逐渐损害他孩提时代获得的任何深信不疑的经验。他感到长辈的标准同他的世界无关，他求助于对他同龄人的信赖，从而达不到真正的独立而选择另一种遵循的类型。""另外一些因素也可以使青少年疏远他的父辈，社会和文化的变化速度比以往更加快地废弃了父辈的知识和态度。当代青少年都更加意识到：他父母的标准过时了，因为大众传播媒介天天向他提供十多岁少年行为的最新方式，提供很快就消失的习惯和特殊暗语。"[①]

生：这段论述对中国当下来说是有很多适合的内容，我国目前就处于这样一个历史时期——经济生产方式发展和变更迅速，家庭功能发生深刻转变，生产功能慢慢变小，知识学习日趋专门化，传媒的力量日益凸显，更重要的是社会文化、价值的变化速度加快，日趋分化并呈多样性。

朱：这些环境和因素的变化需要我们的关注和思考，另外还有一些变化和因素也是值得我们关注和思考的，那就是人的变化，包括人口的布局、迁移和新的生活方式等。现在一个突出的社会现象就是随着经济的发展，城市化进程

---

① 尼勒. 文化的冲击［M］. 方展画，唐晓杰，译.//瞿葆奎. 教育学文集：第三卷. 北京：人民教育出版社，1989：466.

加快,有越来越多的人口正从农村转移到城市中,包括大量进城务工人员,也包括到经济发达地区工作的欠发达地区的人口,随之而来的是大量随迁子女到流入地接受学校教育。人口的地域流动性和社会流动性,也带来地域文化、乡风习俗、价值理念、日常习惯等多方面的接触和交流。当然这个过程中也存在着一定的冲突与融合,这种影响也扩展到学校教育中。这方面有很多的调查数据,也有很多相关的研究。2011年,中国社会科学院社会学研究所、社会科学文献出版社联合正式发布2012年社会蓝皮书《2012年中国社会形势分析与预测》,指出2011年是中国城市化发展史上具有里程碑意义的一年,城镇人口占总人口比重首次超过50%。这样大规模的人口格局的变化,对学校教育的影响必将是巨大而深远的。

与之相随的,我国义务教育阶段学校教育经历了一个较为艰难的调整过程,直至现在仍在不断改进中。现在"两为主"的政策,使外来随迁子女可以进入公立学校接受义务教育。这就产生了一个结果:不同地域、不同文化习俗的中小学生有机会同处一校进行学习了。我们在浙江的一个学校调研时发现,一千余名学生来自二十几个省份,分属十几个民族。这种现象在以前人口流动性不强、学生就近入学的情况下是很少存在的。

我们讨论在文化冲突与融合中促进学生道德成长,尽管文化这一概念众说纷纭,很难做出一个普遍接受和周延的界定,但按照传统的观点,"文化通常被定义为'一个群体或一个社会共同拥有的信念、价值体系以及认识世界的方式'"[①]。不同社会群体、不同生活方式之间所享有和表现的信念、价值体系以及认识世界的方式也就存在差异。我们可以发现,在学校的时空内,学生正日趋变得多样化,学生异质性逐渐凸显。由于生活环境、家庭背景、文化背景等多种因素,不同群体之间的文化、观念差异日趋凸显,如城乡学生之间、中产阶层子女与普通收入子女之间、不同文化习俗之间,甚至不同的兴趣爱好的学生之间等,都存在一定的文化差异,学生群体中的各种亚文化也越来越多样化,伴随而来的就是交流中的冲突。

生: "两为主"政策推行后,城乡学生有机会同校生活与学习,学校场域内

---

① 胡森. 教育大百科全书:第三卷[M]. 重庆:西南师范大学出版社,海口:海南出版社,2006:170.

的城乡文化的差异和冲突也引起学界和社会广泛的关注。如有研究发现：进城务工人员子女更倾向于群体内部的交往，很少与当地儿童交朋友，生活圈子相对封闭。管理机制（如单独编班）和心理排斥（进城务工人员及其子女对城里人的刻板印象，城里人对进城务工人员进行贬低乃至污名化）使得城乡学生之间交往甚少，彼此非常陌生。还有如"城市学生的家长对农民工子女的歧视和排斥……一些落实接收农民工子女的城市公立学校常常收到城市学生家长的来信来电来访，抗议和反对接收农民工子女，甚至有的家长提出转学要求。这些家长的歧视和排斥通过向学校施加压力转移到农民工子女身上，迫使学校减少接收农民工子女入学，即使接收，也单独编班，以满足城市学生家长'保证教学质量'的要求"[1]。

朱：你列举的这些研究及表征反映出城乡文化间的差异和冲突，这个问题在当前城市化进程中对社会、对学校教育都存在很大的影响。我们共同倡导并在浙江工作基地支持下已经开展的"城乡理解教育"项目的出发点也就在此，对如何在城市化进程中针对城乡文化间的差异和冲突、学校教育如何面对挑战和契机等问题进行探讨。

就社会层面来说，不同阶层之间的文化差异与冲突也很显著。如我们在北京市的有些学校调研发现，很多学生的家庭条件很好，父母受教育水平也非常高，学生的文化启蒙和家庭教育也做得不错。但是，有些家长甚至不把孩子的教师放在眼中，缺少起码的尊重，有些孩子深受这种不好素养的影响，学得盛气凌人。从社会学的角度看，不同的阶层拥有的社会文化资本是不同的，这些区分在学校场域内有时被异化了。

生：改革开放以来，我国多种经济成分逐渐并存，社会阶层分化现象也越来越严重，有学者甚至认为社会阶层逐渐"固化"。现在社会上频发的"官二代""富二代"的一些不良现象，屡屡引发社会对阶层间的文化、价值冲突的强烈关注和热烈讨论。

朱：是的，现在是一个矛盾多发期和社会急剧变革期，阶层间的文化、价值冲突频现。就学校场域内来讲，还有一种文化影响也很大，就是竞争文化，

---

[1] 王善峰，郭冬梅. 从"接收"到"接纳"：农民工子女义务教育的新需求 [J]. 当代教育科学，2011，(20)：9—10.

在学校场域内过分激烈的学业竞争正在产生着很大的消极作用，甚至给学生交往造成恶性关系。这种不当的竞争文化造成疏离感、恐惧感、不安全感，以及部分学生高人一等的优越感等，甚至造成离家出走、自残及伤害他人等悲剧。正如21世纪教育委员会在向联合国教科文组织提交的报告中所说，这种延续了经济领域的普遍的竞争氛围，"愈来愈突出竞争精神和个人的成功"，"现在终于导致无情的经济战争，导致贫富之间的紧张关系，从而造成各国和整个世界的分裂；这种竞争也激化了历史上存在的敌对情绪"，而"教育有时因为对竞争概念的解释不正确而有助于这种氛围继续存在下去，这是令人遗憾的"[1]。

生： 有一次我们调研中得知一件事情：一个学生摔倒了，其他学生就过去踩他，为什么呢？因为摔倒的这个学生学习最差，在那些学生看来，学习最差的人是可以被踩的。

朱： 这些虽然看上去是个案，但展现了现实中存在的一种状况。有时候我想到这些，我就感到痛心。如此下去，那些成绩好的学生如果将来考上大学，以后当了官员，掌握一定权力，他们将会以什么态度对待别人呢？将会怎样对待人民群众呢？

生： 是啊！学校教育对人的发展的影响是很深远的，无论是积极的方面还是消极的方面，其影响都很深远。每一个从事教育工作的人，都应对此有深刻认识，学校不能充当文化、价值隔阂的制造者和帮凶。

朱： 学校应该增强对时代的深刻认识，也应该增强教育责任的自觉。"现代青年生活在一个复杂而又瞬息万变的文化中，他们还是会比未开化社会中的青年人遇到更大的挑战，因为他要做出更多的而又更复杂的选择，所以冒着更大的不适当地做出选择的危险。做决定的焦虑，不仅由于相冲突的道德和社会标准之存在而复杂化，而且还由于我们相信选择的重要性以及个人对他行为后果的责任心而复杂化。年轻人在生理上的成熟也比以往要早，因为从事着如同过时的和正在稳定地发生的这样一些活动，对于这些活动，他们在心理上的准备不如前一代人。"[2] 美国学者尼勒这段对当时美国社会情况的描述，借用来描述

---

[1] 联合国教科文组织总部. 教育——财富蕴藏其中 [M]. 联合国教科文组织总部中文科，译. 北京：教育科学出版社，1996：82.
[2] 尼勒. 文化的冲击 [M]. 方展画，唐晓光，译. // 瞿葆奎. 教育学文集：第三卷. 北京：人民教育出版社，1989：465.

当下的中国青少年倒也非常贴切。

另外，文化的变革会导致社会对道德本身产生怀疑。国际教育基金会的研究者在《培养心情与人格》一书中分析美国20世纪60年代以后道德教育衰落的原因时，认为其中的关键并不是当时经济的衰退，而是当时的文化变革。书中写道："公共教育在整个工业化以及向富有的市场经济转变的时期里一直保持了对道德的重视。教育偏离道德教育的焦点始于20世纪60年代——在广泛的文化变革以及对传统的价值观念提出质疑之后。"① 由此看出，文化的变革与社会及个体的道德发展是紧密联系在一起的。

这些现象和问题让我们思考：新的时代条件下，个体应如何正当地表达自己的文化、价值主张？在面对文化冲突和道德伦理冲突时，怎样做才是更为道德的方式？教育尤其是学校教育，应怎样培养学生具有这样的良好品质？当下新的时代特点，对学校德育带来挑战的同时又存在什么样的条件和契机？

---

① 国际教育基金会. 培养心情与人格——人生基本目标教育［M］. 北京：北京大学出版社，2005：13.

发现和培植德育新的生长点

生：现在文化、价值观念的日趋多样化，给个体的道德判断和道德行为增加了困惑和挑战，同时也给社会的道德评价带来了很大的影响和挑战。面对这样的社会文化态势，不论是个体还是社会群体，一定程度上表现出浮躁、迷茫、困惑以及焦虑等消极心态，文化价值观念的冲突在代与代之间、阶层之间、亚文化之间表现得尤为突出。在这个过程中，我们可以看到，人们在处理个体与他人关系时所参照的道德标准也呈现多元化的特征，传统的道德伦理规则受到一定程度的挑战。这对当前的道德教育可以说是一种直接的挑战吧？

朱：这种挑战是直接的，也是明显的。在文化价值观念日趋多元的今天，对不同的对象来说，教育的作用是不一样的——"对许多年轻人来说，教育是'适应文化（enculturation）'的一个组成部分，或者是把他们引入一种他们感到属于他们自己生活方式的过程。可是，对于来自某个强有力的亚文化，尤其是某个种族的或某个亚文化的年轻人来说，教育成为一种'文化渗入（acculturation）'的过程，在这一过程中，他们面临着一种他们感到不属于他们自己的生活方式"[①]。这些分析，对我们认识今天教育的作为与可为很具有启发意义。

就我国的道德教育来说，尽管我国一直重视学校德育的开展，也是世界上为数不多的在学校中专门开设道德教育课程的国家，但德育的效果，正如著名

[①] 尼勒. 文化的冲击［M］. 方展画，唐晓杰，译. //瞿葆奎. 教育学文集：第三卷. 北京：人民教育出版社，1989：448.

道德教育学家鲁洁教授所言,"由于众多复杂的因素,形成了当今不能令人满意的道德教育现状",其中,学校道德教育自身的问题是不可忽视的——"应当承认的是,无论是理论或实践,我国的道德教育从主流方面看至今还处于一种传统的模式之中。这种模式把道德教育的过程仅仅看作是对学生施加外部道德影响的过程,而所施加的道德影响又主要是为社会所认可的、既定的道德规范,强调的是学生符合规范的行为习惯的养成。这样的道德教育过程也就是科尔伯格等人所批判过的用刻板的灌输、管理、训练等方法,强制儿童去服从各种规定规范的'美德袋'式的'传统道德教育'。概括起来,这种德育模式的目的是使受教育者接受既定规范,养成与之相符的行为习惯,方法是灌输、管理、训练。迄今为止,这种道德教育模式尚是我国学校德育中的主流,它也是近年来各种道德教育改革理论与实践的主要矛头之所向"[1]。无论是目的层面,还是方法层面,这种以规训、服从、传达规范为特征的德育模式已经难以满足现在的时代要求和社会要求,简单化、统一化的德育模式在日趋开放和多元化的社会中也势必会处处碰壁、事倍功半。

　　一个有活力的社会应该具有一定的包容性和开放性。现在尽管很多的文化观念取向并不为我们每一个个体所认同,但是也要看到,社会能够比以前出现更多不同的可选择性,能够涵养这些不同的文化价值观念,这不也从一个侧面说明了社会的开放、包容和进步吗?所以,我们对当前社会中存在的不同文化、价值冲突总体上要有包容、开放的态度,在不违背法律和基本道德的原则下,尊重个体的自主选择。我们正在讨论的融合也有一个相互承认的问题,不仅是相互尊重,还要承认合理性,不能全部泯灭别人的合理性。我们说海德格尔改变了本体论的走向,因为在他之前形而上所谈的存在是一个实体性的存在,而这个实体性的存在又远不可及,只能是彼岸和此岸。海德格尔把"存在"看作是人在其中的存在,必须要考虑人,考虑了人就呈现了多样性、丰富性、变化性;静态的存在是没有这么多丰富的呈现的。

　　对学校德育来说,也是挑战与机遇并存,我们要辩证地看问题。就当前广泛存在的文化、价值观的冲突来说,一方面我们要看到,随着社会的发展和日趋开放,这是不能回避的事实和发展趋势,为个体的道德发展和社会的道德教

---

[1] 鲁洁. 道德教育的当代论域 [M]. 北京: 人民出版社, 2005: 66.

育带来很大的挑战；另一方面，在这个过程中，我们也同时感觉和认识到，在挑战之中也蕴育着条件和契机，孕育着道德教育新的生长点。

生：道德教育新的生长点？这可真是令人兴奋的事情！如果在当前的挑战中可以发掘德育新的生长点的话，那对于改善学校德育效果将会具有非常大的意义和价值。

朱：是这样的，学校德育要结合时代特点并引领时代发展，借用杜威一句话来说，就是"明显的事实是，我们的社会生活正在经历着一个彻底的和根本的变化。如果我们的教育对于生活必须具有任何意义的话，那么它就必须经历一个相应的完全的变革"[1]。就当下存在的文化、价值观念日趋多样化、冲突与融合并行的时代特点，我们可以发掘德育的哪些新的生长点呢？我想至少可以有以下两方面：一是文化冲突给人们的道德判断和道德行为提出了更高的要求，从而增强了道德教育的必要性，更加彰显出德育的价值；二是学校生源异质性的凸显，为德育提供了新的条件和资源。

道德，"就其本义而言，是人们自己创造、自己建立的一种自我肯定、自我发展的手段"[2]，在个体面对文化、价值冲突、逐步根据外在条件调整自己的思想、行为时，道德的需要、原则和伦理就产生了。美国道德心理学家霍夫曼认为"当人们的目标、计划或期望处于冲突之中时，道德问题就出现了。对他人权利和福利的敏感性是道德领域的主要特征，尤其是它们与自己的利益相冲突时，更是如此"[3]。当下社会文化、价值观念的多样性发展给人们展示出更多道德应用的需要，所以，我们在看到挑战的同时，更要从积极的方面看到条件和契机。

学校德育如何面对这种情况呢？那就需要合理转化，把握住契机，协调好各种关系，促进融合。首先是不回避冲突，把冲突视为常态的事情；冲突不等于阶级斗争，不能动辄上纲上线，视为敌我矛盾。其次是在行动中走向融合，不断地调整、不断地博弈，这是一个互动的、行动的过程。这个冲突和融合的

---

[1] 杜威. 学校与社会[M]. 赵祥麟，任钟印，吴志宏，译. 北京：人民教育出版社，2005：37.
[2] 鲁洁. 道德教育的当代论域[M]. 北京：人民出版社，2005：192.
[3] 里奇，戴维提斯. 道德发展的理论[M]. 姜飞月，译. 哈尔滨：黑龙江人民出版社，2003：73.

过程是现代人走向成长的必由之路——现代人所面临的社会就是逐渐走向开放，走向多元，走向更多的差异，要学会承认差异，摆脱二元对立、非此即彼的思维。这个过程充斥着德育现代性的张力，可以成为德育新的增长点，成为德育新理念、新思想的萌芽。

生：按照美国社会学家刘易斯·科塞的观点，冲突本身即具有积极和消极两方面的作用。在其代表作《社会冲突的功能》中，科塞认为，因为每个个体都有一种其所厌恶或者喜爱的倾向，所以社会中的冲突是不可避免的，冲突是社会化进程中的一部分，而且没有哪个社会集团可以完全地被协调。但是冲突可以是建设性的，也可以是破坏性的，因为它在不断解决分歧并导致最终的一致和统一。他相信，冲突有助于集团间的调节性和适应力的提升，以使各个集团学会更好地共存；此外，冲突鼓励了"群体间"的凝聚力，因为这个集团中的成员有一个共同的敌人和一个共同的动机[①]。可能是因为历史文化和近现代社会发展进程的影响，我国在文化价值层面更多的是求"同"，尽量地回避差异和冲突，非此即彼的二元思维影响还是非常深刻的。或许正是由于这种影响，我国社会中的冲突与差异一直处于一种隐性状态，只是现在变得显性了，凸现出来了。

朱：我想到朱小棣在《红屋三十年》中写到的一个故事：他小的时候到一个女同学家去玩，大约是小学二三年级的时候吧。因为比较熟悉就没有提前打招呼。去以后发现，那个同学的家里很穷，那个同学在家里帮着父亲一起磨米粉，还是蓬头垢面的。那个同学见到他去了就感到很尴尬，大概是认为被同学看到了自己最困顿的一面。从此以后那个小女孩就不再跟他说话、不再跟他一起玩耍了。他是把这个当作成长中的一个故事来叙述的，我是想说，其实冲突在那个时候就会存在——按照科塞的观点，冲突是不可避免的。到了今天，有什么不同呢？我想到的几点是，一条你刚才也讲到了，原来更多是隐性的，现在更多是显性的；另外，这些文化、价值观念等方面的差异与冲突还有很多的时代新特点，如以前的冲突一方的主导地位是很强的，其他的都在外围，"主"与"边"是很清晰的；现在的冲突可能不再那么清晰了，没有什么明显的"主"和"边"之分了，呈现扩散性、弥散性的特征。

---

① 瓦戈. 社会变迁 [M]. 王晓黎，等，译. 北京：北京大学出版社，2007：49.

生：是的，"非主流"的现象越来越多、越来越壮大，文化的多样性发展态势凸显。随着人口大规模的流动和社会阶层的分化，现在在校学生也逐渐凸显异质性特点。在异质性凸显的情况下，按照我们惯常的思维，学校教育要面临很多问题，学校教育可能要加强规范建设，强调统一思想、提高认识，增强管理力度之类的方式方法。除了这些措施之外，您认为现在学校德育有哪些新的条件可以开发和利用呢？

朱：在新的时代条件下常规的德育方式方法也并不是说就完全失去效用，不过，我们是不是也可以考虑，学生的这种异质性本身也是一种资源，学生实际上就是道德教育的资源，未必一定是教师拿什么来给学生，硬往学生这个"罐子"里去装才是教育。灌输性的道德教育思维对于很多德育工作者以及社会来说，可能是有些根深蒂固的——我们前面也讨论到，我们这一代人要不断地跟自己作斗争，要努力地去摆脱，尽管有时候可能还是会自发地流露，但那是隐性的，是难以消除的时代痕迹。在新课程标准的修订讨论中，我们在"实施建议"部分特别提到要"开发学生的资源"，其意也在此。

我们想表达的是，学生自己就有资源，差异本身就是资源，不同的文明也是资源。现在有的人说农村"落后"，其实所谓的这种"落后"也是资源。这里就牵涉怎么样来看待文化。尽管文化不能说没有优劣之分——这个还可以再讨论，但是我们讨论文化差异，前提性的思想应是把文化看成合理性的存在，更多还是要在尊重文化多样性的思想下去思考，承认多样性，尊重多样性，利用多样性，多样性本身即是一种相互学习的资源。这样，德育就可以开辟出一片新的空间来——要不要把这个当作一种资源？要不要把这个当成德育的一个新的增长点？要不要把这个当作德育的一种新的契机？

关于"教育的契机"这个概念受到了德国教育文化学的影响。原来，我们是把有目的、有计划、连续的教育看作教育的一种常态，我们很少考虑这种断裂的、非连续的、偶然性的、风险性的因素，不太把这些看成教育的资源或契机。但是，德国教育文化学派的很多学者从文化的视角去研究冲突、唤醒、偶发事件、家庭变故、个人境遇等对个人有文化意义和文化价值的案例。他们的研究，在文化上是反对普遍理性的，强调基于个人的视角。这些视角和观点是值得我们重视的。

学生变得异质性了，我们可以看到偶发性、断裂性事件，这些都有可能成为教育的契机。在生活中，我们常常看到一个孩子可能突然成熟、突然懂事——或许是由于家庭变故，或许是由于某种突然的触动，我们可以看到很多这样的事例。这给我们一种思考的路向。

生：您的阐述为我们打开了认识德育的新视窗！就我们的个体经验来说，我们深有体会。很多时候，情感、心灵以及道德上受到触动并加以改变，是与一些偶然的、非连续性的事件紧密相关的。美国学者尼勒甚至将非连续性看作是成长过程的一个必要条件，他说："通过破坏童年的模型，文化对青少年的震撼给年轻人发现属于他自己的一些价值的机会，而不是强化那些已逐渐灌输给他的价值；为了成长，他务必不断地根据新的经验重新形成他的态度和行为。"[1]

朱：这些非连续性的因素其实是很个体化的，与个体的经验密切联系在一起。在一个开放、民主和包容的社会，生活的意义和方式应是很个体化的。当我们评价一个人的行为，在考虑普遍意义的道德标准时，也要考虑个体生活的独特性，看到事件对其本身的意义和价值。2011年11月初，在江苏南通召开的第二届情感教育国际论坛上，上海的一位校长分享了一个案例。他讲到在小学的一堂美术课上，老师要求学生画一件自己心目中的房间内最好的东西。很多学生画了钢琴、电脑、大沙发、电视等，一位外来就学的学生却画了一个煤气罐，遭到同学们的嘲笑，也没有得到老师很好的肯定。下课后，这位听课的校长找到画煤气罐的小女孩，问她为什么认为煤气罐是最好的，这位小女孩告诉他：她们家住在郊区，妈妈爸爸下班回来后还得生炉子做饭，非常辛苦。她就想如果有一个煤气罐的话，妈妈做饭就不那么辛苦了。这位校长很受感动，鼓励和表扬了她，说她想到了妈妈的需要，是很孝顺的好孩子，这个作品也是非常好的。

这位校长是值得尊敬的，他并没有停留于表面的现象进行普遍意义上的评价，而是关注到了个体的生活经验和作品对其个人的意义与价值，进而做出的道德评价便更能贴合个体的生活，也更积极，更能产生良好的德育效果。

生：这个校长真是令人敬佩！他把道德评价做得很细致，与个体的生活结

---

[1] 尼勒. 文化的冲击 [M]. 方展画, 唐晓杰, 译. // 瞿葆奎. 教育学文集：第三卷. 北京：人民教育出版社, 1989：466.

合起来,让学生找到了道德发展的基点和力量。每个人的道德发展归根结底是离不开自己的个体经验和环境的,有一个发展的过程。

朱:"发展的过程"这个阐述很好!"道德发展是指个体辨别正误,形成伦理价值体系,学会实际的道德行为的能力的成长。"① 我喜欢用"经历成长"这个概念来表达个体的道德发展。杜威也说道德不是静态的,"是生长的",尤其对每个孩子来说,"教育并不是一件'告诉'和被告知的事情,而是一个主动的和建设性的过程"②。

"经历成长"这个词体现出的是过程思维,同时体现出对个体经验的尊重。一个人的成长是无法被替代的。"个人和社会之间的平衡是一个复杂的社会价值观(其自身也是不同的、冲突的)交织物,是个体发展的一个过程。"③ 这个过程需要道德主体的参与和感受,在和外界的互动中学着调适道德关系,从而向社会所普遍要求和期望的方向发展。这个过程中,"道德和个人自主在不同文化下相互影响,共存于个人社会生活的方面,人们是个人主义的、自主的,同时又是相互依赖并受到他人指导的"④。

生:是的,个体自主和他人指导在道德学习和道德成长中共同发挥作用,个体经验是影响个体道德成长的重要因素。所以,在道德教育中应该考虑提供条件去丰富学生积极的道德体验。

朱:对!这涉及道德教育的方式方法问题。当前的德育课程,更多是从道德知识和道德规范的教学与传递层面展开,知识性教学是道德教育的主要方式方法。尊重个体经验的道德教育,需要调整这样的传统德育方式,增加道德体验课程或认知—体验课程,比如参观、综合性实践等,让学生在学习道德知识的同时增加个体经验,在做出道德判断和道德行为时增强自我的认同感和有力感,增强道德的判断力和意志力。"正是通过对个人事情的控制从而使人成为他自己或她自己的感觉,成为主体而不是由社会继承的角色和背景所刻画的厉行

---

① 里奇,戴维提斯. 道德发展的理论[M]. 姜飞月,译. 哈尔滨:黑龙江人民出版社,2003:6.
② 杜威. 民主主义与教育[M]. 王承绪,译. 北京:人民教育出版社,2001:46.
③ 纳希. 道德领域中的教育[M]. 刘春琼,解光夫,译. 哈尔滨:黑龙江人民出版社,2003:94.
④ 纳希. 道德领域中的教育[M]. 刘春琼,解光夫,译. 哈尔滨:黑龙江人民出版社,2003:68.

严格纪律的人。总之，个人代表系列社会行为，它使人能建构两种感觉：一种是自我作为一种独特的社会存在的感觉，即美国权威心理学家威廉·詹姆斯所称的'宾格的我'，另一种是作为主体和陈述者身份的主观感觉，也即詹姆斯所指的'主格的我'。"[1] 教育应该努力使个体在"宾格的我"和"主格的我"之间达成一致，"使学生能够在充满冲突和矛盾的社会里，作为一个有道德的人投身到世界中去"[2]。

---

[1] 纳希. 道德领域中的教育［M］. 刘春琼，解光夫，译. 哈尔滨：黑龙江人民出版社，2003：70.
[2] 纳希. 道德领域中的教育［M］. 刘春琼，解光夫，译. 哈尔滨：黑龙江人民出版社，2003：128.

学校教育的作为与可为

生：前面的讨论非常有助于我们廓清当前社会文化形势，明确当下教育的挑战，也更加明确教育的使命与价值——正如联合国教科文组织原总干事费德里科·马约尔所言："在朝向我们的生活的和行为的方式的根本变革而前进的过程中，在其最广泛意义上的教育起着一个决定性的作用。教育是'未来的力量'，因为它是实现变革的最强有力的工具之一。"[①]

朱：但是要变挑战为契机，充分发挥教育对社会、对未来的意义和作用，就我国当下来说，还是需要寄希望于学校，学校教育还是教育发挥作用的主要途径。我们寄望于学校教育也是寄望于学校通过国家意志体现的课程对学生进行教育。尽管学校教育现在有些方面有些"异化"，但是我们还是寄望于它，不寄望于它还能寄望于什么呢？当然了，学校教育不是唯一的，也要重视家庭教育、社会教育。伊里奇讲"非学校化运动"，也是讲学校不好的地方，但中国现在还远未到消除制度化学校的程度。事实上，学校也确实还是大有可为的！我们到浙江武义县东皋中学，一千多名学生，其中很多学生是进城务工人员子女，在操场上一起唱"学校像我家，老师像妈妈"，我们感动得眼泪都要下来了。所以，在我们看来，有些学者讲"学校不要把教育、德育的责任承担得过重""不要把老师变成全方位的保姆加道德教育者"，这些学者是离现实太远了。从理论上说，学校不能够完成道德教育的全部责任，今天不能把道德教育的全部过错

[①] 莫兰. 复杂性理论与教育问题[M]. 陈一壮，译. 北京：北京大学出版社，2004：4.

怪罪到教师身上。但是，我们也必须面对现实，必须思考：当面对一千多个孩子的时候，学校应怎么做？我们能不关心他们的心灵、他们的情感吗？我们不应该构筑一个家园，让孩子们在这个家园里感到安全、温暖和温馨吗？我在那个时候特别地感受到我们不能让渡这个责任。教育不能背负起全部责任，但是我们也不能让渡可以尽到的责任。我们一定要做我们能够做的事情。所谓"主体性"就是做能够做的事情啊！主体性也不是说全部事情都要做，但如果能够做而没有做，那就是没有发挥好主体性。

我们可以看到，只要有优秀校长的学校，学校教育就会很有成效，很多学校在校长的带领下取得了很好的办学成效。有次六一儿童节的时候，我先后被两位校长邀请到他们学校观看儿童演出。这两位校长曾经做过我的访问学者，一位在一所优质小学任校长，另一位在一所城郊接合部的学校任校长。两个学校的演出风格截然不同：那所优质小学的学生演出很有专业性，有舞蹈、钢琴等表演。那所城乡接合部的学校的演出风格却有另一番景象，主持人是家长、教师和学生，串场是家长，化妆师是家长，舞美是驾驶员、厨房师傅。来接我的驾驶员一路上讲着校长如何如何好的故事，他告诉我说，这次演出开头的场景之一"火"的效果就是他设计的，邀请来的大导演都说这个效果连专业的人员都设计不出来，从来没有见过这么好的效果。我就问他："你是怎么会的呢？"他告诉我说："我以前是工厂的工人，我就会干这样的事情。我帮我们校长想了很多主意。"他们演出的主题是"从传统走向现代"，从原始的刀耕火种演起，直到现代，并将现代公民教育的元素放到里面去，民族的元素也放进去了。节目全是他们自编自演的，让我很感动，这才是一所学校应有的样子！所以说，一所学校不是不可为的，一所学校一定是可为的！有了这样的校长就一定是可为的！从这个意义上讲，任何可能性都是可以产生的。当然，现在普遍的情况并不是很好。

生：因为升学压力等原因，现在教学似乎越来越没有"教育"了，教学越来越变成单纯技术性的东西了。这样，做了一段时间就发现做不下去了，在被动的情况下，学生发展受到瓶颈束缚。

朱：是的，学校教育走到一条窄窄的胡同里去了，片面地强化学生学习系统知识。实际上，通过德育可以实现教育的一种复兴、教育的回归，唤醒人性的自尊，激发出学习本有的快乐和创造，把人性中本有的东西给彰显出来。每个孩子都是愿意创造和学习的。哪个孩子不愿意创造和学习呢？不愿意创造和学习，大概也是因为受到打击了才不愿意创造和学习。我国学者徐志刚探索的"愉悦课堂"教学模式正是希望解决这样一个问题。他讲，现在是"德育拯救教育"的时候了，很有主体性的认识。

生：刚才您提到的"德育拯救教育"，在职业教育中也很迫切。我们在调研中发现，职业学校学生以农村学生居多，家长的文化素质普遍不高。这些职业学校的学生一般被认为道德水平不高，纪律很差。有的职业学校正是抓住了德育这个方子，把学生的培养质量提高了一个大的层次，如调研中我们去参观的安徽木工学校，通过良好的德育，培养出来的学生不但受就业单位的欢迎，而且待遇也比普通职校毕业生高得多。

朱：是的，这些学生都有一颗善良的心、一双灵巧的手，只是在统一的知识性评价中处于下风，被社会贴上了很多消极的标签。我认为在职业教育领域中，德育是可以走出一条路来的，职业学校学生的人文素质教育有很大的可用可开发的资源空间。尽管这些孩子文化课的成绩不太好，但是他们手是很巧的，可以通过多种方式唤醒他们人性的自尊和上进，这可能是职业教育的一条光明之路！

生：学校教育在今天变革如此急剧、文化价值观念日趋多样的时代中，的确也经受着重重压力，正如21世纪教育委员会在《教育——财富蕴藏其中》这份著名的报告中所描述的，"教育系统受到重重压力，因为它既要尊重个人和群体的多样性，又要维护那些遵守共同准则的需要所含的一致性原则。在这方面，教育不得不应付巨大的挑战，而且处于一种看来几乎无法克服的矛盾之中：一方面，人们指责教育是许多排斥现象的根源，加剧了社会结构的裂痕；另一方面，又要求教育提供帮助，以恢复本世纪初法国社会学家埃米尔·迪尔凯姆所说的'集体生活必需的相似性'中的某些内容"[①]。体制化的学校教育承载着这些梦想，也承载着多重的牵绊与压力，可谓举步维艰。

朱：是的，教育尤其是学校教育，承载着社会的梦想、希望与压力，走起来比较吃力。但正因为这种状况，才愈发显现出其价值。这份著名的报告同时

---

① 联合国教科文组织总部. 教育——财富蕴藏其中 [M]. 联合国教科文组织总部中文科，译. 北京：教育科学出版社，1996：38.

也说,"面对社会联系方面的危机,教育应担负起这样一项艰难的任务,即把多样性变成个人之间和群体之间相互了解的一个积极因素"①。教育需要时代的担当,从一定意义上说,"教育是一种手段,社会凭借这种手段为社会文化的传递或者发展提供保证,也为没有一种可行的文化而需要联合起来过不寻常生活的人提供了保证"②。

生:但是,有些学校却正在制造一些有悖于道德教育的现象,甚至是"反教育"的行为,这些行为不仅没有促进学生在文化方面的融合,而且对学生的道德成长和心灵情感带来很大的负面影响。频频曝光的一些案例,每每引发人们极大的关注和争议。如曾经报道的西安市某小学和昆明市某小学为学习成绩差的学生佩戴绿领巾,"标签化"的做法很容易给学生带来情感伤害。另外如让差生在寒冷的秋风中在走廊考试、体罚学生、差生为优等生进餐服务等事件,无不反映出某些学校在德育观念方面比较薄弱。

现在有个概念叫"冷暴力",这种行为在学校管理中也频频发生,如有的教师就把难于管教的调皮学生隔离开来,单独安置在教室最后一排的一个角落里,不让其他学生与之讲话和交流;还有的班级要全班学生投票决定要不要惩罚一个或者两个学生,这种形式对孩子心理的伤害可能更大。针对学习不好的学生,甚至有学校做出有针对性的"制度性"安排——每逢正规考试或者大型测查,那些考试成绩不好的学生就被通知放假,考试这几天就不用去学校了。这些教师的职业素养让人忧虑和悲伤。

朱:这些案例反映出来的不仅是教师素养和职业道德的问题,也是文化价值和制度建设方面的问题。更深层次来说,是异化的制度化教育造成的影响,只是在教师这里得到直接实现而已。

制度化的教育具有维护既定制度和社会秩序的作用,在变革如此剧烈的时代中难免有时跟不上时代节奏。大量外来务工人员子女随迁就学到了一定程度,国家出台义务教育阶段接收入学的"两为主"政策,状况有了很大改善,但在融合方面又遭遇一些新的情况,同校就学但被分别安置在不同的教学区的学生

---

① 联合国教科文组织总部. 教育——财富蕴藏其中 [M]. 联合国教科文组织总部中文科,译. 北京:教育科学出版社,1996:38.
② 尼勒. 文化的冲击 [M]. 方展画,唐晓杰,译. // 瞿葆奎. 教育学文集:第三卷. 北京:人民教育出版社,1989:448.

之间产生了一些隔阂。这些情况已经引起学界的关注，还需要深入研究和有效解决。

生：是的，学校应该努力营造一种文化融合的氛围和环境。在这方面，融合教育（inclusive education）思想是不是可以给我们一些启示和借鉴呢？在我国，"inclusive education"也翻译成"全纳教育"，其起源于特殊教育，原是倡导将残疾学生和有特殊教育需要的学生纳入普通学校学习的教育理念，但是现在已经远远超越了特殊教育的范围而扩展到了整个教育，被认为是"获取有质量的公平教育的重要途径"。

朱：是的，这可以提供一个思路和方向。联合国教科文组织 2005 年发布的《全纳教育指南：确保全民教育的通路》将全纳教育定义为"是通过增加学习、文化和社区参与，减少教育系统内外的排斥，应对所有学习者的多样化需求，并对其做出反应的过程。以覆盖所有适龄儿童为共识，以常规体制负责教育所有儿童为信念，涉及教育内容、教育途径、教育结构和教育战略的变革和调整"[1]。其核心是"忠实地把教育看作是个人和社会发展的基本要素"，"要保障所有学习者受教育的权利不会因为个人的特点与障碍而被剥夺，其最终目的是在于建立一个更加公正的社会"[2]。

这一概念的内涵仍在进一步得到丰富，已扩展到对文化差异学生及社会边缘学生的接纳。在当下文化、价值渐趋多元的时代背景下，学校德育是否可以从中汲取一些思想和理论营养呢？我认为是可以的。传统的统一化、标准化的道德教育模式需要做出一些调整，开放地接纳学生所承载的不同的、多样化的文化差异与道德差异，以"导"代"堵"，使道德教育不失之于简单粗暴。教育应该有志于创造一个有利于融合的文化，学校德育应该首先有勇气创造这种融合文化，也应该有这份担当！

当然，这种融合文化不单是靠校长或者教师去创造，还应该依靠学生去创造。学生本身具有文化和道德的资源，学生本身也具有主体性。

生：是的，学生的主体性应受到尊重和重视。像前面提到的浙江那所学校，学生近一半是外来务工人员子女，来自二十几个省份和十几个民族。学校在校

---

[1] 周满生. 全纳教育：通向未来之路[N]. 中国教育报，2008-8-5（3）.
[2] 联合国教科文组织. 全纳教育共享手册[M]. 陈云英，杨希洁，赫尔实，译. 北京：华夏出版社，2004：7.

长的带领下，充分尊重和发掘学生的主体性，推行"自我管理、自我教育"为主的"德育第一"的学生教育管理策略。面对学生在文化风俗、行为习惯、语言等诸多方面的差异，学校推行了传统儒家文明礼仪的教育，以《弟子规》等传统经典为知识和德育载体，大力培养学生的品格和良好的行为习惯，用校长的话讲就是"将不同的文化风俗、行为习惯，在传统的、共同认同的传统文明礼仪中达成共识"。我们去听课时，发现学生之间相处得很好，学生开朗热情，状态积极上进，风气很正。政教处主任告诉我们，这样的教育效果很明显，原来频发的逃学上网之类的事件，现在一学期也难见到一两起了；而且学生养成了良好的行为习惯，如见到垃圾顺手捡起来——对于一个可以顺手捡起垃圾的人来说，他一定是不会乱扔垃圾的。

朱：德育的效果在细节中可以得以彰显。这所学校的教育管理是比较细致和到位的，学生的主体性也发挥得比较好。

学校对学生的安置形式对于文化、价值间的差异和存在的冲突与融合来说，也存在一定的影响。就当下的外来人口在流入地入学事宜，究竟是混合分班好还是单独设班好，现在还有些争论。很多争论主要围绕知识性教学的方便与否。在社会和德育的层面看来，促进学生间的交流和交往，促进学生间的文化与价值观念的融合或许是更为值得关注的事宜。融合不是消解，是在尊重多样性的基础上达成和谐。美国在这方面面临着更加严峻的形势，也走过了一条坎坷的发展之路，他们的经验或许能为我们当下的争论提供一些启示——"不过，普通民众最终必须支持整合的学校教育。只有在整合的学校里，年轻人才能形成一种对他的同学发自内心的尊重，而不管肤色、教义、文化传统或者经济地位如何。我们是一个多种族的、文化五花八门的、政治上多元的民主社会。我们也是一个国家。而且，整合教育之真正目的，应是训练学生将来在一个充满着更多机会的更为广阔的社会里施展抱负，而不是使旧的不平等和差异千古不变"[1]。

另外，我们还要重视理解教育这条途径。理解，在不同的学科视角中有不同的内涵，在这里我们探讨的是人对人的理解，"所要把握的是人的本质属性，

---

[1] 尼勒. 文化的冲击 [M]. 方展画，唐晓杰，译. //瞿葆奎. 教育学文集：第三卷. 北京：人民教育出版社，1989：450.

即人的意义与价值，人与人之间的意义关联"。这个过程是"人以他的全部精神因素以期全面、完整地去把握自我或他人的精神、意义与价值。为此，理解的过程既不止于认知的过程，也不止于情感的过程，它所投入的是全部人格因素，它是对'你''我''他'作为人之相遇、相知、相通"①。德国哲学家狄尔泰的精神科学、伽达默尔的理解本体论、法国哲学家埃德加·莫兰的理解伦理学等，都为我们提供了重要的思想启示和借鉴。狄尔泰认为，理解在人的生活中是非常重要的，甚至是根本性的，是人区别于宇宙间一切事物的显著特征，并使人类的历史、文化、科学、艺术等各方面的成就成为可能。理解是我们认识自己和自己所创造的社会和历史的能力，是通过对体验的再现和认识而认识和把握生命，可以通过再现相同的情感、意志、目标、价值取向的过程而进行体验，进而达到理解。他在《历史理性批判手稿》中提出两条原理：一条是"理解就是在你中重新发现我"，一条是"凡人创造的东西，都是人可以理解的"。伽达默尔的理解本体论认为，任何一个理解者都不能完全进入、模仿和重新体验他人的心境，人总是在历史中理解历史。理解者总是带着自己的"偏见"进入理解和解释活动的；理解和解释过程不是在理解活动之前就已经存在的意义的重建，而是意义的生成。埃德加·莫兰复杂性理论指导下的理解伦理学认为，理解既是人类交往的手段又是目的，促进理解的东西是明智地思考、内省、对人类复杂性的意识、主观上对他人开放（同情），以及宽容。在文化、价值日趋多元化的时候，发现他人与尊重、理解他人，便成为道德发展的基础之一。因此，对学生开展理解教育，培养其理解性品质，增强其认知性理解、情感性理解和行动性理解能力，是一条促进文化融合的途径。

生：这让我们想起了国际理解教育，志在将和平的理念植入每个人的心中，对于推进文化融合很有启发。另外，《教育——财富蕴藏其中》这部著名的报告提出了"学会共同生活，学会与他人一起生活"的教育理念，并作为新世纪"四个学会"之一。书中写道："人类历史始终是一部冲突史。但是，一些新的因素，特别是人类在 20 世纪期间创造的奇特的自毁能力，正在增加冲突的危险。……迄今，教育未能为改变这种状况做多少事。……教育似乎应该采取两

---

① 鲁洁. 人对人的理解：道德教育的基础——道德教育当代转型的思考[J]. 教育研究，2000，(07)：5.

种相互补充的方法：首先是逐步发现他人；然后是在一生中从事一些共同的计划，为实现共同的目标而努力。"①

朱：除了以上提到的教育理念、模式和策略，我认为另一个重要因素是教师。"教师作为变革的因素，在促进相互理解和宽容方面，其作用的重要性从未像今日这样不容置疑。这一作用在21世纪将更具有决定意义。"② 有好的教师，才会有好的教育。在文化的冲突与融合中，教师也经受着一定的冲击，"教师是文化遗产的正式传递者，他们也是文化冲突的无意识反应器。教师经历文化冲突并使其内化之后，常常把它们传递给学生，因而使许多令人向往的教育目标受挫。这些冲突渗入正规教育的亚文化。它们出现在课程设计中、教学方法中、教科书和教学用具中、师生关系以及师资训练中"③。

尽管如此，行动力的第一人还在教师，教师是变革中决定性的力量之一。当教师对文化冲突、道德教育的挑战具有自觉的认识时，教育教学就会充满新的变化和效果，教育过程会成为一个"理智解放的过程"，"在课堂里，教师和学生都能考察和评价发生在文化中的一些变化。他们能研究时代的趋势，并且，就何者应受鼓励以及何者应予反对来说已形成一些观点"④。

所以说，教师是可为的，甚至可以说是大有可为的。"作为一个团体的教师，几乎不能期望导致政府和公众舆论不赞成的特定文化变革。但是，个别教师能致力开发他的学生的心智，以便他们作为有思想的能够评价他们的文化和社会的人而跻身于成人世界。通过言传身教，一个优秀教师也能将他的学生引向接受比当今社会许多人的那些态度更有启迪作用的态度。确实，竭尽全力使自己的学生抛弃偏见，这是一个教师的职责。因为任何社会远非完美，即使按照政治家们承认的标准也是如此，所以教师的责任在于：向学生提出一些人类理想，那些理想是接触该文化的思想家和艺术家过去描绘过的，而且同批评和

---

① 联合国教科文组织总部. 教育——财富蕴藏其中 [M]. 联合国教科文组织总部中文科，译. 北京：教育科学出版社，1996：82—83.
② 联合国教科文组织总部. 教育——财富蕴藏其中 [M]. 联合国教科文组织总部中文科，译. 北京：教育科学出版社，1996：134.
③ 尼勒. 文化的冲击 [M]. 方展画，唐晓杰，译. //瞿葆奎. 教育学文集：第三卷. 北京：人民教育出版社，1989：471.
④ 尼勒. 文化的冲击 [M]. 方展画，唐晓杰，译. //瞿葆奎. 教育学文集：第三卷. 北京：人民教育出版社，1989：473.

改善人类现状的东西是相一致的。"① 美国学者尼勒的这些阐述,在今天的中国,对于教师来说具有广泛的适合性和启发性。

教师还要对自身所受的文化影响进行自省自查,在教育教学中要注意策略方式,要在关键的时刻发挥作用,发挥教育智慧,就像尼勒所讲的那样,"教师应考察文化对他自己品行的影响。他应该仔细检查他自己的价值,并且努力寻找他们的根源。在他看来属于有价值的东西,在他的学生看来则带有偏见。除非该教师熟知他亲自发出的文化信号(culture signals),否则他不可能从对其学生的信号觉察中获得什么。同样,他应该学会区别有意义的和无意义的价值。一位儿童吃饭、饮喝、穿戴和玩耍的方式,比起诸如正直、诚实、忠诚、和气和三思而行之类的基本价值来,的确是不怎么重要的。一位教师因一位学生的衣着、修饰,或者吃饭的方式,或者因为某些其他微不足道的行为方式而斥责他,一旦与真正重要的价值打交道,这位教师简直无法指望赢得信心和信赖"②。

---

① 尼勒. 文化的冲击[M]. 方展画,唐晓杰,译. //瞿葆奎. 教育学文集:第三卷. 北京:人民教育出版社,1989:475-476.
② 尼勒. 文化的冲击[M]. 方展画,唐晓杰,译. //瞿葆奎. 教育学文集:第三卷. 北京:人民教育出版社,1989:459.

保留的立场

生：经过这些讨论，我们增加了很多感受，对理论研究也有了更深的体认，对文化冲突与融合的背景中道德教育所面对的挑战、契机和条件有了一些新的认识，在我们的研究视野中树立起对个体经验的考量和参照。但也有一分感受，教育承载着不可承受之重，作为理论工作者，深感责任重大，感到"路漫漫其修远兮"，不知何处是尽头。

朱：有这些新的认识是一件好事情，思想会逐渐获得深化，对外在环境的看法也会渐渐转变，行动也会更加自觉，主体性会更好地得以发挥。不过，发挥主体性也不是要求全责备，苦天下之所苦，永远只看实践中负面的和消极的问题，感受不到欣然的喜悦。对我们的研究和思考，我们还要审视：我们是不是真正回到了生活？如果是，我们就要直面问题，坦然地对待，看到这些问题存在的现实合理性，同时又不失理想，勇于去探索改善，把能做的事情做好了，就是发挥了主体性。

专题五

知识、课程与学校德育

问题的提出

生：纵观课改历程，结合我国目前的教育现实状况，比如德育回归生活所带来的对于知识意义的忽略，比如一些教师在注重活动的时候却疏忽了知识在道德能力向度的意义，在知识教学中因知识不准确、知识难度不够等所造成的认知浅显，以及因学生的阅读量、涉猎有用的书籍相对不足而造成的学生的知识面褊狭等问题，促使我们不得不进一步思考知识与道德形成具有怎样的关系，我们在教育实践中应怎样面对；教育对于人的内心的完善、知识对于教育的精神和气度，以及对于人的道德修养、精神审美有着怎样的关联；此类问题在现实中的处理是否需要深入理论层面的探讨，而在知识、道德与教育或者说教学之间关系的应对上又该如何展开，等等。为此请您谈谈进入这部分的意义。

朱：知识与道德的关系，及其所赋予教育的深刻与宽广维度，是德育乃至教育的一个起点性、奠基性问题，对于教育实践能够起到引领作用。而基于现实问题中对于知识、道德的误解，我们进入这部分的必要性也正在于立足于十年课改，反观我们的教师可能缺什么，我们的教育可能缺什么，这是我们进入本部分问题寻根溯源的价值和意义。就教育的知识形态而言，无论是在生命载体中抑或是在非生命载体中存在的知识，都离不开情感、道德的激活因、诱发因，从而使其成为生命存在的活的部分，在生命发展中奠定活的能量和基础，使其为生命发展提供蓬勃生机，这是我们教育中应该注意的。另一方面，对于德育时效性的问题，知识传递的本质意义和价值不在于数量，而在于它能不能激发道德能力。教育、德育要促进孩子们的生命成长，既包含了唤醒道德、激发情感，也包括了促进学生获得知识的能力以及自我教育的能量，进而加深他们的内心能量、人格内涵以及成长的潜能。因此真实地将生命主体的认知、情感与道德内化于心灵，这就涉及知识也超越了知识，涵盖了道德以及情感并扩展到生命主体本身，给予教育事件中一些问题的深入探讨。所以，进入到深层次的本质层面，也需要注重知识在场的全时空性、弥散性和生活性，不能偏重于任何一面。学校教育、课堂教学等教育活动应该结合孩子们身心发展的要求促进个体的成长，促进生命的真实绽放。一切的思考都决定了有必要回到知识与道德的更深层面，去挖掘、寻找学生心灵成长中的知识与道德的内涵与外延，进一步厘清这些基本问题，以促进德育理论和教学实践的拓展、明晰。

知识在道德形成中的作用

生：对于人的成长而言，没有知识就没有人的生命成长发展之养料，知识为人的终身教育奠定了基础。知识可以分为事实性知识（包括自然科学知识、社会科学知识和思维科学知识）与评价性知识，"评价性知识是人类社会历史过程中积累起来的价值经验，包括社会道德准则、理想、审美意识、情感和趣味、科学价值、理想等"[①]。从对人的必要性看，后者成为人类的内在需要。另外也可分为客观理性的知识与主观心灵的知识，在知识与能力之间的探讨涉及知识的效用与本质。我们发现知识是必要的，新一轮课程改革更加体现了知识的能力向度，对此，您能谈谈您的看法吗？

朱：知识对于教育具有必要性，这是不可否认的。从效用上讲，中国古代讲知之在人者谓之知，知有所合谓之智，"凡以知，人之性也；可以知，物之理也"（《荀子·解蔽》）。知识可以作为解蔽的工具。从本质上讲，逻辑分析层面上知识作为一种材料，包含了对于世界事物的认识和见解，并且进一步拓展和系统化，扩大到超出我们经验性的事物。不仅在知识的效用层面上，在知识与能力的转化层面上，柏拉图认为存在一种确切的知识帮助我们区分可见世界和可知世界，帮我们区分影子、映像等。同时，在人的认知过程中，知识转化为人的认知、理解和判断能力，而确切的知识赋予我们心灵以理性能力，就像阳光照在物上，我们产生了视觉的能力，然后可以看到事物。所以，太阳使得我

---

① 朱小蔓. 情感教育论纲 [M]. 北京：人民教育出版社. 2008：42.

们看到知识，太阳光也是我们看到知识的原因，那是能力的体现。

生：也就是说，知识的意义不仅仅在于知识对于求真的意义，也体现在其习得知识的过程中。人获得了对于知识的追求和探索的理性认知能力，从而具有了人的主动性与能动性，包括理性，而它们反过来又在人的生命进程中不断促进认知的发展，使得生命个体生机勃勃，具有更大的能力，从而"转识成智"，变成我们生活世界、生命成长的活水之源。这是否体现着知识在人的生命体系中的必要性呢？

朱：你问得很好。知识必要性的重要体现正是你所说的这些活水之源在进入到内心层面、个性层面的可能性。事实上我们对于知识的习得和领悟，将知识转化为生命中的活水之源，这不仅是在于对知识本身的追求，也是对于将知识内化到心中；不是停留在客体是什么的层面上，而是内化到主体自身的情感、道德、价值体系和生命成长之中。知识与道德、情感的紧密联系，为人的内心领域提供了营养。此外，知识也是人之精神的养料，是其德行各个维度之基石与支撑。人应当成为自己，人不会以他人为模型去浇筑自己，而是以自身的知识、情感和道德去塑造自己，这是他的精神养料。

人把自己的心灵成长投入到生命的雕刻中，即使不会成为群星中的一颗，也可以绿成青草中的一株。这种心灵的力量所带给生命本身的韧性与活力，并作用于文化的熔铸与陶冶，是对于精神力量的重要支撑。而知识根植于多元的文化也作用于文化并交互影响，从整体看，那也许是振幅不同的物理运动，就好像人的外在运动与他们的器官组织运作可以相映照进行观测，但是细胞内部纷繁复杂的活动则是拿再大的显微镜也看不明的一样。因此这正是人与人之差异性的体现，其体现了心灵内部的复杂性，以及人的宏观外部影响的多元性，人的现在只是一个进展，正如我们的此在是一个起点一样。知识以各种不同形式的活动、行为、生活方式、作息习惯等塑造、完善一个人、一些人。从纵向看，它成为一条链、一个习惯，然后成为缔造社会风气甚至是传统的影响因子，而文化是动态与静态、过程与结果、主体与客体的统一，因此知识、道德在文化中形塑了人，也完善人，影响着社会。

生：也就是说，必要的知识直接关涉人的主体性及其成长，我们教育中的知识必须要进入到人的生命之中。学习不是接收，而是生动的参与，习得的不是知识本身而是知识当中的意义。在知识的分类上，无论是实体性的知识与操作性的知识,还是客观理性的知识与主观心灵的知识,抑或是言传的知识与意会的知识,知识是人的经验、文化的调节器,通过课程、教学、评价,实现知识的传递和转化并促进形成人、完善人。在教育教学中,课程决定传递什么有效知识,教学规定了什么是有效的知识传递,而评价则规定了知识有效传递实现的程度。在各种不同类型的知识意义上,请您具体谈谈内化或者说转化到主体生命中的过程是怎样的,知识的必要性在主体内在完善过程中是如何实现的。

朱：从人的主体性讲,知识的形成,既要借助于感性被直观,也要使得对象借助于知性被概念,即对象被思考,感觉直接与对象相关的未被规定的对象即"现象",作为知性的质,而整理这些"质"的形式就是我们认识能力中的知性能力。知性的运用中所根据的完全不依赖于感性的是纯粹知性知识,是统觉的本源的综合统一,经验兼有感性与知性的色彩,知性带有主观实在性,而不是完全被动依附于客观对象。人的主体性能力使得人成为其自己认知的重要参与者,但是我们作为不同的个体,认知的个人参与度也不同。由此形成了不同的认知风格、文化性的差异等。过去,我们的课程就不太关注知识与价值的关联,从而忽略认知与情感态度、价值观教育的脱节问题,"现代认知心理学研究认为,在精神情感不发达、直接印象积累贫乏的情况下,形式主义地掌握大量知识必然造成人的感受性萎缩"[①]。知识要进入人的内心,因此应当注意知识的意义关联。从心理学层面上讲,在新知识与旧知识的关系上,对于过去的经验形成的统觉团不断纳入、吸收新观念,从而同化与顺应,人的意识、观念在知识形成中的作用也得以显现和提升。知识的形成、学习、开拓和深化,并不意味着重复生产原有的知识,而重在开拓未知领域、领悟未知领域,拓展内心原本没有的知识的意义。也就是说,许多知识可以成为后续知识的"前理解",从知识的形成到其运用转换,参与其中的感官、反思、建构,促进了反思性知识的生成,是人的自我思考的必然结果,助益于情感态度价值观的形成,从而促进生命成长。从知识本身的转化讲,其从一般意义上的"客体知识"通过教育情境不断走向生命化的动态过程,知识变得鲜活,储存在人的内心并沟通了人的道德、精神领域。这整个内心的航程中,人的认识能力本身也在不断提升和

---

① 朱小蔓. 教育的问题与挑战——思想的回应[M]. 南京：南京师范大学出版社. 2000：178.

拓展，它们是一体的。

从知识客体的分类及其转化向度上可分为一般知识（General Knowledge）和特殊知识（Domain—specific Knowledge）（如下图所示。它们都含有陈述性、程序性、条件性知识层面）。程序性知识中包含了技术形态的知识和实践形态的知识，"技术知识"属于可以言传的知识，类似于师傅带徒弟过程中的口耳相传，代表了一种明确的技术、规则等，而"实践知识"则需要在长期的实践中反思获得。如果说心灵是一张白板（洛克），那么知识的发生发展来源于两类经验，一是外部经验，一是内部经验。前者源自于感官等刺激，后者源自于自省、反省，也就是说对于经验的转化，知识的形式变化从而对于人的自我意识具有一定的价值。因此我们可以看到，客体知识已经在人的内心经验建构的过程中"活"了起来，从而具有了流动的质感进入到人的意识之中，进入到人的内心。

知识的分类[①]

	一般知识	特殊知识
陈述性知识	图书馆开放的时间 语法规则	直角三角形斜边的定义 诗歌《乌鸦》的诗句
程序性知识	怎样使用你的文字处理软件 如何开车	如何解答氧化还原方程式 如何在陶工旋盘上投罐子
条件性知识	什么时候放弃而去尝试另一种方法 什么时候略读，什么时候精读	何时用公式计算体积 在网球运动时什么时候到网前拦网

四种知识的转化模式[②]

转换过程	知识变化
1. 社会化	从默认知识到默认知识
2. 外在化	从默认知识到明确知识
3. 合并	从明确知识到明确知识
4. 内在化	从明确知识到默认知识

进一步阐释这个知识的内心航程需要注意的是参与个体生成的知识具有个

---

① WOOLFOK A. 教育心理学（第十版）[M]. 何先友，等，译. 北京：中国轻工业出版社. 2008：266.

② 艾莉. 知识的进化 [M]. 刘民慧，译. 珠海：珠海出版社. 1998：88.

人性，此外还具有默会性，缄默知识（或"默认知识"）是个体私人独特的背景知识，默会思维证明了"心灵的能力超过逻辑推理的能力"[1]。默认知识主要依赖于个人独特的经验、反思和洞察，成为以"意念模型"为中心的经验，包括概念、形象、信仰、价值观等，包含来自实践经验的技术知识。而明确知识则是一个人以系统方法传递传达规范原则的知识，主要通过沟通传达传递。运用知识包含了重复、联系、应用与解释，知识也可以用于解决问题，不仅仅是对其他事物的联系的阐明和解释，还体现为运用专业性知识和技能解决新出现的问题。应用知识远比重复和联系知识困难，它需要使用知识来理解情境，理解从而解决问题或者转化为缄默知识，在应用的层面上则包含了知道和理解的维度的差别。实践知识是内在于主体自身的相当于技能知识的"缄默知识"，但是技术知识与这种技能知识还存在着差异，一个人可能在技术的层面上知道"怎么做"，但是并不一定代表在实际中他一定会做这件事情。人的意识的过程中，"焦点觉知必定是有意识的，而附带觉知则可以有各种不同的意识深度"[2]，在意识的层面上，从缄默知识到明确知识，知识形成与能力的获得是不断进行动态变化的过程。而事实上有助于道德形成的知识不一定是明确的知识，它可能是先通过一定的过程习得而内化到心中，成为缄默知识，而后在内心中做出判断，形成行为处事的行动等外在化的东西。在这一过程中，缄默知识逐渐在其主体性行为中得以明确、清晰，厘清了对于自我、他人和世界的观点和看法，即世界观价值观人生观，转化为明确知识就在这样的过程中。知识的转化、内化促进了道德的加深和延展，从而知识作为人的发展和生命成长的养料，如活水之源蕴涵着生命能量的生机与能量。

生：也就是说知识的内化也与人的生命成长息息相关，在人的内心完善的意义上为人的主体成长提供了可能性之基石，为人的内心和谐、个体自我意识的成长提供了活水之源。在新一轮课程改革中，德育强调的情感态度价值观向度、能力向度、知识向度的三维目标统整，为德育的理论与实践开启了新了视野。您能不能阐述一下知识、道德及其联系对于人而言具有怎样的意义？

---

[1] 波兰尼. 个人知识——迈向后批判哲学 [M]. 许泽民，译. 贵州：贵州人民出版社，2000：399.

[2] 波兰尼. 个人知识——迈向后批判哲学 [M]. 许泽民，译. 贵州：贵州人民出版社，2000：138.

朱：你问得很好。教育作为社会的核心力量，在为其培育更深刻、更和谐的人的层面上，强调德育的突出地位，意味着教育使得每个个体成长为了解自我、他人以及世界并且走向统一的艰难历程。这需要开启内心的航程，意味着知识、反思与自我批判精神。《教育——财富蕴藏其中》阐述了在一个知识变革迅猛的学习型的社会中，终身教育作为打开21世纪光明之门的钥匙，同时强调了德育在其对于铸造人格、发展个性、增强批判意识与行动力层面的重要意义。"报告认为，'学习社会'建立在获得知识、更新知识、应用知识这三者基础之上，而这也是在教育过程中应强调的三个方面"①。在全球范围尊重多样性的基础上克服故步自封而发展自己、克服闭关自守而了解他人是非常必要的。任何形式的特性都是复杂的，当个体差异在不断显现和冲击的过程中，个人与他人、集体的关系也在不断地相互作用，否则，我们的内心如果缺少了道德与真理的制约与引领，缺少了知识的支持与涵养，还能走向善良与光明吗？知识、道德具有相互关联性，这种作用在内心认知、判断的变化中，引领主体自身由自在的个体向着自为的个体发展，实现自我教化和成长。认识到家庭、地区、本民族、国家甚至更大范围世界的意义建构，从而实现自我意识的成长与发展，实现个人知识的拓展，引导人们寻求人类理性与道德之团结，意识到环境、人口、战争、动荡、贫困等危机，意识到自己今后对于人类遗产与文明的担当与责任，进而生成关怀世界的意识。从个体成长的向度上，知识的发展在有助于学生拓展认知能力的同时，促进学生养成独立思考的能力，亦即自我意识与自我反思的意识、其认知能力的成长，包括认识自己、他人以及社会、世界的联系，并为其终身发展奠定基础，从而通过这一点散发和延展到更为广大的层面。

生：也就是说道德促进个体意识到自身、他人与世界的意义，从人的内心出发是我们每个人自身发展的需要，因此我们的教育不应是表面意义上的规范和移植，而是适应学生的成长需要，促进青少年形成健康的道德品质、积极的人生态度，形成正确的世界观、人生观和价值观，使他们成为自己，并生发出心灵的道德能力。您在《教育的问题与挑战》中就指出，"人的内在素质要通过外在形成，且又会表现为外在操作。这里，内和外是相互转化的"②。知识与情

---

① 联合国教科文组织总部. 教育——财富蕴藏其中[M]. 联合国教科文组织总部中文科，译. 北京：教育科学出版社，2006：3.

② 朱小蔓. 教育的问题与挑战——思想的回应[M]. 南京：南京师范大学出版社. 2000：173.

感在某种程度上是互为目的的，并在个体道德、知识形成中具有重要作用，包括对自己、他人、社会的认知，包含着主体情感的激活与参与，内心知道该如何做好判断，这是源自于内心的理性选择所形成道德的能力。正如我国古代把道德教育作为教育的重要方面，注重修德立人，其正是看到了道德本身对于人之为人的意义。德者，得也，行道而有得于心者也，体现为主体的自身道德能力的获得亦即内心能力的成长，对此您是怎样看的呢？

朱：人的个性倾向包括动机、信念、理想、世界观等，心理过程包括认知、注意、意志等，主体性包括自我意识、良知等都有交互作用。而人格因素、内在心理机制等的表达也进一步作用其内在机制，从而促进人的内心能力的完善，人的道德意识、观念与行动及其对于外部与内部行为的体验促进道德情感升华。理性的意义使得人们不满足于追求意见意义上的善，也就是表面上的善，而是去追求实在意义上的善。

对于道德的学习，"学习道德显著规则并不是要学习 x 或 y 是一种道德记号，而却是要学习道德识别并且回应 x 和 y，把它们作为道德标志"[①]，因此对于道德结构中的各个因素亦表现为道德的基本维度的层次性、融合性，从先天素质层面上的本能、气质、冲动等，到性格层面，再到精神、意识层面，是相互联系并且动态发展的。从心理学的视角上也可以理解为道德形式维度、内容维度以及对于心理能力维度的表现三个层面上，形成的多层面、多方面的统一体。此外一个人的内心能力也表现为对于人格的把握上的自我意识以及理性自主的内涵，我们意识到环境、他人等，尚不属于自我意识，当我们意识到环境、他人这些事实的时候，我们拥有自我意识，也就类似于"我思"的层面。在自我意识的发展中，伴随时间意识的推进，人的道德意识得以加强，自我约束、自我教化的能力也得到加强。这就反映到了道德的成长中，不仅仅在不断与自我、他人、社会、国家、世界的意识发生关联，也在不断敏锐的内心判断中让道德敏感性得以加强，成为道德能力向度的提升因素，从而促进自由与公正的社会的建立与完善；以及拓展到国家与国家的理解与共识之达成，体现着知识与道德的活的关联及其在教育中的可能性，也体现了道德教育的可能性。

生：当今德育的重要问题是知德分离、智德分离并与情感脱节。道德的结

---

① 赫尔曼. 道德判断的实践[M]. 陈虎平, 译. 北京：东方出版社，2006.128.

构，包括道德认知、道德情感、道德意志以及道德信念等，是一个活生生的整体，在知识与道德之间、德行之中，这里面的一经一纬都与个体生长息息相关。无论是事实性的知识、评价性的知识或者是人事性的知识，从主客体关系上助益于认识道德价值的学习，并把人与人之间的情感与知识也作为道德价值的影响的重要层面涵盖到了其中，直接或者间接参与人与人的道德交往关系，而其领悟、获得的经验与体会"更多地通过生动的直接接触，表现出亲近感、认同感、自豪感、内疚感，直达人的感情喜恶、爱好、偏向与兴趣，使参与主体在思想、情感和意志方面相互渗透、交融与互补，使每个个体原有的自我感和人际感增添新质，形成新的、超出任何原有个体的通性"[①]。道德、情感作为人的内心能力所反映的一个重要层面，也是认知成长的激发因与诱导源，德行自身与知识、情感共同作用使得人的发展成为一个活生生的主体，这个联系您能具体分析一下吗？

朱：在教育中，知识与道德的关系在整个教育体系中是很重要的理论基点，但更离不开情感的激发因与诱导源。主体的"我"对于他人的判断产生的道德行为，就教育的知识形态而言，无论是对于生命载体抑或是非生命载体中存在的知识，都离不开情感、道德的关联，从而使其成为生命存在的活的部分，在生命发展中奠定活的能量和基础，使其为生命发展提供蓬勃生机。对于知识在道德中的意义，也要认识到知识、情感、道德之间的相互联系，不在于其有多少知识，而在于其有多少有助于道德能力的形成和拓展。而情感作为认知、道德的激发因与诱导源，与其有间接的关联，为知识和道德搭建了有机的桥梁。在人与人之间的情感、共通感层面，情感的关怀促进了道德行为的发生并伴随道德情感体验到精神审美。

一个社会越发展，人的心灵越需要充实。在真善美的问题上，知识本身在性质上并不必然地与人类福祉直接相联系，但是却一定与人的完善和美好相联系。道德情感是人类的高级情感，区分为对自己的自我认同感、自我适应感、自我同一感、自爱自尊感，对他人的同情关怀感、体贴仁慈感、友谊真诚感、善解人意的挚爱感，对自然的敬畏感、亲近感、秩序感、护爱感等，具有内容（A）、形式（B）、能力（C）三个维度。

---

① 朱小蔓. 情感德育论［M］. 北京：人民教育出版社. 2005：44.

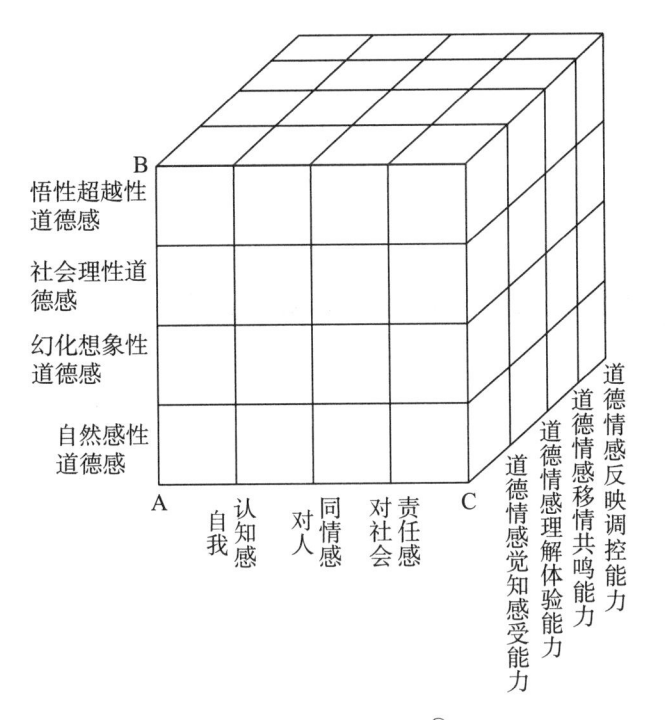

道德情感三维结构图[①]

另外，知识在与审美、情感的作用层面也与想象力和鉴赏力相关联，比如马利坦提出的"诗性知识"[②]，也表现出想象力、鉴赏力、判断力与知性之间的联系。这种知识的产生和存在都不以思辨为基石，蕴含了创造的动力，更倾向于美学的意义，可以作为对于思辨知识的一种补充。艺术鉴赏力、情感审美等知识也间接与道德发生着关联。一个人可能不懂社会学、心理学或者宇宙论和伦理学知识，可是他的作品里会无意识地蕴含这些精神以及境界，这是一种"非概念性的知识"。

---

① 朱小蔓. 情感德育论 [M]. 北京：人民教育出版社. 2005：73.
② 他的直觉，创造直觉或情感，乃是同时关于其自身和万象的一种朦胧领悟，要运用物我合一，或者一脉相通，这种领悟仅仅在作品之中成形，结出果实而且发现表达，这种领悟，凭借浩然之气，追求的是创造和制作。这种与一般所谓知识判然不同的一种知识；这种知识无法用观念和判断来表达，这种知识可谓经验而非知识，而创造经验，因为冀望的是达到表达，而且只有在一个作品里能够得到表达。这种知识不是先前存在的，或者是创造活动的先决条件，而是融人其中的，与形成作品的活动过程化为一体了，而这恰恰就是笔者谓之诗性知识的含义。——马利坦. 论人类知识 [A]. 教育：让人成为人 [M]. 杨自伍，编译. 北京：北京大学出版社，2010：244-245；246.

思想品德课程教学与品德教育

生：在德育实践层面，从教育改革实践的历程看，我国1999年启动第八轮基础教育课程改革调整和改革基础教育的课程体系、结构与内容，2001年9月开始在全国38个实验区试行。但是在具体的德育实践中，学校在品德课教学中面临着一些实际问题，比如调研情况显示，品德课教育教学对于青少年的影响，包括道德认识、能力的向度，有的青少年学生对于道德知识的认知是很混乱的，有的是模糊的[①]，对于此类现象我们是不是需要深刻反思，其中，品德教育教学过程中我们应该如何作为？

朱：其实，我们前面已经谈到德行之"得"，必须进入到主体者的内心。再来说教育教学，它不该是移植或者转移，也不应是模仿与规范。有关德育方式的数据调查显示，被学生认可的具有实效的教育方法是说理疏导、情绪感染、

---

① "最高比例的是大学生群体76.3%，最少的小学生也达到33.8%的比例群体……另一方面，仍然拥有不容忽视数量的被调查学生处于道德价值判断不准确或模糊状态。……认为不会受到网络游戏中自私、攻击、浪费等负面道德价值观影响的被调查学生有53.3%，但仍然有21.1%和25.5%的被调查学生徘徊在'说不定会情不自禁地受点影响'和'不知道会不会受影响'的模糊边缘。又如，仍然有31.3%的被调查学生'说不清楚'自己会不会对一件不肯定的道德行为去参照媒体信息。"见全国教育科学"十一五"规划国家重点课题"社会变革时期青少年思想道德发展的新情况与对策研究"总报告36。

自我教育、讨论对话、艺术熏陶①，在理性能力的应用上，真正的理性不是技术理性、工具理性，而是在每个人内心运用我们的自主理性，其能够范导道德行为选择，促使我们从此在向彼在推进的进程，使得我们不断发现自己的当下存在，即自在的存在，并走向自为的存在，从而实现自我的教育。我们的说理疏导以及自我教育正是符合了这样的方式，而其他则源自我们上面所讲的判断力的方面，包括了人与人之间的关系。德育注重主体性的唤醒和激发，寓情于理，情理结合，主体才能够与自己、与他人、与社会相关联，去反思、理解、体悟，于是他们自身内在价值判断不断升华。因此，德育不是灌输与约束，不是模糊地接受或被规范，只有进入到心灵的道德才是生动具体的，"善只会在自由中绽放。它不会在'说服'的土壤中生长，也无法被强迫，也不是追求回报的结果。只要存在任何模仿或服从，它就不会显现。只要有恐惧它就不会存在"②。善是通过行为体现的，而这样的行为是基于敏感、观察与体验，通过行动亲历感受和体验、生命的经验分享以及对话、辩难、质疑逐渐成为品德课程的基本学习方式，善是在行动中表达的。

生：新课程改革强调知识、能力的获得，从对于情境的关注，到兼顾交互取向意义上的过程掌控，通过参与学习者主体本身的协调和联盟，并依赖于其中的会话理解，在这个过程中实现了知识的不断学习与超越。近年来，随着神经认知科学、脑科学以及心理学研究对于学习、认知领域的拓展，学习与知识的领域更为明朗，我们也更加关注到学习者主体本身的特征，了解主体的学习是怎样产生的，基于此来思考如何促进和加深学习的认知，拓展道德实践能力，

---

① "被中学生认为有实效的道德价值观教育方法，按照被认可的频度，排在前五位的是：说理疏导（798，18.8%）、情绪感染（720，17%）、自我教育（572，13.5%）、讨论对话（773，18.2%）和艺术熏染（588，13.9%）；被大学生认为有实效的道德价值观教育方法，排在前五位的依次是社会实践（1578，89.7%）、家长身教（1399，79.3%）、榜样示范（1362，77.0%）、校风校训熏陶（1112，62.8%）和课外阅读（1149，65.0%），而教师讲授的材料（839，47.5%）、班会（530，30.0%）和游戏（400，21.1%）稍逊于以上五种方式方法；职业学校学生对有效德育方式的选择，排在前五位的依次是家庭影响（2425，70.3%）、实践活动（2267，65.7%）、同学间影响（1816，53.9%）、教师人格影响（1642，47.6%）和校风校训熏陶（1237，35.9%），而教师讲授（1234，35.8%）、社团活动（1192，34.6%）和电视节目（1146，33.2%）稍逊一些。"见全国教育科学"十一五"规划国家重点课题"社会变革时期青少年思想道德发展的新情况与对策研究"总报告40-41。

② 克里希那穆提. 教育就是解放心灵 [M]. 张春城，唐超权，译. 北京：九州出版社. 2010：3.

深化情感体验。

朱：学习是一个知识发生以及自我意识参与其中的过程，觉知、注意是带来思想敏感的因素。一个有生命力的问题吸引了我们的眼球，我们开始去关注与探究，从而发生了学习。学习是生命固有的现象，它无时无刻不在发生。我们必须要清晰地认识到"知识是围绕对'我们是谁'的理解而组织起来的，如果我们能够扩展知识，那么我们必须看清创造知识的自我。如果我们要掌握知识时代并且向前发展，那么我们就必须学会向我们的目的、价值提出一种自我反省的艺术"[①]。各门知识如果能在这些因素的带领下走入学生的视野，使得知识的意义为他们敞开，他们就能够捕捉到语言、词汇甚至是教师的语气，从而捕捉到知识的"重要感"，引起学习的兴趣和努力的意向。

前面我们谈到知识的个人性与默会性，事实上我们可以这样认为，知识的获得意味着精神的参与、情感的诱导与道德性的形成等，包含着意义向度的精神建构。知识成为人的内心世界、精神领域的有机组成部分，并形成了新的意义建构的活水之源。知识与人的关系在于深入到人的内心，而不是外在的掌控与占有，因此知识的获得也为我们自身发展、与他人和世界的关系奠定了基础。事实上，我们通过这些探究可以这样认为：人类的纽带就是源自于你我之间的感知、体悟与关怀，从小的单位不断扩大到大的范围，不断延伸着你与我之间的共同部分，就像呼吸相同的空气一样。人与他人的情感道德关怀以及这个过程中对其自身道德能力的互相作用，形成了内心的脉络，是隐含的，却活生生存在着；在外部形成了人与人之间联系的脉络，是生动而具体的、鲜活的。

脑科学研究发现，"他心想象力"所在的区域——"前额叶"被激活的同时，还激活了前额叶腹侧和扣袋回之间的一个区域，后者与"社会认知"密切相关。人与人之间的主体的共通感，也可以理解为"他心的知识"，由体内变化到外在的行为，在我们体内是一个系列，就像他人一样，这些是我们经验到的真实的存在，在这里不一定是量化的模式。人的同感移情使得"我"在感受他疼痛时与感受到"我"疼痛时的东西相同。这些相同的东西成为我们之间相处的知识，我们通过这样一种理解、推理方法，去感知和理解他人，去检验和感知他人的心境。他人有时候也可以通过这样的直接的非推论性的知识来感知我

---

① 艾莉. 知识的进化 [M]. 刘民慧，等，译. 珠海：珠海出版社，1998：339.

们心理的喜悦与悲伤，就像家人根据我们的行为表现来感觉我们是否生病了、是否不舒服一样。"我"疼痛时，是我们自己的感受，当我们看到他人的疼痛表现时，却是他人外在的行为表现，而不是我们自身内在心理的完全表征。我们虽然不能把疼痛像归之于我们自己一样去归之于他人，却在一定的标准之上能够感受到他人的疼痛，从而关心他人、理解他人。这是我们关于他心的知识所产生的德行的伦理关怀。这源自于自我观察，或者说自我审视，产生了对于自我的意识，这种自我观察的过程和程度由主体自身自主完成。

生：也就是说在道德与主体能力的养成上具有隐含性、主动性、开放性、实践性、情境性以及情感向度的特质，有着对于可能世界的把握性体悟、对于应然世界的考量与追求，这些使得道德又具有超越性，引导人生意义从实然走向应然，不断超越现实的境遇而进步和完善，去创设人生、社会和世界的价值。那么，思想品德课教学应怎样融入知识从而促进思想观念、道德品质和综合素质的提升呢？

朱：德育是人自身成长发展的必要内容。反观中小学品德课程改革过程，品德教育已经注重人与生活、社会之间的知识联系，注重知识的弥散性、综合性，在中小学思想品德课标中开始关涉到成长中的我、我与他人和集体、我与国家和社会的课程内容，让思想品德课成为基于学生生活而引导和促进学生思想品德发展的综合课程。

首先，在学科逻辑上注重生活层面的意义指导，更加生活化地选择教学内容，以形成学生的道德知识。比如个人层面上，从悦纳自己的生理、心理的协调发展，到客观分析挫折和逆境，寻找有效的应对方法，养成克服困难和开拓进取的优良品质。

其次，在生命意识上从较为隐性走向较为显性，体现出生命教育的内涵与追求，为学生的生命成长服务。例如，珍爱自己，包括生命是神奇的、珍贵的，关注生命安全，使生命变得充实；关爱自己，关爱他人，不侵犯他人的生命健康权利，当他人生命安全受到威胁时伸出援手；在人与人之间的关系的处理上，在我与他人、集体的层面上，注重文明礼貌交往，了解青春期闭锁心理现象，在与同学、朋友、成人的交往中体味交往与友谊对于生命成长的意义。

再次，在代际交流上，注重双向交流与互动，达到共同成长。例如，体会父母养育的艰辛，克服逆反心理，孝敬长辈，平等沟通，了解教师和师长等；

在集体中成长，正确认识个人与集体的关系，帮助他人，与人为善，诚实守信；了解公民的基本权利和义务等；关注社会发展变化，增进关心社会的兴趣和情感，养成亲社会行为，合理利用互联网等传播媒介，养成积极的媒介评判能力，理性参与公共生活，知道责任的社会基础，努力做负责任的公民，爱护公共设施，遵守公共秩序。

最后，在社会主义核心价值体系上，从认识国情、爱我中华着手，知道我国的人口、资源、环境境况，形成可持续发展意识；了解祖国科教发展情况，认识科技创新、科教兴国的重要性；学习中华文化传统和习俗；知道祖国在世界中的地位作用和面临的际遇、挑战，树立全球观，增强为世界和平与发展做贡献的意识与愿望；在法律与秩序层面上，知道中华人民共和国宪法是我国根本大法，体会依法治国基本方略，增强环保意识，履行环保义务，增强公民意识等。

生：对于青少年的道德发展，科尔伯格将其划分为四个不同的阶段，第一阶段为前习俗水平，包括了避免惩罚和服从权威的相对主定向阶段；第二阶段为习俗水平，包括了人际关系的协调与遵纪守法的定向阶段；第三阶段为后习俗水平，包括了普遍的伦理原则的定向阶段；最后一个阶段体现为理性的加强。我们应怎样遵循学生品德形成的规律来进行教学呢？

朱：青少年学生品德的形成是内外多种因素交互作用的结果，既包含着主体内部的道德认知、观念、判断水平、评价能力、归因风格及道德情感等，也包含外部的社会风俗、集体规范、教育方式、榜样学习、师生互动、奖惩结构等，它们共同影响着个体的道德形成与发展。在主体特征方面，包含着内心向度与心理结构特征，教学中的知识不断被建构而赋予主体认知的能力、概念化的能力、思维的能力，包括反思能力、自我意识的发展等，这些能力对于后来的探究和学习、思考有重要的意义，它在寻求中增长。"认识之前我们的智力犹如一种无形的生机，有待塑造成形；一旦凭借自身的抽象能力，智力通过感官而获得了对客体的可以理解的印象，智力便变为那个客体，而通过智力从印象中产生的概念，又将客体推向终极程度的形成过程和可以理解的客观存在。"[①]

[①] 马利坦. 论人类知识 [A]. 教育：让人成为人 [M]. 杨自伍, 编译. 北京：北京大学出版社, 2010：242.

事实上，关于道德知识的学习过程总是弥漫着情感、道德的丰富体验与理解，学习者的情感不仅作为其价值好恶的标识器。这些情感作为个人化的感觉经验不断积累和选择性享用，便构成学习者主体朝向一定价值方向的内在经验，经不断升华，使得知识、情感、道德在内心形成不断的作用力，促进人的成长。对于人的智能的形成，在加登纳看来，智能本身可以用逻辑理智智能来表征，也可以用情感体验智能来表征，各种智能都离不开人格智能的意义。智能来自于潜能的转化，重视支持性文化情境，它指的是个体外部存在的对其运用领域的情感氛围，包括支持、肯定、赞许的态度等，以个体内部的适应感、成功感的内环境，为智能的转化、冲突与再转化提供了支持架构。学生自主的前提在于教师能够去引导，同时也能够提供一种感化、教化、道德化的策略。事实上教师发自内心的快乐也是一种促进学生学习的资源，在不自觉中就传递给孩子们能量，而在教师的快乐背后，是他们敬业精神的体现。教学不止于知识，不停留在知识，为师生各方面的发展奠定能量。教育就是在情景化的与知识相遇的过程中让孩子们走上成人之路的航程。

生：从知识的获得感知阶段，到具体情境下解决和叙述一些问题，再到最初的逻辑行为能力，需要把一定的感知知识内化，是一个循序渐进的过程，从而以符号知识来代替，掌握一定的认知技能，进行运算和表达、描述。青少年从混乱的阶段到体系知识的建构，存在着主体认知、判断能力的提高，包括了同化与顺应。那么，教学在知识意义的匹配上应该提供怎样的支持呢？

朱：学习者的学习认知、体验与理解的形成，从而反思、建构，进而为后续的知识提供了学习的基石，也为其认知能力的增长提供了土壤，并且这种建构性将会为其思维匹配到适合的意义，这种意义的"匹配"使得学习更加顺畅，使得学生既不会在简单的问题中厌倦，也不会在艰难的问题中迷失。此外，我们还需要强调的是，在情境中，我们认知过程中的言语思辨、反思探究等可以找出知识的意义与内涵以及新的实质性问题，引领新的教学任务。

学习资源的剧增，对于学习的便捷性和即时性产生了重要影响，但是有数据显示，传统意义上的书本、教师的教授仍然具有很重要的意义。知识与文化包括共同体文化是有联系的，知识本身与学习的情境相关，脑科学以及学习科学研究表明，学习者需要在一种情境化的模式中建构自己的知识。当然这里面也要考虑迟钝的学习者与敏捷的学习者之间的差异，以及学生之间也存在学习习惯等方面的差异，包括兴趣、认知倾向、知识累积和接受程度等。分班作为一种学校组织模式，常常把能力、成绩相当的学生分到同一个班级里，以促进获取知识和接受教学实践的进程。这里面自然少不了对于学生能力和成绩的评估，但是目前通常是通过分数甄别，而较少考虑学生的学习行为、个体差异、兴趣领域等，所以会有一定的偏差。学习的"脚手架"在这里不仅仅是教师以及同伴，还有教学设备，比如计算机与学生之间的交互，在软件中搭建学习的建构方法，创设学习情境，通过知识整合促使学生学习能力的提高。

生：我们刚刚谈到的是从教学的纵向上对于学生品德形成规律的遵循，那么在横向上，在教学课堂真实轨迹的配合上，对学习者的认知能力、实践能力、反思能力的变化、更新与促进而言，我们在教学内容中应该如何融入知识，运用合理的方式方法促进道德能力的形成呢？

朱：孩子们大部分的时间在学校里，所以教学起着关键的作用。专门的德育课的优点在于直接教授关于道德的知识，并且对于一些复杂的道德问题进行专门和深入的探究和实践。在教学上引入了情境式的"因地制宜"，包括该活动的时候去活动，该讨论的时候去讨论，该讲授的时候去讲授，以期促进学生的内化吸收，转化为心灵的能量，助益于道德能力的培养。

德育方法上，把德育目标渗透到人的发展本身，重视自主性，重视教化和内化，变单一为综合，变规范为引领，使得学生文明化、道德化。在教学内容上，比如一年级的思想品德教材中，由于小学生活刚刚开始，学生充满新鲜和好奇，所以从他们的生活逻辑出发，重视对于校园生活的情感陶冶，培养积极健康的生活态度与情感，而不是生硬的灌输和说教。第一单元的"我上学了"主题中，教材中把班级当作家，其中就包含了"知道自己是小学生了，喜欢上学，初步熟悉学校的环境，学习利用学校中的设施解决自己的问题；遵守学校生活常规；知道要讲礼貌、守秩序"[①] 等要求。通过引导学生主动行礼、问好、互相尊重，交流对话，在愉悦情绪情感的体验中回忆第一天上学的所见、所闻、所想、所做，增强同学们积极主动的交流意识。这中间知识已经融入了校园生活中、班级生活中，同时也将促进师生建立民主、平等、和谐的关系。

---

① 戚万学，傅国亮，刘建效. 义务教育课程标准实验教材品德与生活教师教学用书. 一年级上册[C]. 北京：教育科学出版社，2002：1.

活动过程中,知识是镶嵌在情境中的,包括引导孩子们去活动、实践和操作,在情境中激发情感、深化认知,形成道德意识和行为判断。以下是促进学生专心听讲习惯的建立,以及引导其寻求知识、帮助同学的案例。

活动三　认真听讲
师:同学们两手都拿铅笔,左手画圆,右手画正方形,试试看,能画好吗?
学生自由画,并进行比较。
师:刚才同学们都试过了,能画好吗?
学生:不能。
师:同样的道理,如果我们课堂上一边听课,一边想别的事或做别的事,我们能学好知识吗?我们应该怎样做才好呢?
学生小组交流讨论。①

课件情境(二)　大风大雨
蓝猫:天公不作美,突然刮起了大风,下起了大雨,路很滑。同学们,你们该怎么办呢?(学生自由讨论后汇报)
学生:我不乱跑,就在房檐下等妈妈来接。
学生:房檐下已经挤满了人,我就在大树下躲雨。
学生:《十万个为什么》中说下大雨时不能到大树下、电线杆下避雨,这太危险,容易被雷电击中。
师:你懂得的知识可真多,老师要向你学习!老师注意到有的同学带了伞,谁愿意与同学共用伞回家?
学生:(争先恐后)我!
师:你想帮助谁?
学生:林一兵与我住的方向相同,我们可以共用伞回家。
师:你们这时候都会说什么、做些什么呢?请其他同学注意观察,看看哪些地方值得我们学习。

---

① 戚万学,傅国亮,刘建效. 义务教育课程标准实验教材品德与生活教师教学用书. 一年级上册[C]. 北京:教育科学出版社,2002:11.

学生：风很大，路很滑，我们可以手拉着手向前走，这样就不容易摔倒。

学生：看到同学摔倒了，我们赶快把他扶起来。

蓝猫：小朋友，你们做得很好。放学时，虽然下着大雨，但通过大家的团结友爱，互相帮助，你们都战胜了困难。①

在情境化的主题活动的创设中，孩子们思考探究生活中的道德知识，促进了道德认知、情感、体验与领悟，是一种直接的道德教育。在这个过程中，教师遵循学生的年龄、心理特征，激发其自主探究、反思总结，促进其道德实践能力的提升。

又如在引导学生对于大自然的了解与热爱的课堂教学中，采用了小组活动形式，让同学们通过另外的方式来感受自然界。

"大自然的调色盘"小组活动

· 观察太阳、天空、云朵的颜色及其变化。

· 找一找形状、颜色不同的秋叶、小草、花朵，并适当收集。

· 说说秋天各种不同果子的颜色、名称。

教师参与活动时，欣赏孩子们收集的样品，倾听他们的感受，分享他们活动的快乐。引导孩子们比一比，春夏秋冬自然景物颜色有哪些变化？探究一下，为什么有这些变化？想一想，能用不同颜色的草叶拼成一幅画吗？能画出早、中、晚天空不同形状、颜色的云朵吗？还有什么新点子吗？②

在这个过程中，对知识的探究伴随了对大自然情感、态度、价值观的引导，通过教学内容的组织、活动的安排、师生的交往交流、同伴的影响、亲社会的行为等，使得教学本身具备了德育的可能性，潜移默化中润泽了学生的心灵，启迪了学生的智慧。

---

① 戚万学，傅国亮，刘建效. 义务教育课程标准实验教材品德与生活教师教学用书. 一年级上册[C]. 北京：教育科学出版社，2002：21.

② 戚万学，傅国亮，刘建效. 义务教育课程标准实验教材品德与生活教师教学用书. 一年级上册[C]. 北京：教育科学出版社，2002：80.

学科教学与品德教育

生：杜威认为学校的学科教学不是直接的道德教育，而是一种间接的道德教育，对于此您怎么看？

朱：问得很好，这是需要重视的问题。不能说仅仅靠德育教学就能够肩负起学生道德发展的重任，德育也不仅仅是德育一门课程的事，只是德育老师的事情，道德培养是整个教育活动都应该关注的事情，是所有教师的共同责任。

首先，我们说专门的品德课的开设并不意味着其他学科课程就不具有道德教育的责任与功能了，否则，我们就会陷入越是强化道德教育课，越是忽略道德教育的尴尬境地，因为这样我们就忽略了更为宽广的生活世界中的道德教育领域。品德教育课程不是学校道德教育的唯一阵地，学科教学也不是道德教育的副渠道。虽然学科教学不是直接的道德教育，但是相比直接的道德教育，间接的道德教育影响更宽泛也更加生动。

学校教育不是为了知识或者分数而展开的，而是为了培养人而展开的，当关于道德的知识成为人的道德信念，成为道德知识并内化为人的精神时，才会对于人的生命成长起到作用，否则，知识成为教育追求的目标，学生一边学习知识一边背叛知识，道德教育也将面临失败。学校道德教育不是一门课程的事情，而是包括品德课程在内的所有课程的事情。从课程的事实上来说它们并无差别，道德知识不仅来源于"道德的知识"，也来源于"关于道德的知识"，来源于所有其他学科知识，来源于广大生活世界。

生：那么，各学科知识对于人的发展和完善具有怎样的意义呢？

朱：知识作为道德认知、情感体验的基石，是建立在对于人、事、物的认知基础上的。人所具有的知识在数量、质量上的不同，决定了其道德判断、道德选择和行为方式的不同。对于世界一无所知的人不会形成正确的世界观、方法论，更不用说是良好的道德了。人的知识本身不是单独与各门知识一一对应的，学科课程的分门别类只是为了有利于教育教学。而在人的生命中，各门知识的融会贯通给予人以完整的知识架构，形成完整的、融合的、生动的道德认知与体悟，成为作用于人的有意义的知识，以培养完整的人性，促进道德实践能力的拓展和加深。我们要了解、知晓、懂得道德知识，便要知道关于人的知识，要知道关于人的知识就离不开要知道关于物的知识，知道关于世界的知识和他人的知识，这是一个整体。"即使在人文知识中也存在科学的成分，剔除科学的成分则人文知识也会因此失去'一整块人性的领域'。"[1] 我们要了解激发人类心灵情感、道德、信念、审美的多种多样的知识，体会那些思维与情感，让科学知识和人文知识成为支撑我们情感、态度、价值观的重要支柱，让各门知识引领我们反观到自身内心世界，去体悟、领会自身与他人、社会、自然和世界的关系，提升自己对于他人、社会、自然和世界的理解、认知，实现道德、情感的升华，从而达到心灵世界的拓展和加深，促进生命的成长。

历史知识使学生了解民族、国家、世界文化等发展的脉络，形成对于人类发展特征、多样性以及文化概貌的理解，同时形成民族自豪感和自信心；语文知识通过情感熏陶、意志感染，不仅培养学生掌握和使用文字的智力，还促进其道德成长，促进其心灵的敏感力以及对于世界、他人的感受力；科学知识中对于严谨、明智的涵养，对于智慧习惯的养成，对学生德行的发展也有一定的意义；艺术类知识对于审美与道德的间接联系促进了学生道德的成长和心灵的完善。

这样，人的成长建立在稳固的知识结构上，在这个基石上实现人的社会化，实现其对于自我的认识和完善，对于他人的理解和关怀，对于自然、世界的热爱与关心，从而不断演进、变化、重组内心结构与他人、自然和世界的关系，实现由自在的自我向自为的自我的推进，实现人自身主体的自我教化。

生：德育过程中伴随唤醒孩子们心灵中的情感和道德以及各方面的潜能，

---

[1] 周晓静. 课程德育论 [M]. 北京：人民教育出版社，2010：72.

在知识的传递过程中关注生命的成长，使他们愉快欣悦地学习和发展，对于教师来说是一项艺术性的工作。那么这对学校教师有哪些要求呢？要注意什么呢？

朱：是的，对于教学而言，没有无课程的教师，也没有无教师的课程。教师的工作，不是把道德移植给学生，不是把书本上以及他心中的知识搬运给学生，而是引领学生思考和探究。当然教师在指导学生的同时也应给予学生独立自由的空间，在教学中，如果没有自由，道德便无法存活，知识就等同于被搬运到人的心灵中，无法存活。

教师知识在教学中的本质显现在于实践知识的表达，教师本人就是一种独特的知识象征，给予学生正面的能量。教师的"实践知识观"在于对意向、规则等的理解、阐释，包括教育专业知识。除此之外，教师的实践知识还包含了教材教法的知识、学科结构知识等。

教师知识具有复合性、差异性、开放性和创造性等特质。教师自身素质的优异、知识的丰富、教学技艺的娴熟，能够使他游刃有余地进行教学活动，掌控教学过程，应对教学中各个环节的问题，这些可以理解为教学机智的掌握和娴熟。教师的知识积淀、教学经验、洞察力、判断力以及他对于各种问题的见解和看法、处理方式、应对模式等都可能影响孩子们的心理以及教师自身的工作满意度。因此，教师在注重自己知识积淀的同时，也要关注实践智慧的生成，才能够更好地引领学校道德教育、课堂教学。

生：由于德育的全时空性、弥散性以及德育教学的复杂性，就内容方面的分布而言，不在于全部兼济，而在于兼顾的合理性问题。不过，学生对德育工作的评价并不乐观，约17％的学生认为"只是走形式，对学生毫无意义"，还有约1成的学生认为德育教学"内容空洞，形式单调"。这些调查结果为学校德育工作调整和改革提供了较为直接的参考信息。① 那么，品德教育怎样才能触动学生心灵、拨动学生内心之弦呢？

朱：道德教育不是某时某刻的事，而是每时每刻的事情。课堂教学以一定的知识为载体，德育教学不是封闭的，而是开放的；不是完全的活动，也不是不活动；不应追求活动形式的花哨，而应该关注实质上的效果，太过于复杂的

---

① 见全国教育科学"十一五"规划国家重点课题"社会变革时期青少年思想道德发展的新情况与对策研究"总报告31。

形式只会令知识内容支离破碎。应把全班和个体相结合进行考量，把班级小组和个别的教学形式进行协调处理，使得活动课程、直观教学、教材讲授以及作业练习的各自优势相结合。在德育教学实践中，有的教师就陷入了盲目活动的境遇中，把学生带出去活动，结果不知道活动的"度"的把握，导致品德教育走向了虚无化。

教育最终要达到心灵成长的效果，我们需要教授知识，但教育的意义在于使得知识通过循环而丰富原有的认知，并使得品德课程中的知识作为中介导入到情感与道德，内化到心灵深处。

教育的目标在于建基于知识与道德的基石是否铺就了这样一条路径——辅弼了知识与道德之和谐，培育了心灵的成长与完善。因此，知识、情感与道德共同成为人之成为人的重要维度，也在主体自身的生命能量中发挥着温暖的光与热。知识以其所舒展的道德、情感带着真实进入人生之路，使得心灵温暖而鲜活、灵动而苍翠，蕴含着无限的生命力和迎接未来挑战的强大能量。具有这样的心灵能力的主体才能够去拓展他们有意义的人生，像百瓣莲花一样怡然绽放。

专题六

Topic Six

青少年生活方式的变迁与德育应对

青少年生活中蕴含怎样的道德可能

朱："那是最美好的时代，那是最糟糕的时代；那是智慧的年头，那是愚昧的年头；那是信仰的时期，那是怀疑的时期；那是光明的季节，那是黑暗的季节；那是希望的春天，那是失望的冬天；我们全都在直奔天堂，我们全都在直奔相反的方向——简而言之，那时跟现在非常相像，某些最喧嚣的权威坚持要用形容词的最高级来形容它。说它好，是最高级的；说它不好，也是最高级的。"英国小说家查尔斯·狄更斯所描绘的时代图景虽然是他当时的时代，但也值得我们思考。在我们所生活的这个时代，人们如何应对那些"最高级"的好与不好？如何面对现时代特有的精神生活秩序与道德？在生活中如何面对多元的、种种相互冲突的道德价值追求？在当今社会中，人们的精神气质与道德心态变化又将导致什么样的道德结果？对于不同年龄段的人，如何在日常生活中饱有道德价值追求？道德教育如何能够使那些具有普适性的传统美德不被遗忘和丢失？这一系列问题都需要我们从生活中去寻找答案。

那么，什么是生活呢？现时代人们是通过什么样的生活方式来展开自己的生命的呢？青少年又是如何承接成人社会赋予的传统生活，并在身处其中的现时代生活中寻找到平衡点，学会认识生命的组成部分的呢？我们如何从教育意义来理解生活方式呢？

马克思在人类社会发展的广阔背景上曾给生活方式以很高的理论定位，他指出，生活方式实际上是人的生成方式和人自身的需要满足与实现方式①。生活方式是人的社会化的一项重要内容，一个人的生活方式决定了个体社会化的性质、水平和方向。生活方式通过思想意识与心理结构的形成影响着一个人的行为方式和对社会的态度，反映了一个人的价值观念，即世界观的基本倾向；同时，生活方式的变化直接或间接地影响着一个人的思想意识和价值观念。因而，我们说生活方式是个人思想与价值观形成与发展的重要条件，也是主体价值能动性实现程度的具体体现。

生活是人的生命存在的形式，人的生命是在生活中展现的，青少年在生活中舒展自己的生命，体验自己的生存状态，享受生活的乐趣，生成体验，形成自身对生活的理解，构建意义并产生内在价值。青少年的生活方式与他们的价值观的形成及其自身成长有着紧密的关系。将青少年的生活、学习与社会化过程联系起来，让青少年的生长过程通过生活的社会化过程来实现，这本身就是对青少年内心生长与生命成长的过程的高度关注。

而结合当今社会背景探讨青少年的闲暇生活、消费生活与网络生活几种生活方式的目的，就是为了更好地关注青少年思想道德发展状况以及价值观形成过程中的复杂性，并基于此思考道德教育如何真正地观照青少年的生活，关注青少年生活方式中蕴含着的道德可能，并能够采取相应的道德教育手段、策略帮助青少年理性地过好当下生活。也就是说，在当今社会，对正在成长的青少年的价值观形成与价值观教育必须对他们所生活的现实环境进行审视，而青少年所过的闲暇生活、消费生活、网络生活中其实蕴含他们的新价值、新伦理、新信仰，蕴含着崭新的道德可能，也必将蕴含着对青少年进行价值观教育的契机。教育如何去接受、去承认、去引导，教育如何用充满思想性的智慧完成自己的使命？

我们都知道，德育是一个非常复杂的系统，正如埃德加·莫兰所论述的，德育系统中，环境系统、社会—文化、德育三者之间相互渗透、相互作用。我们关注社会变革时期青少年所过的闲暇生活、消费生活与网络生活，就是要完整地理解这几种生活蕴含着的崭新道德可能，并完整地理解道德教育的主体性问题。但实际上，这三种生活相互联系又相互区别。我们现在分别对青少年的

---

① 马克思，恩格斯. 马克思恩格斯选集：第1卷［M］. 中共中央编译局，译. 北京：人民出版社，1995：132.

闲暇生活、消费生活与网络生活进行伦理审视，并针对青少年的年龄发展特点，讨论在这三种生活境遇下，如何关注青少年的道德成长与价值观形成机制问题，并对价值观教育做出与时俱进的现实思考；也想在此基础上提出道德教育的可为空间，从宏观、中观以及微观的角度，针对青少年的生活提出适当的道德教育对策，以便继续深入地思考青少年的道德成长问题与道德教育的主体性问题。

闲暇生活与道德教育

朱：在构建和谐社会的今天，随着经济的不断发展和社会的快速进步，闲暇已经成为当今时代社会生活的重要特征和文化活动的重要组成部分。因此，我们需要对闲暇生活进行伦理审视，同时必须更多地关注"闲暇"。

马克思以人类主体的活动目的为尺度，把社会生活划分为两个不同的领域：一个是以获得谋生手段为主要内容的物质生产领域，另一个是以主体的自我发展为主要内容的自由活动领域。在后一领域中，人们生存的目的就在于自身，人的发展成了人的目的，劳动和其他一切人类活动都是为了实现主体自身的内在需要。随着社会的发展与生产力的大幅提高，工作不再是劳役，闲暇的作用也发生了变化。工作和闲暇均可以以不同的方式体现着共同的人生价值——自我实现。他指出："休闲时间，为每个社会成员全面发展自我所需要的时间提供了保障，其中包括个人受教育的时间、发展智力的时间、自由运用体力和智力的时间，与之相适应给所有人腾出时间和创造手段，个人会在艺术、科学等方面得到发展。"[1] 如果说人类的一切努力目的是为了获得幸福，那么不管是工作、学习，还是闲暇活动，只要能促进人的整体发展，让生活变得更有意义，内心能深深地感受到幸福，我们就应该勇敢地承认、接受并享用自己的生活方式。而闲暇的生活方式应该成为现时代人的一种生活追求，因为闲暇对人的一

---

[1] 马克思，恩格斯. 马克思恩格斯全集：第46卷（下）[M]. 中共中央编译局，译. 北京：人民出版社，1979. 218－219.

生发展都具有重要的意义。从人类历史的发展看，闲暇生活是一个人获得和谐发展的必要条件，恰当地利用闲暇是人一生做自由人的基础。从个人生活方式角度看，闲暇生活有助于人身心舒展、自由发展。在《尼各马可伦理学》中，亚里士多德研究了个人生活中的休闲问题。在他看来，休闲是对意识、精神、个体的开发，其精髓是处于自主精神信仰性的生活方式，它与时间无关，与思考和交友密切相关，是个人追求幸福的必要途径。随着社会的发展，闲暇时间已经成为人们生活方式的重要组成部分。闲暇本身不是人们价值追求的目的，但其所标示的独特过程却可以被个体、家庭、社会充分开发利用，以增进个体的主观感受和实现社会的价值目标。

闲暇本身不具有优劣属性，它的本质在于"自由"，摆脱束缚，实现个体的张扬。从表面看，闲暇与道德无涉，但闲暇并不是脱离道德的纯粹存在，它蕴含着丰富的道德价值。

首先，闲暇追求的是自由，但需要道德作为保障，任何闲暇活动都不能超越道德的边界。人生活在社会关系中，有理性地生活就要受到现实生活条件和各种社会关系的制约。也就是说，人天性追求自由，但是人的自由是在种种关联中存在的。闲暇中蕴含的自由并不是放纵、无拘束或无视个体对自己、对他人和对社会所负的责任。因此，闲暇是有条件的自由。同时，闲暇更多关涉个人生活领域，较少依赖于公众评价和监督，以及公共组织协调和处置，因此主要是属于私德范畴。但随着个人生活空间的扩展，私域的范围越来越小，家庭等小群体的功能日益社会化，闲暇行为已经超乎个人生活领域，在一定意义上成为社会公德的重要组成部分。个体的道德形成是无律、他律、自律直至达到自由的渐进过程，只有自觉体认道德价值和规范，遵循道德原则，过有道德的闲暇生活，才有可能获得真正的自由。

其次，闲暇生活有助于道德的养成。在《尼各马可伦理学》中，亚里士多德讲到的个体德行，除公正之外，如勇敢、节制、慷慨、大度，多是属于个体自修的范围，是自我的德行，也是关涉闲暇生活的德行。相对于制度化生活和公共生活，闲暇生活是一种自由的个体生活，表现为人的一种自由存在状态。正是这种自由状态，给德行及德行精神留下了生存空间，因为德行本身就是以自由与自为为前提的。在闲暇生活中，个体更多的是对生命自由状态的品味，因而体现对人精神存在的追求更多一些。

最后，闲暇能够本真地反映个人的德行品质。闲暇生活是一种自由状态的生活，是一种自为的生活状态，充分体现一个人的德行及其对德行精神的理解，更能本真地反映一个人的德行品质。闲暇进入人们养成良好的人格倾向、高尚的道德素质和生活追求的视域。积极的闲暇生活有助于个体从社会整体的经验环境整合中获取预期的价值系统，转化为个性品质，在社会道德坐标中得以正确定位。

生：那么，对于青少年来说，他们所过的闲暇生活质量不仅影响到他们的个人生活，而且也会直接影响到全社会的精神风貌。闲暇时间的合理利用和健康的休闲生活方式已是影响青少年健康成长的重要因素。对青少年闲暇生活进行系统思考与研究，并做出正确的价值引导，是如今道德教育必须重视与思考的现实课题。

朱：的确，闲暇生活作为人生活的一个组成部分，健康合理的闲暇生活对于人的身心健康发展具有重要意义。

对于青少年来说，闲暇第一是丰富他们的生活，而且最重要的是让青少年儿童学会学习，学会关心生活、体验生活，并能够把学习与生活紧密结合起来，通过各种活动形式广泛地接触社会、了解社会，在逐步社会化的过程中，不断地提高自我认识，完善自我的能力与素质。

第二，闲暇可以不断地丰富与发展青少年的个性，帮助他们成长。青少年儿童极富想象力和创造力，丰富的休闲生活便于他们张扬个性，充分发挥自己的才能。譬如说，大学生非常喜爱旅游与体育结合在一起的休闲项目，中小学生喜欢音乐和绘画等艺术活动，是因为青少年可以在这些休闲时间里去寻找梦想。如果我们赋予青少年儿童过闲暇生活的权利，让他们享受必需的闲暇，必将在促进他们身心发展的同时，充分地丰富与发展他们的个性，也会促进其良好品质的养成。

第三，充满闲暇的生活里，青少年可以学会创新。闲暇的创新价值体现在对"规律"的正确诠释和利用上。心理学研究表明，身心自由、安全是创新潜能得以开发的基本条件，只有在自由、安全的精神环境中，才会有思维的活动与激荡，才会有创新火花的迸发。而且自由与快乐是相生相伴的，个体在心情良好的状态下，会思路开阔、思维敏捷，解决问题迅速。闲暇能为青少年营造自由、安全的心理环境。马克思写过这样的诗句："只有心情愉快才能创造，倘若感情被阴云笼罩,就连缪斯也感到苦恼。"

第四,闲暇还有助于青少年养成自我监控的习惯与能力。"美德大多存在于良好的习惯中。"中小学生自我监控习惯与能力的形成和发展需要他们拥有自由、自控的条件及环境。而在闲暇中,由于活动的目的、任务是由学生为满足自己的需求提出的,活动过程是学生自主的,对学生来说带有一定的探索性和创造性。在这种情况下,学生的态度不仅是自觉的,而且是积极主动的,为了实现自己提出的目标与任务,会主动寻求解决问题的方法,设计自己的行动步骤,关注行为的结果,根据结果调整进一步的行动。在这种带有解放性质的自由、自制的活动中,学生的自我监控能力势必会得到锻炼和提高。其实,在青少年的知与行的中间还有一个非常重要的意志力问题。而闲暇生活赋予青少年充分发挥主体性作用的机会,这非常有助于他们意志力的锻炼与自我效能感的增强,进而激发出更高的自控需求。

生:那么,您能够结合现时代背景,概括谈一下青少年现在的闲暇生活方式吗?

朱:关于青少年的闲暇生活方式,我们做了大量的调查与实证研究,下面主要介绍几种方式。第一,网络是青少年闲暇活动的重要选择。网上丰富的信息和便捷的交流以及并不复杂的操作,正是青少年追求快餐式学习和扩充的最佳选择。

我们在对青少年进行"最常采用的休闲方式"调查时,当被问及"在你可以自由支配的休闲时间里,你喜欢选择下列哪种方式来度过,你最喜欢的是_____"时,选择"看电视""上网""和同学手机聊天""看小说""看电影或碟片""浏览报纸""听广播"七项的学生,分别占到 20.2%、42.9%、5.4%、11.4%、13.8%、4.3% 和 2.0%。其中,排在前三位的是"上网"(42.9%)、"看电视"(20.2%)和"看电影或碟片"(13.8%),而排在末位的是"听广播"(2.0%)。

青少年选择上网的人数是最多的,超过 40%,南部地区的学生选择此项比例达 45.4%,其次是看电视、看电影、看碟片或看小说,听广播的人数最少。除此之外,中部地区学生选择"看电视"的最多(23.3%),南部地区学生选择"看电影或碟片"的最多(18.6%),北部地区学生选择"看小说"的最多

(13.2%)。

男女生选择上网和看电视的比例均为最高。其中，女生选择"看电视"和"看小说"的比例分别高于男生5.9%和4%，而男生选择"上网"的高于女生9.4%。听广播和浏览报纸都是男女生选择最少的休闲方式。

各教育阶段的学生选择上网作为休闲方式的人数最多，仅小学生的比例为34.5%，其余段学生的比例均在40%以上；很少比例的学生听广播、浏览报纸以及用手机和同学聊天。除此之外，初中生和小学生偏向于看电视，高职生、大学生和高中生更偏向于看电影或碟片。①

近年来，对于大学生而言，大学校园网络环境得到了很大的改善，绝大多数高校都建立了自己的校园网。校园网的主页内容丰富，各种有关电脑网络的竞赛，如校园里有关程序设计、网页设计、动漫创作等各项团体活动，都会不断地增强青少年对网络的兴趣。他们在闲暇时间游弋于电脑网络之中，下载各种工具和游戏软件，获取更新的信息，查阅学术资料，寻找工作，看电影，网上阅读文学作品，充分享用丰富的网络资源；或在论坛上畅所欲言，在聊天室进行情感交流，玩网络游戏，在网络生活中寻找另一片翱翔的天空。包罗万象的网络给大学生的休闲生活带来了丰富的色彩和无穷的乐趣，极大地开阔了青少年的视野，并为他们的全面发展提供了巨大可能性。

第二，具有个性的闲暇消费。对于青少年来说，特别是大学生，他们的休闲消费方式趋于高雅时尚。消费是人们进行物质的和精神的快乐享受。表面上消费活动是消费者和消费品的关系，实际上消费过程中反映的是人们的自我人格、个性、品位和形象，这就使消费具有了文化意义。消费生活是一定社会现实文化的物质载体，其中的文化消费、精神消费还直接成了闲暇生活的重要内容和组成部分。这在大学生身上表现得尤为突出。大学生是青年人中的特殊群体，是青年人中的优秀者，他们在高品位的大学文化环境中成长，有知识、有文化、有远大理想、有较高的涵养和高雅的品位，因此，他们对精神文化消费普遍非常重视。譬如，他们在购买书籍、学习用品方面的消费大大高于青年中

---

① 国家社科基金2007年度教育学重点课题"社会变革时期青少年思想道德发展的新情况与对策研究"（AEA070001）子课题之一"社会变革时期青少年思想道德发展的新情况与传媒的研究"（课题批准号：AEA070001-03）的研究成果。

的其他群体，高格调的休闲方式成为他们消费生活的主旋律。

第三，广泛存在的闲暇交往。人是社会性动物，有着社会交往的需要。社会交往行为是人与人之间交流物质、思想、感情及信息的途径，是青少年社会化的必由之路。在当代越来越开放的社会中，青少年将会更加意识到信息对现代人生存和发展的重要性。广泛的人际交往是获取信息的重要渠道之一，也是现代人应具有的素质，孤陋寡闻、自我封闭将会被社会发展淘汰。青少年的交往意识如今已经变得非常强烈，而且表现得非常开放。他们大多不喜欢狭隘的交往空间，而是经常主动地面向他人、面向社会、面向多元的世界，有意识地扩大自己的交往范围。他们具有明显的现代交往意识，譬如，善于运用电子邮件、手机短信等现代交往手段。随着通信工具的日益普及，青少年学生的交往手段也日益多样化、时尚化。校园网的铺设和电脑的普及为大学生扩大交往、表现自我、获取信息提供了现代化的手段和便利的条件。

对于大学生来说，由于这些现代交往手段更加便捷、高效、浪漫和新潮，更加尊重人的权利和隐私，并且体现着青年人交往方式的符号化、信息化的全球化趋同，自然将会成为大学生的新时尚。另外，由于大学是文化、教育、科研中心，是各种思想发源、激荡、碰撞的地方。在这样的文化氛围中，大学生将会更加注重高品位的精神文化方面的交流，他们在一起谈学术思想、人生哲理、天文地理、文学艺术、时事政治，使自己的思想在交流中得到升华，使自己的文化底蕴更为深厚。当然有时他们也敞开各自的心灵，释放心中的情感，诉说心中的困惑，有益于自己的身心健康。譬如，高校中方兴未艾的第二课堂活动、丰富多彩的社团活动及其他校园文化活动，就反映了大学生人际交往内容的高品位和多样性趋势。

生： 张绪山在《炎黄春秋》2010年第6期上发表的文章《"钱学森之问"：一个不成问题的问题》中指出，其实钱学森先生对自己的提问"为什么我们的学校总是培养不出杰出人才"早就有答案。他生前对人们一再强调他在加州理工学院自由探索的经历，说明他对于造就科学大师，包括大学者、大思想家所需要的条件了然于心。当然，"钱学森之问"提出的不仅仅是学校的问题，而是整个社会环境不利于杰出人才"冒"出来。

朱： 亚里士多德认为，文化思想的创造需要三个基本条件：一是天才人物对学问的真兴趣，二是充分的思想自由，三是充分的闲暇（时间之保障），这三个条件缺一不可。如果一个时代出现这三个因素重合的条件，则将形成人才辈出、群星灿烂的局面。而我们回过头来拷问自己，反思自己所处的时代时，不能不明确指出：我们这个时代需要闲暇教育！

当然，我们在这里也要表明闲暇道德教育的立场。当闲暇对教育提出了符合生命节律、符合人性发展的要求时，闲暇教育也就不再是人们传统理解的对人在空闲时间所进行的教育，而是以关注受繁忙捆绑的个人自由解放为旨趣，以培养能拥有和操持闲暇的个人为目标的教育。更为重要的是，在这种教育中，我们将收获一份能益及一生的珍贵礼物，那就是：他们将拥有一种能在闲暇时间中"过一种有头脑的生活"，而不是"无所用心的生活"的能力，而这种能力将帮助他们在未来更为漫长的生命历程中继续获得不断成长的能量与更多的人生幸福。工作、闲暇整合于人的全面发展，这种有效整合又必将促进人的全面发展。为了能及于此，我们还需要深入认识闲暇道德教育问题。

生：的确，我们需要正确理解闲暇教育的意涵，同时我们还需要对怎么开展闲暇道德教育作思考。您怎样看待提高青少年的闲暇生活质量需要闲暇道德教育这一问题？

朱：《儿童权利公约》第三十一条明确规定："儿童有权享有休息和闲暇，从事与儿童年龄相宜的游戏和娱乐活动，以及自由参加文化生活和艺术活动；尊重并促进儿童充分参加文化和艺术生活的权利，并应鼓励提供从事文化、艺术、娱乐和休闲活动的适当和均等的机会。"从这里我们可以看出，过闲暇生活是儿童应有的权利，同时这里渗透着提高闲暇生活质量的问题。美国伊利诺伊大学教授、闲暇教育专家布赖特比尔说："告诉我你在可以为所欲为的时候做些什么，我就告诉你，你是哪类人。"可见，青少年闲暇生活的方向和质量，直接反映青少年的身心状况。

闲暇道德教育以人为本，它的最大价值是使青少年自由支配时间，自主选择符合内心感受、富有思想道德教育意义的活动，在自觉参与和体验中，使自己的思想感情得到熏陶，兴趣爱好得到满足，精神生活得到充实，进而道德境界得到提升。闲暇的真正意义是指一种特殊的时间，可以得到自主自由活动的时间。在自由支配的时间里，青少年可以从自己的兴趣、爱好、需求、愿望出发，自主自愿地选择适合自身思想品德发展的德育内容和德育活动形式。通过丰富多彩的闲暇活动陶冶心情、丰富知识、增加阅历、开阔眼界、拓展能力、磨炼意志、开发创造力以及提升精神品质。因此，人们应该设计开发满足不同消费层次要求的闲暇活动，特别是积极倡导使每一个青少年都能获得的无偿闲暇活动，这更切合德育特点和育人的要求。

生：我完全同意您的看法。我们应充分认识闲暇在培养学生成长成才中的价值，将学生从课业负担过重的状态下解放出来，把闲暇和"玩耍"的权利还给学生。学校要坚持以人为本、德育为先的育人理念，加强对闲暇活动的指导与管理，使学生的个性得到自由而全面的发展。

朱：闲暇道德教育可以促进青少年闲暇生活质量的提高，同时，要提高青少年生活质量也需要闲暇道德教育。这里讲的闲暇道德教育之闲暇不仅仅是一个客观的时间概念，更是一个心理概念。在闲暇中，人们更多地依随心理时间而生活，接受人的主观意愿的引导，自由地支配自己的生活和时间。因此，闲暇的真正意义指的是一种特殊的时间，一个可以得到自由的时间。而青少年在这种自由支配的时空中，自主地选择能表现自我个性、施展自己才能的活动，这能够发展青少年的心智和兴趣，丰富他们的精神文化生活。

在我国现阶段，素质教育的本质特征与内在要求以及素质教育的实施，已为闲暇道德教育提供了可能和方向。因为青少年自主意识的增强，闲暇生活已经成为他们生活的重要组成部分。与有组织的课堂生活相比，以自主性为特点的闲暇生活将他们从繁重的课业负担、脑力劳动中解脱出来，活动空间范围也逐步扩大。在这样的时空中，他们能够以自己喜爱的、本能感到价值的方式，在内心之爱的驱使下行为，并为信仰提供一个基础。也就是说，青少年在摆脱了教师的监督，突破了课堂的束缚，放弃了思想负荷的闲暇生活中，可以做到从自己的兴趣、爱好、需求和愿望出发，自主、自愿地选择闲暇生活的时间和空间，安排闲暇活动的内容和方式。这种相对自主的闲暇生活能使青少年在属于自己的天空里愉悦心情，通过自主分配时间、体力和精力来选择自己喜欢的生活方式，体会作为自由人的自在。也就是说，时间对青少年来讲实际上应该表现出它的积极存在，而不仅仅是人的生命尺度，它也是他们的发展空间。但是有研究、调查显示，青少年中还有一部分经常觉得闲暇生活索然无味、空虚无聊。因此，应积极消除青少年闲暇生活的负面影响，引导他们以积极、良好的心态高质量地度过闲暇生活，从道德层面教育青少年远离沉沦与颓废，远离无聊与不知所措，走向成熟与健康，这本已成为新时期道德教育的应有之义。

生：闲暇时间的增多虽说为中小学生的发展开辟了广阔的空间，但它并不一定成为学生健康发展的充分条件，关键要看学生能否主动、积极、有价值地利用闲暇。然而，现实已经显示，由于我国闲暇教育的先天缺乏，尽管中小学生的闲暇欲望递升，但闲暇知识相对苍白，闲暇技能匮乏，导致闲暇行为选择迷惘，闲暇结构失当，闲暇层次、格调不高，因此导致闲暇生活质量不高，不但没有促进他们的价值观形成与道德生长，反而走向了另一面。

一项对某市3所中小学的700名学生的调查发现：有38.15%的学生向往过一个"有意义的周末"，却感到"无事可干"；有10.16%和18.11%的学生感到"空虚无聊"和"没意思"。另一项调查结果是：尽管目前的休闲娱乐方式更加丰富多彩，但是以"做家庭作业"（84.11%）、"看电视、电影、录像"（84.5%）、"阅读课外书刊、报纸"（85.12%）为主的休闲方式占据了学生的大量时间，而从事实践操作或创造性活动的时间很少。可见，闲暇知识、技能的欠缺，不仅制约了中小学生参与闲暇活动的积极性和广泛性，而且还极易导致另一种倾向，即面对各种令青少年眼花缭乱的营利性闲暇场所的迅速涌现，某些消极的闲暇技能却畸形发展，如搓麻将、打扑克、玩游戏机、泡网吧等，一旦"染"上，就如痴如醉，难以自拔，玩物丧志。难怪一些中小学校长和教师担心：以前是6＋1＝0，如今5＋2会不会成为负数？家长则呼吁："减负"的孩子交给谁？凡此种种向人们昭示着对中小学生开展闲暇教育已刻不容缓，这也是广大中小学生的心声："希望能有堂专门教同学们怎样'玩'的课，丰富课余生活。"①

朱：现实中，青少年的闲暇教育存在很多问题。第一，闲暇价值观念不确定。青少年学生的闲暇生活中，良好的闲暇价值观起着重要的作用。由于一定的闲暇价值观念受到一定的世界观、人生经历与知识水平等要素的制约与影响，每个青少年的闲暇价值观念是不同的，拥有科学价值观的青少年学生能够科学地安排闲暇时间，使个人娱乐和自我发展紧密结合起来。第二，闲暇生活中，消遣性娱乐与高雅娱乐失衡，大众文化中的低俗文化对青少年的影响十分严重。

---

① 李允. 中小学闲暇教育论略［J］. 现代中小学教育 2002,（02）：2.

青少年学生的闲暇活动和审美活动都具有自由性、情感性、娱乐性和主观性等特点，对于实现人的个性发展和生活需要各赋其能。但是，目前有一部分青少年盲目满足于感官刺激，把时间用于消遣性活动上，同时，很难摆脱大众文化中的低俗文化，特别是网络文化中的消极因素影响。第三，青少年闲暇生活内容单调，形式单一。这可能与学校教育的课业负担过重、教学要求过高、学习时间过长等有关。第四，闲暇生活闲而不暇，缺少自主性，大量的时间仍然是被课业、辅导班占据，这种"闲而不暇"的生活自然会让青少年产生逆反心理，感到压抑、紧张、烦躁，有的还可能诱发抑郁性障碍、焦虑性障碍等心理疾病，甚至走向极端的道路。我想可能还会有很多交织在一起的问题需要我们继续深入地去思考。

从以上青少年闲暇生活存在的问题出发，我们可以看出劳动与娱乐之间保持适当的平衡是保持健康、效率和幸福的一个基本条件。任何一种极端都同样是危险的[1]。现实问题就是需要闲暇教育来提高中小学生闲暇生活的质量。中小学闲暇道德教育就是要引导广大青少年学生树立科学的闲暇价值观，养成有价值地利用闲暇时间的习惯、技能和技巧，从而提高闲暇生活质量并促使学生个性得以自由充分发展，精神境界得以充实提高。通过闲暇道德教育，青少年学生学会科学利用闲暇时间进行闲暇活动，获得信念、情感、态度、知识、技能和行为各个方面的优化，使人格要素（感觉、认知、情感、价值、信仰、性格、气质、能力、兴趣、倾向）协调、统一、平衡地发展。

总之，我们在关注青少年闲暇生活与道德教育的过程中，需要时刻关注他们的闲暇生活的质量问题，也只有高质量地过好闲暇生活，青少年的道德才能更好地镶嵌在其生活中并得到良好生长，才能够获得健全、和谐的发展。

生：闲暇道德教育的重要性必然对其内容和形式不断提出符合学校教育发展和社会经济发展的要求，从而确保进行有效的闲暇道德教育。也就是说，随着青少年儿童闲暇时间的增多，闲暇道德教育在内容与形式上会逐渐发展成熟。那么，对于青少年儿童来说，采取什么样的策略能促使他们度过有质量的闲暇生活呢？同时，这种高质量的闲暇生活也有助于他们的道德成长吗？

---

[1] 包尔生. 伦理学体系 [M]. 何怀宏，廖申白，译. 北京：中国社会科学出版社，1988：21.

朱：闲暇道德，是个人生活中除去学习工作以外的那部分时间和范围内人们应当遵守的价值准则和伦理规范，是发展人的心智和兴趣，丰富人的精神文化生活的重要方面。随着时代的进步，闲暇道德作为促使人全面发展和完善的手段，愈来愈受到人们的关注和重视。亚里士多德在其《政治学》中曾指出，教育的真正目的在于"操持闲暇"，人在闲暇中应倾听高尚的音乐和优雅的诗词，以及从事学术研究、进行哲理的玄想。他认为闲暇时间愈多，愈要注意道德修养，这一见解对我们思考闲暇道德教育具有重要的启发和借鉴意义。

如今，闲暇道德教育是一个正在开拓的德育新模式、新领域。随着时代的发展和社会的进步，青少年的闲暇时间逐渐增加，实施闲暇道德教育，提高学生的思想道德素质，将会显得更加紧迫和重要。闲暇道德教育的目的不仅仅是让学生的闲暇生活过得丰富多彩，更重要的是要让他们在闲暇活动中自发、自觉地认识并养成良好的道德品质。青少年的闲暇生活质量与方向，直接影响着青少年的品德、智能与人格发展。因为道德教育离不开生活，把道德教育与闲暇联系起来，是时代赋予青少年道德教育的新使命，闲暇道德教育是青少年道德教育的重要组成部分。

生：有人根据时代变化，总结了青少年的思想、学习、生活方式等方面出现的一些前所未有的新特点和新变化，具体表现为"五强五弱"：一是时代感强，责任意识弱；二是认同感强，践行能力弱；三是参与意识强，辨别能力弱；四是主体意识强，集体观念弱；五是个性特征强，承受能力弱。如果这些特点的确有代表性的话，我们应该反思教育是否真正适应了时代的要求和学生的需要。

朱：探讨闲暇道德教育的路径问题，首先应该从这里开始，即从青少年的身心发展规律与生活方式的特征切入，从现状问题入手，引导青少年开展闲暇活动，过好闲暇生活，学会健康、科学地"玩""游戏"，并在其中自觉、主动地提高思想道德素质。现代心理学研究表明，活动和交往是个体个性发展的源泉和基础，健康生动活泼的活动和交往有助于青少年个性的形成与发展。闲暇道德教育正是通过指导青少年的闲暇活动和闲暇生活交往，譬如，阅读健康向上的课外书籍，开展丰富多彩的文体活动，开设诗书鉴赏与评论课讲座，组织探索科技发明创作，安排丰富多彩而又洋溢着健康情趣的休闲游乐活动，以及各种健康、积极的社会交往和实践活动，使学生树立起科学的闲暇价值观，形成文明健康的闲暇生活方式。闲暇道德教育必须满足青少年的个性发展与交往活动的多种需要，注重丰富他们的精神生活和培养他们独特的个性，给他们提供展示才能的广阔天地，创设促使他们独立地运用自己的知识、智慧去发现问题、分析问题、解决问题的环境与氛围，从而激发他们敢于开拓、进取的精神，促进其个性充分自由地发展。因为，闲暇是自由和道德的统一体。在闲暇时间里，人的自由意识得到了最自由的表现和满足。每个社会成员可以依随心理时间去安排生活与生命，自由地选择符合自己当时内心感受和需要，自己认为有意义的、带有极大审美成分的活动方式，并在这一过程中自由、独特、完善地表现与必然王国的生产活动中不同的自我。在闲暇中，每个人不但是自己闲暇活动的参与者，是其价值的承受者、消费者，而且是其设计者，更是其结果的评价者，闲暇中的人是自由的人。很显然，闲暇的本质是自由。但这种自由并不是绝对的，它还要受到道德原则和规范的约束。因此，人们在闲暇时的选择必须承担对社会、集体和他人的道德责任，履行公民的道德义务。这要求人们在选择符合自己个性特长的闲暇行为的方式和内容时，要考虑到自己所从事的闲暇活动的意义，考虑到是否有利于个人的发展，是否妨碍了他人的学习或工作，是否有利于社会的文明与进步。这就是说，人们在闲暇时间里，无论从事什么活动，都要讲闲暇道德。

其次，充分发挥学校、家庭及社会教育的合力作用。青少年的闲暇跟学校、家庭和社区有着密切的关系，闲暇德育是一项社会系统工程，涉及学校、家庭、社会的各个方面，因而，探索一种围绕提高青少年素质和闲暇活动质量的协作机制格外重要。应使聚居在一定地域范围内的人们组成一个社会生活的共同体，采取一定的组织结构和方式开展常规化的青少年闲暇道德教育，充分地利用社区和家庭的资源优势。闲暇德育的组织与实施，是学校、家庭、社会一体化的行动，必然要求形成齐抓共管的长效运行机制。正如中共中央、国务院《关于进一步加强和改进未成年人思想道德建设的若干意见》所指出的，"要建立健全学校、家庭、社会相结合的未成年人思想道德教育体系，使学校教育、家庭教育和社会教育相互配合，相互促进"。各个方面应明确职责，密切配合闲暇德育的实施，并发挥学校、家庭、社会的各自优势，共同构建形式多样的闲暇道德教育活动载体，构筑闲暇道德教育的长效运行机制，实施闲暇道德教育，提高青少年的思想道德素质。为青少年创造更广阔的主动发展的空间，充分开发与利用闲暇道德教育资源,探索和研究闲暇中的育人效应。增强闲暇道德教育模式的可操作性,在闲暇中育德,充分发挥实践育人的作用。闲暇道德教育是实践育人的一种新模式。闲暇道德教育的活动内容也应该是丰富多样的。它是德育回归生活、走向生活的前提,多样化的闲暇德育活动是传统的德育活动模式良性变革的必然产物,是德育生活化发展的标志。这一德育活动模式既能满足青少年学生追求自由、个性、时尚的心理需求,又能激活他们对未来新生活的向往,以及对自我角色新的社会认同倾向。这种充满个性的生活化德育活动,能使学生将压力变成动力,发掘生活细节中的人生情趣,提升青少年的生命质量,更好地促进青少年的道德健康成长。

闲暇德行是自我伦理的典型体现,是关注人的自由、深度存在状态的德行。闲暇的生存状态超越了基本生存和生理需要所必须的工作与活动压力,超越了公共生活和制度化生活可能产生的对个性的挤压,超越了种种原因而导致的功利性和人的工具性,是一个可以全神贯注地关注和处理自己的心情、喜好的状态,是个人隐秘的内心状态,因而也是一种对人性真实而深刻回归与体现的状态,呈现了对自我生命的深切关怀。从自由出发的闲暇德行不是规约的德行,不是依靠外在压力维护的德行,而是个体自主的德行,它表现为对闲暇生活的时间、空间、方式、内容、价值的自我决断。因而,闲暇道德教育是以细致和温和的方式唤醒和发展个体闲暇生活理性的教育。新课程改革提倡生活的逻辑,强调道德教育要回归学生的真实生活,这为德育从高高在上、脱离生活的知识传授过程转变为关注人的生活提供了可能。在回归生活的前提下,应该关注人生活的多个层面,在关注秩序化的生活、工作生活和学习生活的同时,也应该关注人的闲暇生活。因而,现代道德教育应该在关注制度化生活的同时关心闲暇生活,在关注制度化生活中德行成长的同时,关注人的闲暇德行。这样,才可能摆脱德育过重的工具性、功利性与规训的色彩,而真正关注人内心的需要;才能使人的闲暇生活与制度化生活相统一,成就人的完整、和谐的德行生活。对于青少年来说,这种高质量的闲暇道德教育有助于培养青少年的公民意识。公民意识是指公民个人对自己在国家中地位的自我认识,也就是公民自觉地以宪法和法律规定的基本权利和义务为核心内容,以自己在国家政治生活和社会生活中的主体地位为思想来源,把国家主人的责任感、使命感和权利义务观融为一体的自我认识。它围绕公民的权利与义务的关系,反映公民对待个人与国家、个人与社会、个人与他人之间的道德观念、价值取向、行为规范，等等。它强调的是人在社会生活中的责任意识、公德意识、民主意识等基本道德意识[1]。学校、家庭及社会都需要在日常生活中进行闲暇生活的引导，使青少年懂得闲暇对人存在的意义，特别是对个体的人作为一个道德存在的意义与价值。这在本质上是为唤醒学生在自由时间与空间中的道德存在感，使他在道德理性的引导下做一个真正意义上的有德行的人。

---

[1] 孙红艳，等. 中国少年儿童十年发展状况研究报告（1999—2010）[M]. 北京：人民日报出版社，2011：144.

消费生活与道德教育

生：21世纪以来，随着经济技术发展的日新月异、财富的增多，人类正全面步入消费社会时代。同时，人类也日渐被物所包围，"在我们的周围，存在着一种由不断增长的物、服务和物质财富所构成的惊人的消费和丰盛的现象。……富裕的人们不再像过去那样受到人的包围，而是受到物的包围"①。而我国正处在社会转型的关键时期。随着市场经济的快速发展和人民生活水平的不断提高，人们的消费日益呈现出旺盛的势头，体现中国传统农业文明精神凝结的节俭观已经不再是如今工业社会的道德律令，激发人欲、刺激需求成为以利益追求为动力的工业社会的运作机制。而作为正在成长着的青少年是我国一个庞大的不可忽视的消费群体，青少年的人生观、价值观还处于形成和发展时期，他们的消费心理、消费方式还处于一个不稳定、不成熟的阶段。但是青少年（特别是城市中的青少年）的消费特点，却能够反映出这一时代特有的消费观念。因此，我们对转型时期青少年的消费生活现状做全面的扫描、分析，并对青少年的消费道德教育进行深入思考实属必要。

社会转型时期，讨论青少年的消费生活与道德教育问题，价值究竟在哪里？对于青少年而言，我们所理解的消费究竟指什么？我们该怎么通过青少年的消费生活认识他们的消费观念，并在此基础上思考消费道德问题？

朱：在我国社会转型这一重要阶段，随着经济的发展，消费已经明确地进

---

① 波德里亚. 消费社会 [M]. 刘成富，全志钢，译. 南京：南京大学出版社，2001：1.

入了生活的认知和道德的焦点位置。城市青少年也开始作为独立的消费者出现，他们的消费在具备一定的新意之时也伴生了很多新的问题。在这个关口，我们必须意识到需要克服以往教育的滞后性特点，作为研究教育特别是研究道德教育的我们来说，应该敏锐地看到，在当今这种消费为主导的社会中，应当通过合理可行的消费道德教育策略，引导青少年学生对消费自由进行自我约束，对物质进行有节追求，以追寻生存的更大意义。关于这一点，应用伦理学针对当今消费者的消费行为所带来的人格、社会、生态等问题，把道德关怀的视角引入了消费领域，强调了道德对消费行为的调节、规范和指导作用。而我们主要从教育学的视角来讨论、分析青少年的消费生活与道德教育问题。

消费是一种满足人们日常生活需求的物质交换的经济行为。我们这里并不想去探讨抽象的消费概念，我们需要借助于一种系统、综合的思维方式来认识青少年的消费生活。我们可以借鉴著名社会学家波德里亚对消费的描述性定义，他把符号学与政治经济学批判结合在一起，在《物的体系》一书中给消费下了一个独特的定义：消费既不是一种物质性实践，也不是一种富裕现象学，它既不是依据我们的食物、服饰及驾驶的汽车来界定的，也不是依据形象与信息的视觉和声音实体来界定的，而是通过把所有这些东西组成意义实体来界定的。消费是在具有某种程度连贯性的话语中所呈现的所有物品和信息的真实总体性。因此，有意义的消费乃是一种系统化的符号操作行为①。而消费观是消费者对消费的基本观点和态度，是价值观的具体体现。我们需要通过当今社会青少年具体的消费活动、生动的消费生活来认识他们的消费观念，进而思考青少年的消费道德问题。

如果我们仔细研究就会发现，我们所面对的消费社会还缺乏比较完善的消费道德体系，缺少伦理体系指导下的主导消费道德观。青少年在多种消费伦理冲突交织的背景下，难以判断消费过程中的道德，难以进行道德选择，也就忽略了消费的道德意义。而我们的消费道德教育又比较匮乏，甚至处于空白状态。实际上，对青少年而言，消费生活与道德教育问题不仅是提高其身心健康发展的重要条件，更是提高其公民道德素养的重要环节，也是促进社会可持续发展的必须。

---

① 邵婉. 消费主义与中国消费文化模式的构建 [DB]. 中国优秀硕博士学位论文全文数据库，2006，(9)：2.

生：既然消费道德教育对青少年来说具有举足轻重的作用，那我们不能离开具体、生动的消费活动而谈道德教育，正如您一直秉持的观点——道德教育不能从活生生的完整生活中抽离。研究思考当今社会青少年的消费生活问题，是时代现实的召唤与诉求。那么，当今青少年的消费生活状态到底是一种什么状态呢？他们的消费生活具有哪些特点？这些消费活动与消费生活体现出青少年什么样的消费观呢？

朱：随着社会经济的发展和人民收入水平的提高，青少年的消费能力也在提高，日益前卫的消费行为成为目前青少年（特别是城市青少年）的基本特征。以大学生的生活消费状态为例，据全国学联、中国青年校园先锋文化有限公司和新生代市场监测机构发布的《中国大学生消费与生活形态研究》显示，2008年，普通大学生一个学期的平均支出为5722.8元，其中IT及数码产品消费平均每人1067元。大学生中60.4%的人拥有移动电话，13.4%的人拥有数码相机，6.5%的人拥有笔记本电脑，均高于同龄的社会人群。这项调查从数据上显示，大学校园已告别"寒窗时代"，部分高价值消费品正在越来越多地进入大学生的消费"版图"。

但是，我们需要分析青少年的经济来源。调查显示，大学生在经济上寻求自主的意识正在增强，已经开始自筹收入的大学生占到了总体的70%，家教、校外公司兼职及其他校内外打工方式已成为大学生自筹收入和提高实践能力的主要形式，自筹收入比例已占每学期收入的17.6%。但家庭仍然是青少年求学的主要经济来源。

青少年的消费支出主要是在校期间用于饮食、衣着、交际、娱乐、学习和其他方面的支出。随着社会经济不断发展，很多家庭经济条件得到改善，生活水平提高，这为大学生全面自我发展提供了物质条件。但对于经济还不能自立的大学生来说，不顾实际情况的超前消费甚至奢侈消费只能给家庭造成负担，给父母增加压力。而且大学生消费水平两极分化的现象非常突出，这容易造成大学生心理失衡，滋生攀比消费的思想。

我们还要分析青少年的消费结构，即青少年在消费过程中所消费的各种不同类型的消费资料的比例关系。恩格斯根据满足消费需求的不同层次将消费结构分成生存资料、享受资料和发展资料。他指出："通过有计划的利用和进一步发展现有的巨大生产力，在人人都必须劳动的条件下，生活资料、享受资料、发展和表现一切体力和智力必需的资料，都将同等地、愈益充分地交归社会全体成员支配。"[1] 生存资料是人类维持生命和延续后代所必需的消费资料，这是人类最基本的消费资料，如衣食住行等方面的需要。享受资料是使人们生活过得方便、舒适和丰富多彩的生活资料，如娱乐、旅游方面的需要。发展资料是为适应人们自身全面发展需求而出现的更高层次的消费资料，如学习资料。恩格斯的人类需要理论对消费需求的科学划分以及指导我们分析青少年的消费结构非常有帮助。依据这样的思想，我们可以具体分析青少年的消费结构：第一，生存消费，指维持生存的衣食住行等方面的消费。随着生活水平的提高，青少年大多希望吃得好些、穿得好些、过得舒服些，饮食消费比例提高，衣着上喜欢追求名牌，住宿条件得以改善，甚至还有自己租房子住的。第二，交往消费，主要指用于与人交往的联络、请客、送礼、恋爱等方面的消费。交往消费表现出迅猛增长的趋势。第三，享受消费，主要指满足享受的娱乐、休闲和旅游等方面的消费。第四，发展消费，主要指自身成才发展需要的消费，如电脑消费、考证消费等。从总体上看，当今青少年的消费结构有了明显的变化，主要体现在两个方面：一是消费结构多样化。除了生活、学习所必需的消费以外，还有交际消费、娱乐消费等。二是在多样化的消费结构中，非生活必需品的消费水平呈现提高的新趋势。这些都体现出经济发展和人民生活水平提高的结果，反映了社会文明的进步。同时，我们也发现，部分青少年消费结构不合理，学习方面消费偏低，而在交往和享受方面的消费偏高，个别的甚至沉湎于吃喝玩乐，这势必会严重影响青少年的健康成长。

自古以来消费就和一个人的伦理道德有着密切的联系，是关系到一个人怎样立身、行事、做人的大问题。消费观念是高层次、相对稳定的消费意识，是世界观、人生观、价值观、幸福观在消费问题上的具体体现，是消费活动和消费状况的现实在人们头脑中的反映，它受到生产力水平、消费水平、历史条件和时代、地区、文化等因素的影响，又会反过来对经济、社会和人们的消费行为、消费方式产生深刻影响。

青少年的消费状况能够反映出他们的消费观。消费道德观作为消费观的核

---

[1] 马克思，恩格斯. 马克思恩格斯选集：第一卷［M］. 中共中央编译局，译. 北京：人民出版社，1972：349.

心，是人们对消费道德现象的系统性观点，是在特定社会分工或条件下，人们依据特定的立场和价值观，对消费道德现象观察、认识的结果，其根本的是善恶观，主要涉及正义、义务、良心、人格、幸福等观念。

以上分析可以看出，部分青少年的超前消费、享乐主义、攀比消费等非理性消费观念比较强烈，绝大多数青少年还没有形成理性的消费观念。一方面，在消费观念与习惯上，大学生更加前卫，喜欢尝试新鲜事物，很多大学生喜欢购买具有独特风格的产品。另一方面，由于缺少合理的规划和适度的节制，大学生负债消费现象比较普遍。

生：那么，我们应如何看待这些消费观呢？您觉得这些消费观念是怎么形成的，可否具体谈谈有哪些成因呢？

朱：随着社会由生产主导型转化为消费主导型、由卖方市场转变为买方市场，消费对生产发展、经济增长所起的作用越来越大。与此同时，消费却仍然被作为消费者的个人行为，消费道德的问题没有引起人们足够的重视，正是这种消费道德的缺失带来了消费领域的许多问题。很多大学生在消费的时候没有正确的消费观念，对生活费的支出没有计划，不会合理地安排自己的生活费，很少去关注专业理财或去咨询理财专家，没有良好的理财观念。大学生高消费、负债消费现象是由大学生自身、家庭、学校、社会多方面因素造成的。

第一，家庭引导的失当。家长的溺爱是导致青少年畸形消费的重要原因。家庭作为一个基本的消费单位，它的文化、社会地位、构成、投资意愿等会影响家庭成员的消费行为和心理。家庭对青少年消费的影响主要集中在两个方面：一是孩子在家庭中的地位。在大多数独生子女的家庭中，家庭中的开支都以孩子的吃穿用为中心，家长宁可苦自己也不能苦孩子。据统计，在很多家庭消费中，未成年消费者的消费量几乎占家庭收入的二分之一以上。这很容易使孩子养成购物不考虑价格、要买就买的习惯。二是父母对子女学业的关注。大多数父母十分看重孩子的学习成绩，并努力为孩子创造一切学习条件。在物质生活上竭力满足孩子的要求，只要成绩好，其余都好说，甚至用金钱来鼓励和刺激孩子的学习，忽视了孩子精神方面的培养和要求。父母扭曲的爱和缺乏理性的教养方式，让孩子养成了高消费甚至是畸形消费的习惯。

第二，学校德育的忽视。精明的商家极力挖掘青少年消费市场，青少年面对着形形色色的消费诱惑。大众传媒中成功人士在茁壮成长，影视剧里渲染着消费者的生活方式，广告中消费偶像取代生产偶像，当所有这些消费价值观在青少年学生眼前旋转，十分容易导致他们对物的迷恋、对金钱的崇拜，同时也使他们陷入精神的迷茫，非常需要教育的引导。然而，近年来，很多学校盲目地追求升学率，忽视学生日常生活能力的培养，尤其是学生消费能力、生存能力、交际能力的培养尚未引起足够重视。德育目标中尽管有艰苦奋斗、勤俭节约的道德要求，但也只是通过传统意义上的艰苦奋斗教育来提倡节俭，内容陈旧，方法选择过于单一，并未根据时代的发展赋予其新的内涵。何况教育内容又是多抽象理论，少现实生活；多概念原理，少实际操作。在新的时代背景下显然对青少年学生没有什么说服力，对学生的消费观念和行为的引导效果不大。

第三，消费主义的渗透。青少年的消费无疑强烈地受到外在环境的影响。在影响青少年的外部环境中，当属渗透在大众传媒、流行文化中的消费主义对其影响最大。消费主义主要是指以美国为代表，在西方发达资本主义国家普遍存在，也在不发达国家流行的一种文化态度、价值观念或生活方式。在最表面的意义上，消费主义表现为生活层面上的大众高消费，它常常是由商业集团和大众传媒通过广告或其他各种文化艺术形式推销给大众的。消费主义生活方式是物质主义的，以对自然资源的占有和消耗为代价，是不可持续的消费，表现为加快地球资源的消耗，破坏全球的生态平衡，恶化人类的生存环境，也背离消费的根本目的。消费者在对商品和服务的消费中得到满足，并使身心得到健康发展。在消费主义的影响下，人正被物所奴役。诚如斯坦福大学的研究人员所言："我们正被我们的占用所占有，被我们的消耗所消耗。"当消费主义的野火在全球蔓延，通过各种影视、广告等载体来表现，青少年无一例外地受到了感染，他们特有的对时尚的敏感、对新鲜事物的好奇和宽容，使他们非常容易认同这种消费主义的生活方式，使他们追求的社会形象走向单一化和狭隘化，在对世俗功利的强烈追求中，逐渐以物的金钱的法则取代人与人之间的关系法则，从而使消费行为出现了很多不恰当的趋势。

生：依您看，我们了解青少年消费生活现状形成的复杂成因后，到底该从哪些方面做出努力？从国际上看，有没有一些可以借鉴的经验，对消费道德教育又有什么重要启示呢？

朱：青少年消费知识、理财知识的缺失和消费道德教育的薄弱，一定程度上导致了青少年高消费和负债消费的结果。在西方国家，人们十分重视儿童的理财教育，这种教育甚至渗透到了儿童与钱财发生关系的一切环节之中。譬如，美国对儿童的金钱教育提出了非常具体的要求：儿童在 3 岁时能够辨认硬币和纸币；5 岁儿童知道硬币的等价物，知道钱是怎么来的；8 岁时知道可以通过做额外工作赚钱，知道把钱存在储蓄账户里；9 岁时能够制订简单的一周开销计划，购物时知道比较价格；12 岁时能够制订并执行两周开销计划，懂得正确使用一般银行业务中的术语；13 岁至高中毕业时能尝试进行股票、债券等投资活动以及商务、打工等赚钱实践。英国人更提倡理性消费，鼓励精打细算，他们认为能省的钱不省很愚蠢。如今儿童储蓄账户在英国越来越流行，大多数银行都为 16 岁以下的孩子开设了特别账户。日本人讲究家庭教育，他们主张孩子要自力更生，不能随便向别人借钱，主张让孩子自己管理自己的零用钱。日本人教育孩子有一句名言："除了阳光和空气是大自然赐予的，其他一切都要通过劳动获得。"通过切合实际的理财教育，这些国家的孩子基本具备了独立性、经济意识以及经济事务上的管理和操作能力，这为他们培养优秀的经济管理人才提供了雄厚的人力资源基础。

而在我国，理财教育从小学到中学再到大学都基本是一个盲区。即使有这方面的教育，也是空洞的说教多，实际操作少，没有任何说服力。长期以来，人们认为理财是大人的事，与孩子无关。据万事达卡 2008 年对大学生理财观念及行为的调查报告显示，虽然我国受访大学生普遍表示对理财感兴趣，但是认为学校没有提供适当和足够的个人理财教育的占 72％，尤以北京（78％）和成都（75％）的比例为高。消费道德教育只是停留在学术讨论和呼吁阶段，少有实践。各高校对学生的消费引导和消费道德教育也是一个薄弱环节，甚至这一问题还没有引起高校领导的足够重视。多数高校没有设置消费类课程，有的高校消费道德教育只在大学生思想道德修养课略有涉及，或者只是有些勤俭节约、艰苦奋斗之类的讲座或宣传，但往往说教性过强而收效甚微。不过从 2011 年开始，有些城市的中小学已经"有专门的课本教孩子怎样用钱了"。

生：加强学校消费道德教育和理财教育是一个摆在我们面前的迫切任务。青少年作为一个特殊的消费群体，他们的消费现状在某种程度上折射出他们的生活状态和价值取向，需要我们针对青少年的消费道德问题做机制性的思考，并提出具有方向性的教育对策。那么，如何在研究思考青少年的消费道德教育机制基础上，提出青少年消费道德教育的对策，合理引导青少年过好当下生活呢？

朱：对青少年的消费活动、消费生活进行全面了解以后，青少年（特别是城市中的青少年）的消费道德教育应该提到日程上来了。对于这一问题，我们首先需要讨论是否应该让消费回归消费本身的意蕴了，即应该明确消费只是手段，不是目的，消费必须服从人的发展完善这一主题。一个人决不能为消费而消费，成为一架消费的机器。根据青少年消费过程中出现的问题，急需对他们进行消费道德教育。

第一，帮助青少年树立可持续消费观。认识是行动的先导。在琳琅满目的商品陈列下，若一味灌输传统意义上的艰苦奋斗观念，在时尚中徜徉的青少年必然把其当作耳边风，因此教育者应针对现实情况，帮助学生树立现代的消费价值观——可持续消费观。可持续消费观的概念于1994年在联合国第二届世界环境与发展大会正式提出。该消费观的主要特征是：以知识和智慧的价值代替物质主义的价值，以适度消费代替过量消费，以简朴的生活代替奢侈和浪费的生活，消费生活从崇尚物质转向追求生态保护和对社会有责任感的生活方式。可持续消费观是现代消费道德的核心，是新型的消费价值观，正被全世界尤其是许多发达国家的消费者接受。这种新的消费价值观更符合人类生存和发展的需要，也是保护日益恶化的生态环境所必须秉承的理念。在这种观念的支撑下，意味着抛弃过度消费的消费方式，践行节约资源、合理消费的生活方式。我们应通过帮助青少年树立可持续消费观，使他们尽量不跟踪时尚消费，更不能高消费，尽量购买对环境无害的绿色产品，只买对自己来说必需的生活用品，从而选择一种文明、负责任的消费模式和生活方式，做理性的消费者。

大学生消费道德教育的内容应当包括：强调"合理与适度"消费，反对过度消费、高消费、超前消费；强调节俭消费观，反对享乐、浪费奢侈或吝啬型消费观；强调理性的消费行为，反对盲目攀比、盲目从众的非理性消费；强调健康向上的精神文化消费，反对不健康、非道德、反道德或违法犯罪的"灰色""黑色"和"黄色"消费行为；强调智力性、发展性消费，反对只重娱乐性、消遣性的消费等。

第二，坚持以青少年的生活现实为依托。青少年的日常生活蕴含着丰富的意义和价值，它是青少年赖以生存和发展的广阔背景。它表面看起来平凡、琐碎和世俗，但价值和意义却在其中，所以它是教育的根基和深厚土壤。消费道德教育应以他们的生活现实为依托，因为青少年的消费道德只能在现实的具体的生活场景中展开，同时现实生活是构成他们消费道德认识素材的重要来源，是帮助他们树立信念的动力源；再者现实生活也是良好消费道德发展的基础，杜威曾以训练游泳在水外、在岸上、在教室里永远不能为儿童掌握为例，说明道德情感的体验和道德行为技能的培养离开生活现实是不可实现的。一个初步具有消费道德观念的人，如果能不断地在生活中把这种思想付诸实践，那么他的消费道德能力就会大大增强。因此，教育者要充分挖掘现实生活中的消费道德资源，创设有生活气息的道德情境。如当前水资源告急，可是有人不关水龙头，任其随便流。教师应借此机会给学生介绍全世界的水资源状况，教育他们如果不节水、爱水，最终即使有钱也不能买来水。

第三，学校运用课程对青少年进行消费道德教育。对于大学生，可开设"理财学""消费心理学""消费经济学""消费伦理学"等消费教育课程。"消费伦理学"等消费道德教育课程主要是向大学生传授消费道德原则、规范，加强生态伦理教育等，帮助大学生正确理解消费，树立适度消费、合理消费的观念，把握好消费的度；同时培养他们勤俭节约的消费习惯，鼓励他们自觉保护环境、践行绿色消费。而"消费经济学"和"理财学"则帮助大学生了解必要的消费常识和理财技能，使他们对金钱、人生意义有正确理解和价值认同；掌握经济金融常识及个人理财技能方式，培养他们的经济独立意识和适应生活的能力。

同时，还需要组织青少年学生到农村或周围企业参与社会实践，进行生存体验和打工实践及各种理财模拟训练，使大学生了解社会，体验赚钱的艰辛，同时培养学生的金融投资等理财技能。大学生容易形成高消费习惯，普遍认为自己将来能挣大钱，不仅是因为他们难以抵挡广告的诱惑和存在攀比心理，还因为我国的孩子在大学毕业前很少有打工挣钱的经历，不知道赚钱的艰辛。高校的管理者可以组织大学生到西部农村或周围的贫困山区进行社会实践，或者到当地的知名企业参观，了解这些企业的发展历史，让学生全面了解社会的发展和创业的艰辛，增强他们的社会责任感和想法的现实性；还可以组织一些生存体验或打工训练，让学生不带钱或带很少的钱，自己想办法赚钱生活并且在规定时间内挣到一定的钱，让他们亲身体验挣钱的艰难，更好地理解父母的不易，改掉自己盲目攀比、负债消费的不良习惯。理财教育可以通过各种现金流游戏，或者教师为学生制作各种各样的理财产品，包括模拟货币、外汇券、期货等,以校园为平台,组织简单的交易活动,激发学生的理财兴趣;还可以结合企业案例给学生布置各种课题;或者与当地的知名企业合作,采取与知名企业家面对面、开展理财竞赛等方式,使学生在竞赛中尽可能准确地猜出各种商品价格,同时为理财课题设计出最好的投资方案,获胜者可以得到丰厚的奖励。这样通过多种方式,培养大学生的独立意识和经济意识,使他们具备走上社会的消费道德素质和理财经验。

第四,谋求家庭的合作。在消费问题上,离不开家庭的合作,因为家长的消费观念和教养方式对孩子的影响巨大。学校可通过家访、家长会以及家长学校等途径传递相关知识,帮助家长引导青少年正确理财、合理消费。首先,父母应正确地爱孩子。虽然说爱孩子是动物都会做的事情,但是怎样才是真正的爱、有理性的爱,这里面的学问颇多。最基本的应该是在关怀孩子冷暖之时,莫忘精神的沟通,不以物质和金钱表达对子女的宠爱,应该更注重满足孩子心灵上的需要,帮助孩子树立正确的人生观。同时,对孩子的不适当要求要引导,要说不。其次,家长应对孩子进行家情教育,和子女保持良好的沟通,在恰当的情况下,让子女了解家庭的经济状况,增加孩子对父母的体谅。再次,父母要以身作则,有正确的消费观念、消费行为。父母的影响非常重要,正如马卡连柯所说:"不要以为只有你们同儿童谈话,或教育儿童、吩咐儿童的时候才是在进行教育,你们是在生活的每时每刻,甚至你们不在家的时候也在教育着儿童。你们怎样穿戴,怎样同别人谈话,怎样议论别人,怎样欢乐或发怨,怎样对待敌人和朋友,怎样笑,怎样读报……这一切都对儿童有着重要意义。"

总之,在经济飞速发展的时代,消费成了人们生活的重要组成部分,闯入了城市青少年群体的生活,也带来了很多的问题,而仅仅期望他们的自省似乎很不可能,因此十分需要通过消费道德教育,引导他们对消费自由的自我约束,在对物质有节律的追求中去追寻更大的生存意义。休谟曾言:"消费本身不是终极目的,实现自己内心的宁静,实现自己人格的完满,最终实现人生的幸福才是人们消费的根本目的。"全社会应齐心协力培育一种新的文化。这种新的文化要求培养一种环境的美德,培养一种能持续无数代人的生活方式的美德,人们不再以物质的成功来定义生活,而是以社会关系、有意义的工作以及休闲作为衡量生活的准则,从而寻找一种简朴的、回归自然的生活方式。

网络生活与道德教育

生：当今人类正生存在一个日益信息化、数字化、网络化的环境中，信息化生存、数字化生存、网络化生存成为人们的一种生活方式，而且越来越成为非常主要的生活方式。"信息技术和信息文化正在从根本上改变社会形态、社会规范以及人们的生活方式和思想观念，人类社会正在进入信息社会，已是一个确定的事实。"[①] 美国著名未来学家、作家、社会评论家阿尔温·托夫勒在他的《第三次浪潮》中强调指出："第三次浪潮不只是一种生产革命、一种变化，整个生产体制、经济体制、社会结构、家庭结构和价值观念等一系列实物都将发生急剧的变革。"

朱：在信息社会中，展现在我们面前的社会道德开始从依赖性道德到自主性道德，从封闭型道德到开放型道德，从一元道德到多元道德快速转变。道德多元化是最主要的特征，人们似乎再也无法做到传统中那样追求整齐划一、价值同构、观念趋同的道德规范。由于人群与人群之间的差异性、独特性、创新性、宽容性逐渐被认同，人们的需求、个性、利益、价值的多元化必然导致社会道德规范的多样化、多层次性。这种价值多元化与多样化向传统的价值体系和道德教育提出了严峻的挑战。因为"任何技术都逐渐创造出一种全新的人的环境，环境并非消极的包装用品，而是积极的作用进程"[②]。这个世界不再是过

[①] 董焱. 信息文化论——数字化生存状态冷思考 [M]. 北京：北京图书馆出版社，2003：71.

[②] 麦克卢汉. 理解媒介——论人的延伸 [M]. 何道宽，译. 北京：商务印书馆，2000：25.

去的世界，教师不能把价值标准和道德观念当作知识传授给学生，道德教育不能只是道德"知识"的教学。教师教给学生的一些原来的"美德"遭到非议。在同一件事情上，人们的立场和观点有了很大的不同，这种"情境化"导致教师难以在学生面前充当道德权威，教师"谆谆教导"的好与坏、对与错，对青少年来说不再是固定的。

青年作为社会的独立群体已经确定无疑，青年文化与青年思潮冲破了家庭、民族、国家的界限，染上了全球性的色彩，他们对社会的冲击和影响日益引发了社会的震动和关注。因此，研究青少年的生活方式，进而探讨社会道德的发展问题是历史的必然。

如今人们对道德的理解已经从理论和实践两个方面远远地超越了康德时代，摆脱了传统的理性主义，进入用非理性进行思考和解决实践问题的后现代。信息社会伦理道德更是要求被分裂的两重人格合二为一，即内外融合、表里如一，特别强调要发现或恢复那久被遗忘的人性中的原始成分，重视人性得以存在和表现的基础和条件。人类正在飞快进入数字化时代、网络化时代、光子时代。任何一种新的发明和技术都是新的媒介，都是人的肢体或者中枢神经系统的延伸，都将反过来影响人的生活、思维和历史进程。那么，信息社会中解决学校德育遇到的问题不可能脱离现实生活，而对道德观念的"改造"却成为先决条件。

"我们注意的文化，长期习惯于将一切事物分裂和切割，以此作为控制事物的手段"[①]。如果有人提醒我们说，在事物运转的实际过程中，媒介就是讯息，我们难免会感到有点吃惊。所谓媒介即是讯息只不过是说，任何媒介（即人的任何延伸）对个人和社会的任何影响，都是由于新的尺度产生的；我们的任何一种延伸都要在我们的事务中引进一种新的尺度。今天的青少年学生，是在电力塑造的环境中长大的。这不是一个轮子的世界，而是一个电路的世界；不再是一个分割肢解的世界，而是一个整体模式的世界。正如一位国际商用机器公司经理所说："我们的孩子与他们的祖父母进小学时相比，已经生活了几辈子。"[②] "我们无法否认数字化时代的存在，也无法阻止数字化时代的前进，就

---

① 麦克卢汉. 理解媒介——论人的延伸 [M]. 何道宽，译. 北京：商务印书馆，2000：33.
② 麦克卢汉. 理解媒介——论人的延伸 [M]. 何道宽，译. 北京：商务印书馆，2000：27.

像我们无法对抗大自然的力量一样，数字化的四种特质是：分散权力、全球化、追求和谐和赋予权力。"① 在这种新的社会文化影响下，作为培养人的一种活动，学校德育不可能脱离它赖以存在的社会现实。因为任何一种社会现象，一旦成为广泛而普遍的社会现实，想要摆脱它的影响是不可能的。

信息社会的学校德育不可能逾越的社会现实就是多元化，所以必须给予正视，承担起对人的发展予以正确引导的责任，这是困惑它的多元化社会赋予的重要使命。同时要改造学校德育的观念，必须认识到"道德一刻也不能脱离对人的本质和本性的认识，一刻也不能脱离人类的日常生活"②。任何脱离人、脱离人的生活实际而进行的道德教育都是虚伪的，都是不道德的。学校德育是以人本身为目的，是通过创造出一个合乎人性的宽松、健康、向善的环境而发展人的。"道德教育不能从活生生的完整生活中抽离。"③ "从道德的角度去影响儿童，并不是在他们身上培养出一个接一个的特殊的德性，而是采用适当的方法去培育，甚至全面构造那些一般意义上的性情，它们一旦被创造出来，就会使自己轻而易举适应特殊的人类环境，如果我们有能力发现这些性情，就会马上战胜横亘在学校工作面前的主要障碍。"④ 勇敢地面对这些必然伴随着巨大变迁而出现的困难，不仅更值得，也能更有收获。

生：当今社会，青少年的成长环境日趋复杂，青少年的价值理念、生活方式等都发生了急剧变化。我们该怎样看待青少年现在所生活的环境及其对他们道德成长的影响，即网络生活的优缺点呢？当下是网络时代，网络生活已成为青少年的一种重要生活方式，"上网"已成为青少年生活中不可或缺的一部分，那么，当今的青少年过着什么样的网络生活？网络生活的意义与价值何在？网络生活对青少年的思想与价值观的发展起着什么样的作用？对青少年的成长带来了什么影响？如何提升青少年网络生活的意义与内在价值呢？

朱：随着全球经济一体化进程的加快，信息技术的迅猛发展，社会生活方式多样化等种种变化同时在促进社会发生巨大变革，而信息化是当今社会变革

---

① 尼葛洛庞帝. 数字化生存 [M]. 胡泳, 范海燕, 译. 海口：海南出版社, 1997：269.
② 张之沧. 后现代理念与社会 [M]. 南京：南京师范大学出版社, 2005：270.
③ 朱小蔓. 教育的问题与挑战——思想的回应 [M]. 南京：南京师范大学出版社, 2000：288.
④ 涂尔干. 道德教育 [M]. 陈光今, 等, 译. 上海：上海人民出版社, 2006：19.

的突出特征。传媒的发展既是社会变革的一个主要内容，又是推动社会变革的重要因素，尤其是视觉媒体以及电脑、手机等新媒介，更是推动信息化社会发展的重要动力。信息技术的普及影响了当代青少年的学习、睡眠、体育锻炼、娱乐活动等日常生活基本内容。与此同时，媒体给人的工作、学习、生活也带来了巨大的变化，并对人们的认知方式、行为方式、思维方式以及情感态度、价值观念等产生了极大的影响。对于正在成长的青少年来说，其生活方式发生改变亦属必然。对青少年生活方式的探讨，正是了解社会变革时期青少年思想道德状况的现实基础。

具体来说，网络作为一种新的生活方式，极大地改变了我们的生活，为生活提供了超出意料的可能。特别对于青少年而言，互联网给他们带来了新的信息资源、新的娱乐方式、新的交往与交流的空间和可能。在这种新的可能中，有突破空间界限所带来的解放与自由的感觉，也有因身份隐匿而带来的摆脱生活监控的轻松与新奇。正是这种自由、轻松、新奇的感觉吸引着青少年。同时也正是这种虚拟世界与现实生活的不一致，导致青少年的道德成长面临新的困境与挑战。

数字化生活的魅力是无穷的，网络给青少年带来各种崭新的文化体验，极大地延伸了青少年生存与发展的时空界域，也为青少年带来了开放、多元、精彩丰富的世界。青少年世界与网络世界、青少年文化与网络文化互动共生，交融一体，演绎生成新的意义空间，青少年在网络探究中也创生着属于自己的文化。网络生活将青少年带入如同身临其境的感知世界，为青少年的自主性与个性化发展提供了条件。因此，研究青少年的网络生活对青少年的成长与发展有着特别重要的意义。青少年网络生活的内容是丰富的，青少年网络生活的价值是多元的。网络作为信息库，青少年在网络空间不仅仅限于进行简单的信息搜索，也不仅仅是游戏、交友、娱乐，网络生活本身蕴含着丰富的意义与价值，例如，青少年在网络空间发展个性、探究自我，通过个体建构或集体思维，创造知识，分享智识，通过互动交流生成集体智慧，利用网络解决学习生活中的问题等。然而，网络生活价值的生成与体现，以青少年有意义的探究过程为路径，以青少年主体精神、批判意识、探究能力、创造精神的发展为基础，需要青少年具备较高的网络素养，自觉建立网络生活与现实生活的联系，促进内心世界、网络世界、现实世界之间的联结与对话。网络探究实践活动是促进青少年构建意义，建立联结与共鸣，促进青少年内心成长的重要途径。

生：网络生活与现实生活之间的关系相互区别，也相互融合，对于青少年而言，网络生活存在着崭新的道德可能，这种崭新的道德可能表现在哪些方面呢？

朱：我们可以从青少年成长与发展的一体化视角，分析网络生活与现实生活的内在联系，阐释青少年网络生活的本质意义及对青少年发展的影响与内在价值，透视青少年的网络生活对其道德成长的内在价值。

首先，网络拓展了青少年现实生活的时空界域，将青少年置于更广阔的空间，为青少年探究自我、探究生活、探究与他人的关系、探究世界打开了新的视域。青少年在网络生活中超越现实生活的限制，创造着理想的生活世界。"人的生存活动既立足于现实，又超越现实，并虚拟、抽象和创造着人生存的理想世界。"这是马克思主义哲学关于人的生存与发展的基本观点，也是对当今网络时代青少年生活的生动描绘。网络世界是一个多人参与共筑的虚拟世界，青少年作为参与网络世界实践主体的人，以丰富的想象创造着理想的生活蓝图，创造着属于自己的生活图式。网络空间是个开放性的活动空间，青少年在网络生活中超越现实生活的限制，进行着多元文化实践活动。他们在网络世界中自由探究，以更加个性化的方式展示自我，构建关系，体验着丰富的想象与创造性世界。

其次，有学者指出："从哲学视域看，虚拟生存是基于人的现实生存，而又超越人的现实感觉的生存活动，它是人的现实生存的一种自然延伸。"网络空间不是完全脱离现实空间并与之相对立的一种虚无空间，而是对现实世界的抽象化。对于在虚拟空间里从事实践活动的青少年来说，他们只不过是现实活动及关系的再造、拓展、延伸，网络生活与现实生活、虚拟自我与真实自我之间呈现着明显的互动关系。一方面，由于受现实条件的局限，青少年的想象与创造性活动有时会受到束缚与限制，他们在网络生活中进行着创造性的实践活动，而这些活动往往是建立在现实生活、个人兴趣爱好基础之上的；他们也会利用网络解决现实生活中的问题、拓展社会交往，开阔学习视野等。另一方面，青少年会将网络生活中获得的知识与体验应用于现实生活，提升青少年现实生活中的问题解决能力，促进社会性发展。青少年在现实生活与网络生活的互动中构建意义，形成对生活多元价值的理解。进一步来说，青少年的现实生活与网络生活不是分离的,青少年网络生活中所获得的体验是以其现实生活为基础的,而网络生活体验又进一步提升了青少年对世界的认识,现实生活与网络生活在互动中共同促进青少年的认知、情感、社会性发展。

最后,青少年实际上生活在两个世界中,一个是现实世界,一个是人创造的虚拟世界。青少年在现实世界中延续有限的生命存在,并进行着各种社会实践活动;在创造性的虚拟世界中生成自己的文化生命,体现着人的价值的虚拟存在。他们正是在现实与虚拟的生存中,在自然与超自然、历史性与超越性、有限性与无限性等的矛盾中求得和解,这不仅构成了青少年丰富的生活图景,也体现着他们生命的有机组成。

生活对于青少年成长的意义与价值在于使他们的心灵世界与生活世界建立联结,生成体验,构建意义,而网络生活与现实生活分别从不同的层面与视角为青少年的心灵世界打开建立关联的窗口与视域。青少年网络生活中意义的建构依赖于现实生活所获得的经验,是以现实生活为基础的,二者在内在价值方面是一致的,都可以促进青少年的成长与发展。网络生活与现实生活在共振与融合中引起青少年心灵世界的共鸣与关联,因此,对青少年的成长与发展都有着内在的意义与价值。从对青少年发展的意义与价值的角度分析,二者是内在一致的,在关联与互相融合中走向统一。

生:对于青少年来说,网络的确拓展了他们生存与发展的界域与活动空间,并为青少年提供了生存与发展方式的多样性选择。有人这样形容网络给人带来的变化,认为"网络使原来的一维生活空间变成了两维生活空间:现实生存和虚拟生存"。网络开辟了青少年生活的新领域,并全方位地渗透入青少年的生活中,改变着青少年的思维方式、生存方式、交往方式,进而在本体论层次上改变着青少年对世界、对社会、对人与人之间关系、对人的存在等重大问题的理解和诠释。您能详细谈谈网络生活对青少年的道德成长有哪些内在价值吗?其具体表现在哪些方面呢?

朱:我们把青少年所过的网络生活纳入到道德教育的研究视域内,可以发现青少年的网络生活对他们的道德成长具有重要的内在价值。

第一,有助于青少年自由、独立人格的发展。"自由之精神,独立之人格"是青少年精神培养与发展的目标与至高境界,精神自由使青少年自由思考而不去依附成人与权威,让青少年具有批判精神和勇气。人格独立是人之所以为人的根本，是青少年主体创造性得以发展的关键。在日常生活中，青少年的创造精神和思想自由往往会受到成人的限制和束缚，无法真正实现与发挥。而网络生活给青少年的创造性带来发展的空间，青少年可以在网络空间发出自己真实的声音，自由地表达思想，倾诉内心世界的秘密，其自由精神和独立人格得到充分的尊重与发展。青少年在网络生活中拥有自主的人格，将个性发展、自主创造与个人兴趣融为一体，自由选择、自主判断、自主决策，促进了青少年独立人格的发展。

第二，丰富青少年对世界的认知与情感。网络生活成为青少年理解与认识世界的独特方式。实践是认识的来源，青少年正是在参与网络文化实践活动中生成对网络世界的认识与理解，网络世界同时又是与现实世界有着密切联系的世界，青少年在网络生活实践活动中生成对自我、对他人、对生活、对世界的理解与认识，在网络生活与现实生活的融合中形成对生活多元价值的理解。

人是关系的存在，青少年的成长是在诸多关系中展开的，并在生活中以独特的视角生成对世界意义与关系的理解。对青少年来说，网络世界是一个充满意义的世界，他们在对网络生活的探究中生成、建构多重关系，如虚拟自我与真实自我、自我与他人、虚拟生活与真实生活、虚拟世界与真实世界等。网络生活为青少年呈现了一个新奇多彩的世界，他们的认知、情感、体悟、理解、自由与交往，都通过网络实践活动得以实现；他们有自己的"意识形态"，通过网络生活得以自由展现；他们用整体感知体验着世界的多元与变化；他们逐步地探究自我、重新塑造自我，理解所置身的多样化的世界，建构生活的意义；他们在网络生活中张扬个性，展示自我，发展兴趣，放飞思想，倾诉内心世界，分享智慧，自由创造，进行经验与情感交流，体验多元化文化价值理念，建构他们自己对生活的多元价值的独特认识与理解。

第三，网络可以丰富青少年的创造性成长体验，有助于创新素养的形成，帮助其实现道德成长。如今网络已经镶嵌在他们的日常生活之中了，而网络生活以一种自由、多元、差异性、多样化的方式为青少年提供了一种具有创造蓝图的生活图式，这对培养、发展青少年的创造力无疑是有利的。在青少年的世界里，他们身在网络生活之中，感觉到网络正用另一种完全不同的方式诠释生活，而他们自己在参与网络实践活动的过程中，通过创造性活动也在不断地改变网络世界，进而影响、改变着现实世界。青少年既是网络世界的参与者，也是网络世界的建设者,他们以自己独特的方式看待自己所生活的现实世界如何在网络生活中得以转化,过属于他们特有的个性化、多样化的生活。这种差异性与多样性为青少年的精神成长发展提供了可能与条件,并将青少年的生活时刻与创造密切联系起来,为青少年提供多样的、动态的、个性的生活图景,让他们基于自己丰富的想象力与创造本能尽情地发挥才能。这种创造性接近青少年的本质,并给他们的生活方式以灵魂和魅力。他们在网络生活中获得的充分自由与创造,已成为他们构筑自我认识、理解生活的重要方式。在丰富多彩的创造性活动中,他们充分体会自己的独特价值,带着具有创造性的成长体验,逐步形成自己的创造力的同时,也滋润着内心的责任感与精神。

第四,多彩的网络生活满足了青少年的精神成长需要,符合青少年的教育逻辑,也有助于青少年精神的发展与道德素养的提高。苏霍姆林斯基曾经指出:"儿童世界'是一个特殊的世界',儿童有他们自己的善恶和荣辱观念及个人的尊严;他们有自己的标准,甚至有自己的尺度。不能把儿童的精神世界变成单纯学习知识。如果我们力求使儿童的全部精神力量都专注到功课上去,他的生活就会变得不堪忍受。他不仅应该是一个学生,而且首先应该是一个有多方面兴趣、要求和愿望的人。"某种程度而言,真正影响青少年发展的往往是其精神建构及精神生活的质量。青少年在精神生活中展开对周围世界、对自我的积极探索、思考、认识、理解和解释,网络生活在某种程度上满足了他们精神探索成长的需要。青少年的内心里有一种根深蒂固的需要——总想感到自己是发现者、研究者、探寻者,在他们的精神世界中,这种需求特别强烈,是青少年精神成长的内在需要。而在网络生活中,青少年的精神生活得到丰富,精神成长需要得到一定的满足,并形成自身的价值观念,网络生活从某种程度上满足了青少年成长中精神生活的需要。正如雅斯贝尔斯所言,"所谓的教育,不过是人对人的主体间灵肉交流活动(尤其是老一代对年轻一代),包括知识内容的传授、生命内涵的领悟、意志行为的规范,并通过文化传递功能,将文化遗产交给年轻一代,使他们自由地生成,并启迪其自由天性";"教育的过程是让受教育者在时间中自我练习、自我学习和成长,而实践的特性是自由游戏和不断尝试"。直言之,"教育是人的灵魂的教育,而非理智知识和认识的堆积","通过教育，使具有天资的人自己选择决定成为什么样的人以及自己把握安身立命之根"①。因此，网络生活符合青少年的文化特征，有助于满足其精神成长的需要，有利于其道德素养的提高。

第五，网络生活帮助青少年亲身体验多元文化价值，创造青少年文化。恩格斯指出："最初从动物界分离出来的人，在一切本质方面是和动物本身一样不自由的；但是文化上的每一个进步，都是迈向自由的一步。"人与文化的辩证关系表明，人是文化的创造者，又是文化的发展者，但同时人也被文化所模塑。网络不仅具有技术和社会特性，更具有文化特性，是一种文化现实，构成青少年在网络空间的存在方式。网络本身的文化特性为青少年打开了丰富的视阈，成为青少年体验多元文化、参与文化实践与创造的窗口，青少年按照自己的方式，在体验网络生活的过程中创生属于自己的新的文化景观。青少年作为自身文化的主体，在网络文化实践中不仅体验着多元文化，也创造着属于自己的文化。

生：我们对青少年进行合理的价值引领，让青少年合理利用网络，过好网络生活，充分利用网络的资源优势，实现其学习及生活的完好，促进其道德的成长与价值观的形成。

朱：的确，需要让青少年明白，网络作为一种媒介，它是人的主体性的一种延伸，需要对其进行深入认识。比尔·盖茨指出，当社会过于依赖信息高速公路——网络时，可能导致它很容易陷入困境。网络的多功能是它的力量所在，但这也意味着我们将极度依赖它，当过于依赖时会是危险的，会使人丧失自主性与独立性。

尽管网络生活已成为青少年的重要生活方式，但网络生活不是青少年生活的全部，网络生活的价值与意义是建立在青少年主体价值基础之上的。如果青少年在网络生活中缺乏主体意识，没有思维活动，不积极建构意义，没有生长与创造，网络对青少年发展来说就毫无价值和意义。正如麦克卢汉所说："如果不对儿童的网络生活进行有意义的引导，倘若不能给予儿童的网络生活以意义与价值，不把精神活动集中在一个中心点、价值点上，儿童的网络生活本身被分解成一连串孤立的状态，一连串支离破碎的感情和冲动——只是一种匆匆流

---

① 雅斯贝尔斯. 什么是教育［M］. 邹进，译. 北京：生活·读书·新知三联书店，1991：3.

逝的瞬间的连续发生，虽然这些经验可能带来愉悦，带来经常不断的欢乐，然而在这种快乐的流转中有一种不可能永远不被揭示的空虚。表面的胜利预示着内在的毁灭。"

青少年的网络生活是充满多元价值的，机遇与挑战总是相伴而生，技术总具有两面性，网络为青少年带来发展机遇的同时也对青少年提出了一定的挑战。正是因为网络空间的开放性，网络信息也呈现出良莠不齐的原生态特征。青少年沉浸于网络生活就会陷入追求消遣欢娱，而不顾及追求意义与价值的困境之中。因此，转变青少年的网络生活理念，超越信息浏览与接受，走向主动探究，建立关联与共鸣，促进青少年内心世界与现实世界、网络世界的对话，提升青少年网络素养，唤醒青少年主体精神，寻求一种有内在意义的探究，是提升青少年网络生活质量与价值的根本途径。

生：快速发展的信息技术在现实应用中往往被用来强化传统的教育模式，而不是致力于教育结构、教育关系和学习方式的革新。当各行各业想尽办法搭上信息技术的快速航班时，很多学校却正为是否允许学生把智能手机和平板电脑带入校园而烦恼不已。学校在把这些电子产品和信息方式视为异端的背后，是教育观念的重大误区。因特网不应该成为教育的麻烦，而应该是教学充分利用的先进手段；"人人""微博"不应该是教育关注的忧患，而应该是教育充分挖掘的重要资源。

朱：在"基于网的教育"中，我们关注更自由的学习方式和更密切的教育关系。美国前副总统戈尔说过，"只有因特网可以改变教育体制，也只有网络教育可以实现真正的个性化教育"。美国学者马克·普伦斯基将新一代孩子称为"数字原住民"，认为这些在高度信息化环境中成长的一代人天生就带有"数字性"。为了适应数字化时代对学生培养的新要求，亟须构建起一种"基于网"的新型教育范式。如果我们不迅速参与信息技术资源的共享与开发，将延误教育的发展，贻误整整一代学生的发展。就世界范围而言，"基于网的教育"已经形成不可遏阻的潮流。美国提出用信息技术支持的"21世纪学习模型"；英国2007年就有98%的中学和100%的小学拥有互动电子白板；新加坡提出"无边界学习"的理念，旨在将学生从教室的物理空间和刻板的课程时间中解放出来，实现随时随地学习；印度早在2004年就发射了世界首枚教育专用卫星。我们推进基于网的教育有两个认识起点：一是未来社会一定是高度信息化的社会，该怎样为孩子们未来的生活做准备？二是如果学生可以随时随地获取教育服务，该怎样重新设计现在的教育？信息技术可以带给学习三个方面的改变：一是学习者自定步调，二是学习者自主控制，三是学习者交互学习。学习者可以把教育带出学校，走向任何地方，在那里他们可以决定自己想要学习什么，什么时候学习以及如何进行学习。我们不必担心孩子们不能适应，因为这恰好契合了他们的天性；我们需要考虑的是，我们的教师和学校系统能否适应，该怎样调整。不管怎样，有一点我们可以确信，在信息技术中挖掘的教育财富将是成倍增长的财富，在信息技术上错过的教育损失将是无法弥补的损失。

专题七

学会过公共生活：
学校德育的生长方向

关注公共生活：现代学校教育的使命

生：当今的时代，任何一个人都无法脱离他人而单独存在，任何人都不可能像鲁滨孙那样生存在一座孤岛上，即便是鲁滨孙也需要星期五的陪伴。公共生活成为人们所必然和必须关注的一个领域，有其深刻的缘由。20世纪80年代以来，随着罗尔斯《正义论》的发表，政治哲学成为显学，尤其是关于公共生活、公共领域的研究也成为诸多学科的热点问题。为什么公共生活会受到高度重视呢？

朱：联合国发布了新的报告《反思教育："向全球共同利益"的理念转变？》，其中指出，"世界在变化，教育也必须变化。社会无处不在经历着深刻变革，这种形势呼吁新的教育形式，培养当今及今后社会和经济所需要的能力。这意味着超越识字和算术，以学习环境和新的学习方法为重点，以促进正义、社会公平和全球团结。教育必须教导人们学会如何在承受压力的地球上生活；教育必须重视文化素养，立足于尊重和尊严平等，有助于将可持续发展的社会、经济和环境方面结为一体"[1]。

中西方对公共、公共生活的关注至今已经几千年了，虽然对"公共"的理解存在差异，但对公共生活的探讨从未停止过。当今，对正义的诉求、对公共生活的关注等颇多因素造成了当下的图景。社会生活在本质上是一种共同生活、

---

[1] 联合国教科文组织. 反思教育：向"全球共同利益"的理念转变？[M]. 联合国教科文组织总部中文科，译. 北京：教育科学出版社，2017：序言.

公共生活。从历史的角度来讲，随着生产力和资本主义的发展，人们之间的分工越来越明确，彼此依赖、互相交往、共同生活。彼此之间的共通性越来越少，生活中的冲突就越多，因此关注共同生活、公共生活就是一个必然选择。

对于我国这样一个后发型现代化国家而言，改革开放四十多年来，我国在经济等物质领域取得了举世瞩目的成就，然而也积累了一些矛盾。目前公共领域的问题虽然受到了广泛关注，但还远远不够。

生：公共生活对于时代的发展和我们的日常生活而言，都已经必不可少了。现实社会中仍然存在很多不尽如人意的地方，仍然存在人们对公共生活的无理性、非理性参与，或不参与，或没有能力参与公共生活等诸多问题。例如之前发生的"小悦悦"事件[①]、"老人街上摔倒无人相扶"[②] 等，都说明我们的社会缺乏基本的公共道德、缺乏对于公共生活的参与精神。究竟什么是公共、公共生活呢？

朱：的确，想要了解公共生活，可以首先了解公共生活的历史发展。我们讨论任何事物、对现实社会生活的回应都必须要考虑历史与文化的因素。传统文化中对公、公共的理解决定着我们对"公"的理解。

从我国传统文化的角度而言，"公"一词早在很多古籍中就有。台湾学者陈弱水指出，"公"一词在历史上有五个类型的含义。第一类，"公"最原始的含义是朝廷、政府或国家，延伸出来也有公众事务的意思。例如，"大夫不收公利""对簿公堂"等。第二类，是"普遍"或"全体"，甚至指天下、国家、人间宇宙的总和；还指一般人民的福祉；还指平均、平等的意思。规范性的"公"的观念主要强调的是人应该具有普遍的关怀，例如"公心""公道""昔先圣王之治天下也，必先公"。这一类型的"公"具有强烈的道德内涵，是我国集体意识的重要组成部分。与之相对，"私"则具有了负面内涵，以公为善、以私为恶。这样的公私对立特色，对后世公私观念产生了重大影响。第三个类型的"公"也同样对后世具有重要影响，"公"直接代表"善"或世界的根本原理，如道、义、正、天理，甚至可以涵盖一切儒家德目。这一阶段的"公"主要体

[①] 两岁女童遭两车碾压，新浪网，2011-10-13，http://news.sina.com.cn/z/ntzny/index.shtml

[②] 七旬老人不慎摔倒，警民纷纷出手相助，腾讯网，2020-10-31，https://new.qq.com/omn/20201031/20201031A085FUOO.html.

现在宋明理学中，强调"公"的心理层面，动心处无私欲之杂，私不再是错误的行为或事，而是错误的来源，如私心、私欲等。第四个类型的"公"萌芽于明代晚期的重视"私""情""人欲"的思潮。该类型的"公"的基本含义是普遍、全体，但同时承认"私"的正当性，肯定人欲和"私"，理想的"公"是"私"得到合理实现，聚私为公。第五个类型的"公"，基本含义是"共"，有共同、共有、众人等义，属于描述性定义，同时也具有一定的伦理意义[①]。

之所以把历史上五种类型的"公"的含义列出来，之所以从传统文化切入来讨论公共性的问题，是因为当下社会中尤其是年轻学者、学生中有一种唯西方学说是崇的观点。其实不然，我国传统文化中关于公共的思想和观点源远流长，对于我们思考当下社会的公共问题、学校的公共生活具有重要的意义。

生：我非常赞同您的观点，的确，今天我们所谈论的公共生活更多情况下是与西方的"public"紧密相关。西方的公共生活最早起源于古希腊时期的城邦政治，所有具有公民资格的人在广场上辩论发表意见，决定公共事务。他们通过辩论和发表言论、参加战争或决斗等方式参与公共生活。古希腊时期公民对公共生活的参与是不平等的，公民身份也具有阶级性，但可以认为是最初的公共生活。西方封建社会时期，社会的权力被教会垄断，教会、封建贵族掌握着关涉公共利益的事情，决定公共生活，这一时期的公共生活只能说是少数人的"代表型"的公共生活。他们只是在一定意义上、形式上代表了公共利益，实质则未必。这也是学术研究的类型化和抽象化的结果。

早期资本主义经过逐渐产生发展、文艺复兴、启蒙运动之后，尤其是资本主义迅速发展后，其民主化进程逐步完善，公民社会逐步形成。从社会领域的角度划分，现代化的过程是将家庭、城邦生活不断割裂的过程。原始的共同生活逐渐分化，公共领域中的生活从家庭生活分化而来，与家庭生活有着千丝万缕的联系。家庭产生于生命的必然和必须，家庭中的共同生活源自生命的本能，是一种必然。"家庭是现代社会的源头，现代化进程恰恰是在对传统家庭的否定中展开的"。"领域分化即公共领域、私人领域以及日常生活领域的生成，使人的生活和活动的内容多样化了，'共同善'不再总是人们的共同追求，城邦化的

---

① 陈弱水. 公共意识与中国文化[M]，北京：新星出版社，2006：69-117.

共同生活为多样化的生活所取代"①。资本主义的发展或是分工直接导致了人与环境的直接依赖,"建基于普遍交换之上的经济依赖性使人们愈来愈依赖于社会和所有的人,如若发展自己的能力、满足自己的多方面的需求,就得过一种公共性的生活"②。由于物质发展使人彼此依赖,这使得人必须具有一定的公共性,从而产生了现代意义上的公共生活。

我理解,西方社会公共生活的产生是历史发展的必然。资本主义社会发展到一定程度,其内部矛盾得以发展,从而促进资本主义进入下一个发展阶段。正如哈贝马斯指出的,资产阶级公共领域首先可以理解为一个由私人集合而成的公共的领域,但私人随即就要求这一受上层控制的公共领域反对资产阶级权力本身③。公共生活是人类社会的一种相对高级的生活,因为它要求公共性、追求公正等,还需要相关的制度保障。

西方社会的公共生活有现实社会经济发展的基础,在不同的社会形态中公共生活的表现形式、强弱程度各不相同,而且在漫长的发展过程中,相关的理论也一脉相承。就当前的诸多理论而言,自由主义、社群主义和多元文化主义、共和主义等几大政治哲学流派,他们对公共生活的理解也存在差异。第一,相对而言,自由主义更加重视个体的权利和自由,为此提倡注重制度建设,而不苛求人的高尚的行为。自由主义更加注重私人生活和私人空间,虽然提倡公民美德,但对于公民行为选择并无强制要求。公共生活需要制度保障,自由主义就是提倡制度保障的重要力量。第二,共和主义政治哲学思想流派起源于亚里士多德时期,复兴于汉娜·阿伦特等哲学家。新共和主义的代表人物汉娜·阿伦特认为,公共事务是私人事务的一种功能,是私人事务唯一共同关心的事情④。共和主义认为,共同生活是至高无上的善,参与共同生活是公民的责任和义务,要求公民做积极参与的公民。第三,社群主义更加强调公民的责任和群体的公共生活,认为社群的公共生活可以更好地体现公民的责任,激发公民的潜能。迈克尔·桑德尔针对自由主义的自由观指出,自由并不仅仅是在市场中进行选择的自由;只有当我们能够参与到那种帮助我们实现潜能的公共生活

---

① 张康之,张乾友. 公共生活发生的路径 [J]. 学海,2008,(01): 77.
② 晏辉. 公共生活与公民伦理(上)[J]. 河北学刊,2007,(02): 47.
③ 哈贝马斯. 公共领域的结构转型 [M]. 曹卫东,译. 北京: 学林出版社,1999: 202.
④ 川崎修. 阿伦特: 公共性的复权 [M]. 斯日,译. 石家庄: 河北教育出版社,2001: 258.

时，我们才是自由的。自由可以理解为最大限度地促进人们实现自己的潜能①。通过这些对公民和公共生活的不同理论论述，让我看到了不同理论视野下的公共生活，国家、社会、公民三者之间的关系决定了如何定义和理解公共生活。

朱：的确，不同理论对公共生活理解不同。社群主义作为最新兴起的政治哲学思想，其之所以能够在自由主义与共和主义两大传统流派中获得生存发展的空间，是有道理的。

公共生活在历史上有不同的表现形态，在历史长河中不曾断裂，其中一个重要的因素就是公共性（或社会性、群性）是人的本性之一。参与公共生活既是人的社会性本能之一，又是人的生存发展所必须的条件。

公共生活的核心精神是公共性。沈湘平认为，今天，公共性更应当理解为对多元的个体性、私人性和同一的普遍主义、极权主义的双重超越。从现实范围来看，公共性包含四个层面：民族—国家内部的公共性层面、民族—国家之间的公共性层面、跨越国家界限的个体之间的公共性层面、人类与自然之间的公共性层面，这是当代公共性四个典型的层面，它们的统一将是一个历史的过程。对于个体而言，公共性意味着在一个敞开的公共领域因他者的存在而获得自我在场的真实体验；对于社会而言，公共性则意味着一种"让公开事实接受具有批判意识的公众监督"的秩序建构原则与价值理念②。但这个还不够。就狭义上说，"现代国家代表公共利益，又通过它的政府及其治理活动去维护和促进公共利益，这就是公共生活的基本内容"③。就广义而言，公共生活绝对不仅仅指政治生活。

生：我是否可以这么理解：公共性意指彰显、开展、表现，而彰显、表现都发生于"有他人在场"的领域或空间，有人在场目睹、耳闻、见证、辨认、解释、判断所出现与发生的行为、言论、现象与事件④。阿伦特认为"公共性"一方面指人民或公民关心与共享的事物，另一方面也指具有法律组成的与公共利益的"社群"或"共同体"⑤。如果人们关怀的是一己之私，那么就没有形成

---

① 周濂，刘瑜，桑德尔. 理解"善"才能追求正义——迈克尔·桑德尔访谈录 [N]. 南方周末，2011-05-26（E31）：4.
② 沈湘平. 论公共性的四个典型层面 [J]. 教学与研究，2007，（04）：19.
③ 张康之，张乾友. 公共生活发生的路径 [J]. 学海，2008，（01）：76.
④ 蔡英文. 政治实践与公共空间：阿伦特的政治思想 [M]. 北京：新星出版社，2006：97.
⑤ 蔡英文. 政治实践与公共空间：阿伦特的政治思想 [M]. 北京：新星出版社，2006：96.

公共领域，如果所关切的问题是人们共同生活世界的事务，如公益事业，就构成了公共领域。阿伦特认为公共领域的特征有：（1）成员具有平等身份；（2）公共领域是行动者通过言行展现自我、与他人协力行动的领域；（3）公共领域是一个以意见取代真理、从意见中掌握真理的领域①。也就是说，每一个意见都不是绝对真理，但都代表部分真理。公共生活需要人们沟通、表达、共同商讨，需要理性判断，理性判断来源不是单纯的个人偏好，而是私人对公共事务的关注和公开讨论。我认为，阿伦特所说的共同关心的事物是指公共生活的对象，公共生活的价值基础在于自由、平等、自主、自律、开放等，公共生活尊重每个人不同的利益，在此基础上，人们通过沟通表达等方式谋求共同利益的最大化。

公共性从根本上讲是人的平等问题，是具有共通性的人共同生活在这个世界上共同面对和解决公共问题，建设共有的家园。郭湛等学者在研究中指出，公共性在人与人之间具体的样态有五个层面：第一，共在性—共处性—共和性，指的是从人类最初产生之时，意识到他人的存在，与他人共同生活的原始共在、等级性的共在共处。第二，公有性—公用性—公利性，公有性指所有人的共有性、非私人独占性、非排他性，即利益的共同性，例如森林、矿藏、公园等。第三，共通性—共谋性—共识性，共通性指的是人的类特性，通过内在的交流而达到的契合，相通性主要通过人类的道德情感机制发挥作用②。

朱：谈到这里，我需要指出情感在个体和人类的发展过程中的重要作用，基本的道德情感是人类能够共同生活的基础。俄罗斯伦理学家吉塔连科指出，人类共通性的道德内容主要包括三部分：其一，最普通、基本的道德规则。其二，道德感受、激情和感情的某些共同心理形式。虽然道德在内容和社会意义上可能不同，但内心活动的心理形式相似。其三，那些有几千年历史根源的宝贵的道德文化遗产，如同情、感激、诚实、友善等是具有全人类意义的规则和准则③。这三部分与当下的全球伦理等概念有相通之处，这是人道主义的心理和道德基础，也是基本内容。人类有了自我意义之后，意识并领悟自我，还可

---

① 江宜桦. 自由民主的理路 [M]. 北京：新星出版社，2005：306-307.
② 郭湛，王维国，郑广永. 社会公共性研究 [M]. 北京：人民出版社，2009：97-106.
③ 季塔连科. 马克思主义伦理学 [M]. 黄其才，等，译. 北京：中国人民大学出版社，1984：43-44.

以理解他人乃至人类的类本质。

生：的确，人类的共通性可以产生不谋而合，但多数时候需要通过沟通，谋而合。共谋，不是贬义，而是强调共同商议、谋划，协调行动，形成无压迫、少强制支配的平等关系，求同存异，达成共识。这也就是共通—共谋—共识层面的公共性。接着上述类型划分，第四个层面的公共性表现为公意性—公义性—公理性。在达成共识后，还需要进一步确认共识的权威性。这种初步共识需要转变为公意、公义和公理，成为公共的理念。公意是指在共识的基础上人们形成的更为广泛的公共舆论、公共价值。公意具有一定的合法性，体现大多数人的意见，倾向于平等，指向公共利益。作为公共性的公理性，指的是公理的自明性、普遍接受性、普遍认同性和普遍有效性，是人们行为中所体现出的与公理的契合性[1]。

这一层面与您之前阐述的我国传统文化中的"公"的类型之二的伦理型的"公"一脉相承，可见当下我们在学习引用西方的"公共生活"等概念时，需要采用传统文化中的观念对其进行解读。

第五个层面的"公"的具体样态为公开性—公平性—公正性。公共意识、公共精神和公共理性的内在多体现为公意、公义和公理，其外化体现为公开、公平和公正[2]。这几个词的基本含义也比较清晰。公共性作为一种社会文化现象，经历了不同的发展阶段，从而呈现出不同的样态。在其实然性上，公共生活体现为国家、社会和个体三者的动态交互过程。

朱：我基本同意你之前的概括，但仅综述他人的观点是不够的。公共生活，简而言之就是能够体现公共精神的共同生活。公共生活有以下几个特点：第一，公共利益得到广泛关注，进入公众领域，构成了公共生活的内容。公共生活的内容不再是个体的私事或家庭琐事，而是关系到共同的利益。一个好的目标、共同的利益都可以看作是公共利益，例如，保护环境、提高最低保障、改善农村办学条件等问题。第二，在参与主体上具有开放性、非特定性。所有的公民都应该参与公共生活。第三，公共生活的过程具有一定的价值基础和程序原则。如尊重个人的基本权利、遵循民主协商的程序、知情同意、尊重少数者的权益、

---

[1] 郭湛，王维国，郑广永. 社会公共性研究[M]. 北京：人民出版社，2009：97-106.
[2] 郭湛，王维国，郑广永. 社会公共性研究[M]. 北京：人民出版社，2009：97-106.

求同存异、多元共存等。公共生活还涉及公共理性，公共理性是公民的理性能力和道德能力，公共理性的目标是为了整个共同体的发展而寻求普遍的公共利益。

生：在理想的状态下，每个公民都能够参与公共生活。参与公共生活很重要，无论是否意识到，公共生活都涉及每个人的生活。谈了这么多，非常受益，谢谢您。

上文谈了很多关于"公""公共"的东西，作为教育研究者关注公共生活很有意义，学校教育一定要关注公共生活吗？

朱：学校教育关注公共生活是历史的必然。从学校教育产生和发展的视角来看，工业化大生产意义上的现代学校，其产生就是应公共性的要求，本身就蕴含着公共性和公共生活。从教育的产生与发展历程来看，德国教育是欧洲公立教育的源头。德国从1619年提出义务教育、1763年普遍效仿，到1813年先后多次修订义务教育法，被公认为最早建立义务教育制度的国家，德国的公立教育尤其是初等教育发展充分体现了公共性的要求。德国社会生产力的发展要求学校教育为工厂培养具有基础知识、能够操作机器的劳动者。

除了生产力的发展，德国和欧洲经历了长达几个世纪的启蒙运动，启蒙思想家提倡人学，推崇人的主体性，高扬理性精神，第斯多惠的《初等教育》《德国教师指南》，福禄贝尔对教育的论述，黑格尔的《市民社会》等都充分体现了公共性的要求。

学校教育发展的思想背景是启蒙运动的理念。捷克教育家夸美纽斯在昆体良的基础上详细地论述了班级授课制，提倡普及教育。当时接受教育是富人的特权，他们可以把子弟送进学校或请家庭教师来进行教育。穷人没有机会接受学校教育，然而在将来要成为工人的儿童中，"也许有一些优异的才智之士，他们就这样被毁掉、被摧残了"[①]。夸美纽斯指出，应该设立多种类型的学校，尊重儿童的个性和年龄发展阶段的不同。他说："学校是人性的工场。这是明智的说法，因为毫无疑问，通过学校的作用，人真正地成为人。"[②] 夸美纽斯提倡把

---

① 夸美纽斯. 大教学论·教学法解析[M]. 任钟印，译. 北京：人民教育出版社，2006：76.
② 夸美纽斯. 大教学论·教学法解析[M]. 任钟印，译. 北京：人民教育出版社，2006：70.

一切知识教给一切人，提倡普及教育，设立各种不同的学校。普及教育意味着人人平等地接受教育，背后的价值理念是人人平等、天赋人权等启蒙理念，公众、平等观念都是公共性的内涵。

现代学校产生于大工业时代，启蒙思想是其价值底色，因此公共性蕴藏在现代学校与班级之中。学校，从其产生之日就包裹了公共性的要素，只是隐而未彰。学校承担着学生的个性化与社会化功能。班级授课制适应了机器大工业生产的要求，为社会培养大量的合格劳动力，提高了教育的效率，有利于普及教育，其背后的思想是人人平等，蕴含着最普遍的公共性价值。学校教育历经数百年发展，公共性蕴藏在学校的产生过程中，如今有必要和可能复归其公共性。

哲学上公共性、公共哲学的兴起与流行有助于我们思考教育中的公共生活。我国 20 世纪 80 年代开始的诸多主体性教育实验，就是以主体性哲学为基础的教育实践。从现代主义提倡人的主体性到后现代主义提出人的主体间性，主体间性寻求的目标之一是主体之间的理解与共通之处。鲁洁先生及弟子所提倡的人学，是建立在哈贝马斯主体间性的基础之上的，强调人是在生活情境的互动交往过程中相互建构的结果。公共哲学的兴起与流行既是对主体间性的一种超越，也是对社会现实的反思。

然而，随着我国社会的发展，学校发生了功能异化，经济功能被放大，以至于学校沦为了个人升学、就业、获得大好前程的阶梯，公共性被淹没和忽视了。学校生活复归公共性是学校教育发展趋势的必然要求，也是人类社会发展对人的素养的要求使然，复归公共性的学校生活是对以往教育生活的超越性回归。

学校教育关注公共生活，这是应对当下社会的挑战，满足未来社会发展的需要，也是满足个人发展的需要，更是学校教育的本质属性之一。

当前全球化、民主化进程加深要求全球公民都学会过公共生活，国家现代化的竞争也是公民素养的竞争。21 世纪初，各个国家都争先进行教育改革，其中重要的内容就是培养具有良好素养，能够参与社会生活，具有国际视野的世界公民。

2016 年，我国发布的《21 世纪核心素养教育的全球经验》研究报告显示，全球重视的两大类 18 项核心素养，其中 9 项为领域素养，另 9 项为通用素养，通用素养分别指向高阶认知（批判性思维、创造性与问题解决、学会学习与终身学习）、个人成长（自我认识与自我调控、人生规划与幸福生活）与社会性发展（沟通与合作、领导力、跨文化与国际理解、公民责任与社会参与）[1]。这其中沟通合作、跨文化、公民责任等，都涉及人的个性与社会性的发展，因此，如何帮助人的群性更好地发展，如何理解社会性、公共性，如何帮助学生学会共同生活，如何建构公共生活等问题，都是我们需要迫切回应的问题。

然而，现在的学生、未来的社会的主人多在谦让、分享、沟通、与他人共处、关怀等品质方面存在一定缺陷。由于竞争压力增加，他们的生活中除了学习就很少关注其他的人或事，这是很危险的事情。目前，教育培养出的很多人自利、自私，只关注自己的蝇头小利，为了自己的饭碗，遇见不正义的事情都不敢说，年纪轻轻就城府很深。我觉得这样的人很可怕，这样的人构成的社会更可怕。人是个性与群性的结合体，许纪霖指出的"大我的消解"之后，健全的"小我"没有发展起来。我们需要健全的"大我"和"小我"的恰当结合，今天缺少的是"大我"。

现在的教育缺乏主体性，跟着经济、市场走，跟着大众文化走，追赶着各种教育界的时髦名词，甚至有些媚俗。我不反对教育中应包含生活的要素，而是反对教育跟风走。这样会导致教育失去教育性立场，迷失在功利性、市场化、流行低俗的潮流中。

对于培育人的问题，学校教育必须充分发挥主体性。"学校教育是制度化学习和在家庭之外实现社会化的第一步，是社会学习——学会做人和学会共处——的重要组成部分。学习不应只是个人的事情。学习作为一种社会经验，需要与他人共同完成，以及通过与同伴和老师进行讨论及辩论的方式来实现"[2]。学校教育应该通过关注公共生活、建构学校公共生活、提升学校日常生活的质量来培养具有良好素质的公民。

学校教育应该发挥主动性，为学生提供带有情感温度和价值引导的公共生活和公民教育。"学校应该提供的是深思熟虑的、仔细设计的、内容广泛的公民

---

[1] 北京师范大学中国教育创新研究院. 破译 21 世纪核心素养教育的全球经验 [N]. 中国教师报，2016-6-8（3）：2.
[2] 联合国教科文组织. 反思教育：向"全球共同利益"的理念转变？ [M]. 联合国教科文组织总部中文科，译. 北京：教育科学出版社，2017：40.

教育，还应该注意勇敢行动之路的可能障碍"①。学校应该积极主动地回应社会变革，发挥主体性，构建学校公共生活，回归其公共性。如果学校不能够构建公共生活，那么学校教育就是被动的、没有立场的。

生：当前社会急剧变化，越来越走向法治、公平，个体参与度更高，更加凸显个人的价值，这些对教育也有新的要求。杜威在《学校与社会》中说："我们的社会生活正在经历一个彻底的和根本的变化。如果我们的教育对于生活必须具有任何意义的话，那么它就必须经历一个相应的完全的变革。"② 杜威的这段话与当今我国的社会状况很相似。教育之所以被诟病，就在其没有满足社会发展变化的需求。杜威说："社会是由一些循着共同的路线，具有共同的精神，并具有共同的目的而活动的个人聚集在一起而成的。这种共同的需要和目的，要求日益加强思想的交流和感情的和谐一致。目前学校不能把自己组成为自然的社会单位的根本原因，正是由于缺乏这种共同的和生产性的活动的因素。"③学校应该做出相应的变革，在学校生活中培养学生适应社会、参与社会事务的能力。我认为，教育属于社会整体系统的一个子系统，社会变革必然要求教育变革。教育的立场是坚持为人的发展和需要服务，而且面对迅速变化的社会，教育必须要做出相应的变革。

朱：的确，对于我国社会所面临的公共生活的问题，教育就是要应对。李慎之认为，"千差距万差距，缺乏公民意识是中国与先进国家的最大差距"④。公民能力不足、缺乏公共精神等问题，很大程度上归结于教育中缺乏公民教育和公共精神，在学校日常生活中、在课程教学中公民教育明显不足。

生：从大体上来看，我们的社会、公民和学校教育都缺乏公共生活、公共精神。我可以举两个例子。一是，2011年11月23日下午，福建古田县两百多名小学生停课，身着校服站在县政府大院内的道路两旁，夹道等待前来开会的领导。二是，2011年11月23日晚，成都一所中学从4000余名学生中遴选出19名"尖子生"享受"最优待遇"——和校长一同共进晚餐，有的学生激动地

---

① 怀特. 公民品德与公共教育 [M]. 朱红文，译. 北京：教育科学出版社，1998：4.
② 杜威. 学校与社会：明日之学校 [M]. 赵祥麟，等，译. 北京：人民教育出版社，2004：37.
③ 杜威. 学校与社会：明日之学校 [M]. 赵祥麟，等，译. 北京：人民教育出版社，2004：29.
④ 李慎之. 修改宪法与公民教育 [J]. 改革. 1999，(03)：5.

哭起来①。我觉得县政府开会让学生做迎宾，把学生当作取悦某些人的工具，是不尊重教育规律。对于共进晚餐这件事情，校长可以做多种解读，但这其中有与校长吃饭约等于特权和恩赐之意。以上两种分析让我觉得学校里的公民教育还不够，学生也没有参与什么公共生活，中国教育、公民的启蒙与现代化还任重道远。

但我并不失望，更不绝望，会保持希望并积极行动。我觉得希望是"行动的本质上的生成"②，有希望就有行动，只有亲自参与、采取行动改善不够合理的现实，才能创造更好的社会。虽然教育现实有不遂人愿的一面，但也在逐渐好转。

朱：学校组织不同于其他组织的根本特性在于其鲜明的教育性。不能将政治学、经济学、社会学、管理学中的组织体系、管理层级、领导与被领导关系、指挥与服从、目标与结果等简单地移用到学校管理中来。教师的组织文化重要的是在于赋权，释放工作的积极性与创造性，形成集体的民主、公正、和谐，为此需要学校管理层和教师的民主、公正，需要理解和对话。

然而，现在学校中仍有太多的事例让我们担忧：学生得不到老师的平等对待，孩子们的权利意识、独立意识、自我价值感需求已空前增长，而师长们却没有相应的准备；孩子们要在文明有序的环境中锻炼过社会生活、公共生活的能力，但我们自身民主包容精神不足，耐心不够，对话能力不强；情感教育在今日学校群体异质性大为增强的情势下更加必要；校园是洋溢着青春活力还是死气沉沉，是民主开放还是专横封闭，一个个活动是真实生动、凝聚着学生创造力的，还是被动编排、徒有形式，从操场、教室内外、礼堂，到社团活动场所、餐厅，大抵都是体会得到的；即便是规范性较强的大型仪式活动，诸如升旗、庆典、生命宣誓等，如果庄重、人文，且不失真，参与者身心沉浸其中，也一定能够获得情感和精神的升华。

还有，最近几年尤其突出的校园欺凌、群体斗殴、师生互殴，学生因厌学、精神空虚而文身、刺青、逃学，毫无外显表征的少男少女自杀事件，应试倾向的顽固、家长的社会性焦虑，等等。现实德育的危机是社会病症的反映，丢失

---

① 王石川. 教育最失败是公民教育缺失[N]. 广州日报，2011-11-26（A9）.
② 怀特. 公民品德与公共教育[M]. 朱红文，译. 北京：教育科学出版社，1998：12.

了诚实,丧失了信任(互信)必然导致这些现象的发生。我们要用人文主义精神重建关怀—信任(互信)的人际情感,让充满情感画面、情感记忆的难忘的人物、事件进入学生的精神世界,重构学校生活与公共生活。

没有相应生活的锻炼就无法培育出与之相应的意识。学生必须在公共生活中才能学会过公共生活,才能获得相应的经验和技能。正如陶行知所说,生活即教育,过什么样的生活就受什么样的教育。他的思想与学说要求从"人"自身的改造与解放开始,培养"自主""自立"和"自动"的小公民,实现推进社会改造与进步的目标,使教育成为民族解放和人类解放的武器。他坚信,生活是教育的中心,"生活教育是给生活以教育,用生活来教育,为生活向前向上的需要而教育"①。陶行知先生所指的"生活"就是中国的实际国情、人民大众的生活状态,以及中国丰富的历史、文化和自然资源。他还说过,"时代是继续不断的前进,我们必得参加在现代生活里面,与时俱进,才能成为长久的现代人"②,要"用四通八达的教育"创造"四通八达的社会"。这些就是我们今天所探讨的学校公共生活的问题啊。

生活教育、生命教育、对民主的追求是陶行知思想的重要组成部分。学生在学校里要学会过公共生活,学会与他人共同生活,学会共同做出决定与行动,懂得其中的规则及其背后的价值基础,明白公共生活的局限和意义。公共生活的最主要层面就是学生学会自己解决问题,而这需要依靠民主、学生自治。陶行知非常强调民主和学生自治。他指出:"在民主的生活中学习民主,在争取民主的生活中学习争取民主,在创造民主的新中国的生活中学习创造民主的新中国。"③他刻意强调,自治的学生指全校的同学,有团体的意思;学生自治指自己管理自己,有自己立法、执法、司法的意思;学生自治与别的自治稍有不同,因为学生还在求学时代,就有一种练习自治的意思。简而言之,学生自治是学生结成团体,大家学习自己管理自己的方法④。此时,也许部分教师会说:学生练习自治?中小学生都是未成年人,他们自治必然会产生诸多矛盾,帮助他们解决矛盾比我们直接教育他们更麻烦。对此,陶行知指出:"学生的德育发

---

① 陶行知. 陶行知全集(第4卷)[M]. 成都:四川教育出版社,1991:428.
② 陶行知. 陶行知全集(第3卷)[M]. 成都:四川教育出版社,1991:248.
③ 陶行知. 民主教育[A]. 陶行知文集[C]. 南京:江苏教育出版社,2008:946.
④ 陶行知. 中国教育改造[M]. 北京:人民出版社,2008:16-17.

展，全靠着遇到困难问题的时候，有自己解决的机会。这样就长进了一层判断的经验。问题自决得愈多，经验越丰富。"① 当然，学生自己解决问题非常可能出现成人世界的自治与民主的种种弊端，这时就需要教师和家长的指导了。

生：陶行知的理论与实践令人赞叹。他师从杜威，能够把杜威的理论中国化，在本土进行教育理论的思考和教育实验，提出少有的属于我国近现代的教育理论。他对于学校的民主生活、学生自治生活的见解深刻、切近人性，对儿童的了解胜过很多人，他的理论在当下仍然非常具有说服力。

我有一个困惑，除了您在之前谈到的我国传统文化典籍和民族意识中的"公"的观念，除了陶行知的现代民主教育思想，在二者之间还有其他的过渡性思想家吗？据我了解，梁启超对于未来国家的公民和公民教育具有著名的论述。梁启超指出，"国家，譬犹树也；权利思想，譬犹根也"，所以"为政治家者，以勿摧压权利思想为第一义；为教育家者，以养成权利思想为第一义；为私人者，无论士焉农焉工焉商焉男焉女焉，各以坚持权利思想为第一义"②。他在《新民说》中还大声疾呼现代中国公民应该具有自由自治自尊精神、政治能力和社会公德等素质。对此，您怎么看？

朱：20 世纪初，我国思想领域兴起了一场重要的讨论，其中很多西方世界的词汇通过日本传播到我国。这一时期出现了公德和公益等作为新型的"公"的观念。日本当时的公德概念包括：不伤害他人以及公众的利益；协助他人并为公众创造利益；为国家效力③。目前公认的是，梁启超最早引入"公德"一词，主要包括两层含义，一是爱国心，二是公共心或公益心。梁启超的公德观对我们理解公德具有重要影响。梁启超对公德与私德的划分，公德过于狭窄，私德过于宽泛。这是他归类时遇到的困境，他自己也清楚。他追求新道德，期盼新道德产生新公民，实现国家和民族的解放。这样的困境就是中国传统文化、道德与现代西方社会道德观念的差异，这不是他一个人能够跨越的鸿沟，这需要我们几代公民的持续努力，既要学习西方，更要依靠我们自己民族与国家的积极努力提升和完善。

生：回到社会现实，与公共、公德相联系，我知道您早在第八轮基础教育

---

① 陶行知. 中国教育改造 [M]. 北京：人民出版社，2008：19.
② 梁启超. 新民说 [M]. 黄坤，评注. 郑州：中州古籍出版社，1998：96.
③ 陈弱水. 公共意识与中国文化 [M]. 北京：新星出版社，2006：108.

课程改革的时候就主持了《全日制义务教育思想品德课程标准（实验稿）》的研制，之后又主持课程标准的修订，还主编了《思想品德课程标准解读》，2012年起担任人教版初中《道德与法治》教材[①]的主编。这些工作都是相当艰辛且艰难的，很多支持教材开发的基础研究没有，研究德育的人也太少了。从课程标准、课标解读到教材，都提到了公共精神、公共生活。您能具体说一下吗？

朱：国家教育理念、课程与教材都已经发生了变化，公共精神、公共生活已经进入了课程和教材，因此学校教育必须要关注和建构学校公共生活，这是教育回应社会现实的必然选择。《全日制义务教育思想品德课程标准（实验稿）》于2003年颁布，它力图反映改革开放以来不断进步的德育思想，体现素质教育的诉求，表达我国第八轮基础教育课程改革的理念，其实施效果获得教育理论界和学校教师、学生的积极认同。

为跟进社会和教育的变化，体现党和国家对年轻一代思想道德成长的新要求，更好地满足青少年自身成长的需要，在教育部领导下，2006年思想品德课程标准修订组成立，我担任修订组组长。我们在调研、论证的基础上，2007年底形成了初步的修订稿。之后，修订组全体成员不断学习中央及教育部颁发的相关文件，分析讨论教育部调研数据，反复研究专家意见和建议，广泛听取一线老师和教育工作者的意见、建议，认真推敲表述文字，至2011年4月基本定稿。此后，经过又一次对大中小学德育课程衔接及其整体构建研究结果的参考、认真吸收，比如，对爱惜生命，与小学高年级的要求如何衔接和提升难度，对保护环境的态度及行为，在小学的基础上进一步理解人与自然的相互依存关系等都做了及时调整，经进一步修正才定稿。

课标修订工作遵循两个原则：一是完善标准原则，即保持大结构不变，注重局部调整，精益求精；二是与时俱进原则，即紧跟时代发展的步伐，强调以社会主义核心价值体系为引领，充分体现以人为本，为学生成长服务。

至2011年11月，新课标由国务院批准正式颁布。课程标准修订进一步推动了该课程由学科逻辑向生活逻辑的转变，高度重视联系社会变迁和科技发展，以及青少年成长的需求，更加生活化地选择教学内容、组织教学活动，希望更

---

① 教材编写中发布了《关于2016年中小学教学用书有关事项的通知》，2016年起，小学《品德与生活》《品德与社会》和初中《思想品德》教材名称统一更名为《道德与法治》。

加符合初中生身心发展特点，改变学校教育中生命价值不够凸显、公民意识不足、责任担当薄弱的状况，建立旨在认同核心价值观、发展健全人格、形成法治意识、培育公共精神的课程价值观，真正体现为国家培养合格公民，为学生道德与精神成长服务的课程功能。

新修课标首次使用"有公共精神，增强公民意识"的表述；透过法治教育，通过学会过公共生活、培育公共精神、关心中华复兴和人类命运共同体来实现公民意识教育。这些在教育目标和内容上都有明显加强。

2012年3月，人教版新教材启动编写。由于本套教材是作为教育部部编教材定位的，希望依据新课标编一套较高质量的德育教材，体现党的十八大以来建设精神文明新的战略要求，更好地发挥德育课程的功能，故本套教材不是仅对人教版原教材的修编完善，而是对整套教材在框架结构、编排立意上做了全部重新设计。编写组首先在全国东、中、西部进行了三个月的深入调研，对之前多套教材十年来的使用情况做效果分析和比较分析，对不同地区教师的教学能力、学生的学习需求做深入了解；随后在框架结构、编排立意上又花费了几个月的时间反复研讨、论证、修改。

教材的编写过程是极其艰苦的思想碰撞和创造性的工作过程，不断经历着理想性与现实性的碰撞、局限性与可能性的博弈、思想性与通俗性（易读性）的磨合、时代性与传承性的融整；期间自始至终由教育部相关部门直接领导，得到中央领导直接关怀指导，接受中央有关部委办及相关专家咨询以及多次严格审查，得到教育学、政治学、法学、伦理学、心理学、哲学等领域重要学者的鼎力相助和支持，得到学科教研员和一线教师的配合，他们提出了许多有价值的中肯意见。两册八个单元每一课都选择了不同发展水平地区和学校的教师进行试教，并反复研讨诊断。

教材的总体设计是，以初中学生生活经验为依据，以青春生命在与他人、集体、社会、国家以及全球关系中的自我发展为线索，以培养社会主义合格公民为中心，遵循生活逻辑，整合道德、心理、法律及国情方面的知识，凝练三年六册教材各个单元的学习主题，统筹安排各年级教育。其中，七年级以学校生活为主，八年级以社会公共生活为主，九年级以国家政治生活及全球视野为主。社会主义核心价值观的12个范畴，国家法治委和教育部对初中生法治教育的要求均通过不同的学习主题得以落实。

八年级学生的社会化程度逐步提高，活动范围逐步由"熟人圈"向"社会公共生活"扩展。承接七年级"熟人圈"的交往，八年级以"公共生活"为平台，帮助学生走向公共生活、参与公共生活、融入公共生活，培养学生共同参与的公共精神。它以社会公德、公民品格、公共精神培养为核心，以公益和公平两个原则为主线，引导学生学会与人共处、共享公共利益、共担公共事务、共治社会秩序，实现社会成员的共赢与和谐，除了有民法部分内容的落实，还全面渗透了法治在调整公共生活中的意义价值。

其中，公共利益是个新主题，也是这些年的新话题，是落实新课标的重要内容。第三单元第六课以"我们的公共利益"为主题，旨在引导学生关注身边的公共利益，理解公共利益是社会成员的共同需要。同时，明确公共利益与个人利益是相互依赖、相互包含、相互促进的，公共利益牵系着社会每一个成员；每一个社会成员都应当关爱社会，自觉维护公共利益。第七课以"心系公共利益"为主题，旨在引导学生认识到公共利益主要由税收、捐助而来，需要社会成员共同维护公共利益，共同治理公害；共同谋求的公共利益需要共享，在公共资源的分配和公共设施的使用方面应当坚持公平原则——同等对待全体公民；区别对待不同的人；优待处境最不利者。

公共精神是新修订课标增加的内容，培育公共精神需要学会在公共生活中与他人尤其是与陌生人相处、打交道。第八课以"学会共处"为主题，旨在引导学生以平等尊重的态度对待社会成员；正确认识公共生活中的分歧，能够尊重差异，通过对话合作的方式求得共识；对待弱者要积极守望相助，给予人文关怀和法律帮助。

公共精神在更高层面的要求是奉献社会。第九课以"共同行动"为主题，旨在引导学生认识到公共事务关系大家，需要大家一起出主意，付诸行动；增强学生奉献社会的意识，积极参与慈善事业和志愿者行动。第四单元要求学生在行动上能够学会与人共处、践行公共精神，是全册的总结和落脚点。

八年级下册是法治专册，其第一单元"维护宪法权威"是法治专册内容体系的逻辑起点。第二单元，强调公民意识教育是初中道德与法治课程的重要内容，因为培养学生的公民权利意识，增强其公民责任感是本课程的重要任务。第三单元，明确增强学生的国家意识，强化学生对国家的认同感，是道德与法治课程特别是法治教育专册的重要目标。第四单元"崇尚法治精神"是法治专册的逻辑升华，也是法治教育的落脚点。

以上是我担任主编的时候对教材的总体设计。具体而言，教材呈现的线索采用如下的逻辑进路：创设情境经验引入—直面矛盾和困惑—进行道德判断和价值选择—体验道德成长—相关行为和行为能力及方法的指导。教材不再只是讲道理，还融入了很多思考问题的框架和行动方法，教材想要呈现给学生如何选择行动的策略和方法。

生：通过您的亲身经历，我们看到了国家教育目标的变革、基本教育理念的变化和教材的具体实质性的变化，真的令人振奋。希望通过这些变化能够促进学校课堂生活、日常生活的变革，从而实现教育的整体性改善。

朱：虽然教材不是完美的，但我们做了很多努力和尝试。我认为，以教材和课程改革推进学校公共生活是一条重要的路径，另一条重要路径就是学校发挥教育主动性，积极建构公共生活。学校教育应该而且必须能够积极主动地回应社会变革，积极主动地建构、创造生活，使得学生在其中能够获得当下和未来所需要的基本情感、态度和能力等。课程和教材都已经变了，学校的日常生活就必须做出相应的改变，因此也就必须关注、改善、建构学校公共生活，为学生提供一种"准公民"的教育生活。

学校公共生活：
为学生提供"准公民"的教育生活

生：您提到，学校教育生活是"准公民"的生活，公民教育中应该蕴含公共生活、公共精神。据此我认为，公共生活与公民教育密不可分。公共生活侧重强调一种生活方式，参与主体是公民；学校生活是一种培养公民的准公共生活，具有一定的特殊性质。公民素养的生成依靠公民教育的理论与实践。在具体实施公民教育的时候，应将这些目标融化、融合、融入具体公共生活中，使得公共生活成为一种学生真实体验的、完整的、可以内化的生活，承载着这些教育内容和目标。公共生活可以看作是公民教育的一项重要内容和目的。您是怎么考虑的？

朱：二者之间你中有我，我中有你，复杂交错且缺一不可，相互依存，各自有自己的理论和视角。没有好的公民教育，就很难产生好公民，公共生活的质量也就无从谈起。提高公民素养需要公民教育充分发挥作用，同时也需要与道德教育相互配合。

生：从传统意义上说，课堂和教学应该具有培养人的良好的道德品质的功能，也就是说培养好人。现在提倡在课堂和教学中培育公民、好人和好公民，公民道德教育和价值观教育需要同时对同一个载体进行培育，这其中是否会存在矛盾？

朱：我和香港学者李荣安都认为，每个公民个体如何在集体、社会中生活，这涉及一个个人操守的问题，也就是人与人之间相处时的道德态度与道德行为问题。当然，它背后是道德价值观的问题。谈到这个问题，就要回答什么是道德，以及道德主要的目的是什么。

认为道德就是个人道德，关起门来做什么这是个人的事情，跟其他人没有关系，这是西方道德教育的起点，基本上是个人主义的道德价值观。西方道德教育中强调的道德推理、价值澄清都是从个人出发的。但是他们忘记了，如果一个人有很好的操守，但这个操守不能够发展出群体生活，就完全没有意义。所以，拥有积极的价值观以后，下一步是什么？下一步就是人与人相处。如果个人的价值观、道德观与别人不相同时怎么处理？这就需要价值妥协。社会道德观就是通过价值妥协从个人道德观延伸、发展出来的，公民道德观也是在这个情况下出现的。在西方文化里，道德主要是以个体的文化价值认同为取向的。在这种取向下，人们推崇的是价值无涉的立场，在方法上讲求的是通过道德判断去选择一个个人所信奉的道德。这种观念指导下的道德教育，曾在美国持续了一段时间。

我们也认为，既然现在是多元社会而不是传统社会，就应当培养学生的选择能力，把培养学生的选择能力作为主导取向。我不反对培养学生的选择能力，但把选择能力当作最主要的甚至是唯一的教育目标，这一定是偏颇的。在实际人际关系处理中，还需要妥协、自持、忍让、奉献。一个关系性问题就凸显出来了。20世纪80年代美国推出了一些公民道德标准；英国1987年推出《公民教育报告书》，提到共享价值（shared values）的理念，就是说，无论个人价值观有多么重要，也要谈社会共同的价值观。公民教育就是公民身份的教育，公民身份的教育就是公民关系的教育，公民关系的教育要先从人际关系开始。公民教育和以人为本的人道主义教育连接起来了，使得公民教育有一个个体生命的根基，有一个个人处理人际关系的基础[①]。

生：您分析得非常有道理，讲得很深刻。我个人从概念的角度来看好人和好公民的问题。在基本的道德要求方面，二者是一致的。从人类社会产生起，好人就随之产生，好公民是从好人的概念中分化出来的。各个国家和社会对好人的定义不尽相同，但是好人的基本价值取向是确定的，利他是一个必要条件。我从以下几个层面考虑。第一，好人和好公民的哲学基础不同。判断一个人是否是好人，主要依据在于伦理、道德方面；判断一个人是否是好公民，则更多

---

① 朱小蔓，李荣安. 关于公民道德教育的对话[J]. 中国德育，2006，(05)：30-36.

地依赖于政治、法律。第二，好人是相对于其他人而言，属于横向比较，任何社会和地区都存在好人；好公民是相对于国家而言，属于纵向范畴。第三，一般意义而言，好公民是属于符合法律规定的权利、义务层面的；好人则超越了权利、义务层面，提升到了甚至超越了一般的道德要求。第四，好人和好公民的产生，都需要好的社会环境、教育和制度。学校教育在培养现代公民的时候，好人和好公民应该是统一的，二者都有不同的内容和层次，需要以学生的生命成长顺序、生活边界拓展为依据，逐渐使学生在这两个方面都有所了解。

朱：你可以继续思考这个问题。

生：您在前边提到了公民教育，据我了解，"公民教育"这一词是舶来品吧？"公民"源自于西方，公民和公共生活起源与发展的总体阶段应该是一致的吧？您能主要介绍一下公民、公民教育的历史吗？

朱：现代意义上的"公民"概念源自于西方社会。西方有两种主要的公民观传统：一是以亚里士多德为代表的共和主义公民观，一是以洛克为代表的自由主义公民观。多元文化论的讨论尚未兴起之前，这两种公民观主导西方的公民教育理论。之后，又逐步发展起了社群主义与多元文化主义公民教育思想[①]。自由主义以个人为本位、个人权利为核心；社群主义和多元文化公民身份则强调个体镶嵌在共同体中，共同体代表首要的善和全体成员的利益；新共和主义强调前两者之间的调和，提出无支配的自由、积极地参与等，强调在个体和群体的权利之间达到一种平衡。这是西方的公民观，不同的公民观就产生了不同侧重点的公民教育。

我国公民、公民教育等提法主要从近代开始出现。从清末民初到1949年之前，可以认为是公民教育的初现与变更时期。这一时期的公民教育产生在复杂的背景下，承担着救国新民的使命，在国家、民间组织和个人三方力量的博弈下，推动公民教育发展。这一时期，国家民族内忧外患，人民从"天朝上国"的梦中惊醒，他们逐渐意识到打破封建专制、反抗侵略才是改变积贫积弱状况的唯一出路，公民教育就是一条重要的途径。五四时期的公民教育以崇尚平民人格教育为理念，以重视公共生活与社会进步为教育标准，突出受教育者生活

---

① 朱小蔓，冯秀军. 我国公民教育观的历史演进[J]. 民主，2007，(02)：17.

经验与自主性的教育意义，从而体现出对现代公民教育思想的深刻体认①。

1949—1999 年，可以被认为是公民教育的潜伏期。中华人民共和国成立后近五十年的时间里，我国的公民教育一直以集体主义思想为本位，侧重公民的集体意识和义务。有学者认为，"公民教育应以培养公民的民族意识和热爱祖国的思想感情为首要任务，以公民权利和义务教育贯穿于整个教育的始终，以培养文明守法、自尊自爱，具有平等意识、权利意识、责任意识、参与意识、竞争意识、道德意识和法律意识等公民意识为核心；以培养具有高度的主体性和创造性精神，具有团体精神和祖国民族意识的好公民为宗旨"②。2000 年以后，公民意识教育得到了政策层面的认可，可以认为是公民教育的苏醒阶段。

中西公民教育观存在相向运动，在公民与国家、社会关系上，趋向强调公民认同意识的培养；在公民权利与义务关系上，趋向强调权利与义务的平衡；在公民教育与道德教育关系上，趋向强调公民教育以公民德行为基础③。

生：您刚才提到，公民教育实际上是公民身份的教育，很多学者都十分认同这一点。奥斯勒和史塔基认为，公民身份包括三个重要维度：情感面（feeling）、身份（status）、实践（practice）。公民资格的情感面意味着强调成员对团体的归属感、隶属感、认同感；身份层面是公民资格最重要的部分，是一位公民成为公民的条件，如纳税、服兵役、遵守法律等；实践层面意味着成为公民可享受的权利，如投票、社会福利等④。这样三个层面划分公民的含义，对于我们理解公民的概念很有帮助。西方公民教育的范式和理论能给我们很多启示，但我认为这些公民教育的分析、范式并不能够解决中国公民教育的问题。因为历史已经证明"中学为体，西学为用""西学为体，中学为用"和"互为体用"等观念都行不通。中国文化具有复杂性，需要一种本土性的理解和理论，才能够解释中国公民教育。这种理论既要注重本土的文化传统，又要能够预见中国社会的未来，还要考虑到当下中国社会的思想、文化现状。看透学校教育的实践、阅尽世间百态，了解中国和世界教育的特征，才能创造出中国的公民教育

---

① 朱小蔓，冯秀军. 我国公民教育观的历史演进 [J]. 民主，2007，(02)：18.
② 王东虓. 关于公民教育基础问题及基本内涵的思考 [J]. 中州学刊，2006，(4)：135.
③ 朱小蔓，冯秀军. 我国公民教育观的历史演进 [J]. 民主，2007，(02)：19.
④ 奥斯勒，斯塔基. 变革中的公民身份：教育中的民主与包容 [M]. 王啸，黄伟珊，译. 北京：教育科学出版社，2012：9—11.

理论。

朱：的确，教育需要理论、实践，也需要文化的积淀和人生经验等。创造出中国的公民教育模式，可以依靠传统文化的现代转型。尤其是在教育中，传统文化中的要素必须得到开发和利用，对其进行现代化转换。我和冯秀军认为，现代中国公民教育既不是培养传统等级关系中的"臣民"，也不是培养只有自我、不知他人的"莱布尼兹单子"，而是培养置身于新型的社会主义民主平等关系之中，既具有个体独立的自主意识，又对他人存在具有高度觉察能力与关怀能力的现代公民。中国传统道德教育中敬畏生命、重视生活经验、追求天人和谐的价值取向，将其进行现代性的转换，就可以形成生命、生活、生态渐次拓展的公民存在界域，为中国现代公民教育提供理念引导与支撑[1]。这一点，也正是我之前和李荣安常探讨的一个问题。"公民教育就是公民身份的教育，公民身份的教育就是公民关系的教育，公民关系的教育要先从人际关系开始"，因为"人首先从家庭这种最亲近、最直接的关系出发，才能理解逐步扩展到邻里、社群、国家、国际等较远、较间接的社会关系"[2]。

生：您这里提出了"关系"，很多人一听到关系就谈虎色变，认为日常生活很多时候坏就坏在这个"关系"上，都是传统的人情社会搞的鬼。因为有关系网，所以可以垄断各种利益。对此，我想您这里说的关系，并不是人情关系的关系，而是人与人之间的联系、相互依存，是哲学上的关系吧？有一个调查显示，传统文化中的"人情"因素影响巨大。据2007—2008年的调查，在大三和大四的法律专业本科生中，98.5%的学生认为中国法律实践中服从人情法则；57%的学生认为，人情干扰了司法独立和司法公正；当人情和法律发生冲突时，100%的学生选择服从人情的需要；90%的学生认为这种状况应该改变，但是一个长期的过程[3]。中国几千年积淀的传统文化具有强大的生命力与惯性，这是文化传统的预制性。文化传统的预制性指的是特定的文化传统对现实的人类生存和社会发展显现的、先在和先天的制约性和影响特性[4]。从人与人之间相互依存的关系入手，具体而言我国公民教育该怎么发展呢？如何在根基深厚的传

---

[1] 朱小蔓，冯秀军. 中国公民教育观发展脉络探析 [J]. 教育研究，2006，(12)：3—11.
[2] 朱小蔓，李荣安. 关于公民道德教育的对话 [J]. 中国德育，2006，(05)：30—36.
[3] 李萍，童建军. 文化传统的预制性与公民教育 [J]. 中国德育，2009，(02)：12—13.
[4] 李萍，童建军. 文化传统的预制性与公民教育 [J]. 中国德育，2009；(02)：12.

统文化中产生现代公民呢？

朱：当前教育学界主要存在几种观点。其一，我国学者汪凤炎等人认为，中国传统文化可以产生现代公民和公民教育。就学校教育、公民养成方面而言，传统文化主要有两方面的影响：第一，中国传统文化中，强调个人的道德修养，如"格物致知、诚意正心、修身齐家、治国平天下"，是以自我和家庭为中心而推论到国家和天下。这是从个人道德推论到政治美德的模式。传统儒家伦理从来都不是单纯的个人修养的伦理，它更注重天下秩序的安排，包括个人的生老病死、天下的统治秩序等。传统文化依据儒家伦理对个人的约束，依据个人的修养实施开明的政治统治，这种模式在当今时代未必能够发挥作用。第二，传统文化中，以家族为社会的基础，缺少了陌生人的角色，也就没有教人如何处理与陌生人的关系，无法直接生成现代公民。这一点与当今社会发展显得有些格格不入，因此有学者提出建构中国公民伦理。"鉴于中国传统宗法社会下的儒家伦理无法引申为现代公民社会公共领域的价值依据这一基本前提，建构中国的公民伦理成了中国现代化进程中具有历史性意义的诉求与期待。"[①]

其二，我国学者檀传宝、王啸等人认为，借鉴西方社会的公民教育经验和资源，可以促进我国公民教育的发展。檀传宝认为，我国公民教育应当注意公民权利和义务教育的平衡。所谓"平衡"，应当突出进行公民权利意识的培育[②]，因为现代社会及其公民概念产生和发展的基础首先是自由人格、权利意识的确立[③]。我国公民教育应当具有中国社会与文化的特质，反对简单的"拿来主义"[④]。对此，李萍等也从西方公民教育的逻辑出发，认为公民教育必须满足三个基本条件：以公民的独立人格为前提，以权利与义务的统一为基础，以合法性为底线[⑤]。

其三，将传统文化进行创造性的现代化转换，突出情感，可以借鉴西方的公民教育要素。我认为，我国学校教育不能够直接引入西方国家的公民教育模式，因为中国传统文化的要素和作用还是存在于社会中的，依旧发挥着强大的

[①] 曾盛聪. 论中国现代化进程中的公民伦理 [J]. 浙江社会科学，2005，(02)：129.
[②] 檀传宝. 通过公民生活实现公民教育 [J]. 生活教育. 2006，(1)：24—25.
[③] 檀传宝. 论"公民"概念的特殊性与普适性——兼论公民教育概念的基本内涵 [J]. 教育研究. 2010，(05)：19—24.
[④] 檀传宝. 当前公民教育应当关切的三个重要命题 [J]. 人民教育，2007，(Z3)：8—10.
[⑤] 李萍，钟明华. 公民教育——传统德育的历史性转型 [J]. 教育研究，2002，(10)：66.

力量。正如余净植所说："中国人具有由来已久的清官文化和清官情结，清官背后体现的是道德的力量，清官情结和文化现象所反映的也是对官员道德的倾慕与信赖。清官很少有利或根本不利于法治社会的进程。"[1] 的确，今天的中国社会需要的不是一两个包拯式的青天大老爷，而是需要完善的制度，它使坏人无法作恶。我认为，这是传统文化中相对欠缺的一个方面，也是今天我们格外重视公共生活的原因之一。关注学校公共生活也是传统文化转型的需要。我们的民族传统文化中，具有很多这种独立人格和自由精神的要素和典型代表，还具有天下兴亡匹夫有责、天下为公的公共精神，相信对这些进行现代化转化，可以成为培养中国式公民的重要文化要素。

生：我认为我国的传统文化和历史中既有阻碍现代公民生活的内容，也有公共精神的元素。也就是说，在文化的发展过程中，存在着连续性和断裂性的统一。例如，我国的传统观念中，有"天下为公""为生民立命，为万世开太平"的壮志豪情，却也存在专制制度对人的思想严重的束缚和打压。专制文化，从明清的极端专制说起，一方面，专制制度控制着人们的思想和身体；另一方面，1840年以来，中华民族长期受到外族的侵略和欺压，导致民族性格和民族精神扭曲。而1949年中华人民共和国成立以后，人们的精神总算有一个释放的渠道。也可以这样理解这一迅速变化的时期，清末停止了科考，新文化运动引进了西方的民主、科学等概念，对传统文化造成了巨大的冲击，可以认为文化的表现形态存在断裂。然而，中学派和西学派其实一直在争斗，文化的内在精神一直相互缠绕，盘根错节地存在，它没有断裂，而是换一种形态继续发展。文化其实是渗透在民族的每个个体的性格和生命中的，它是一直在发展的。即使"文化大革命"时期，几乎全国都处在狂热、不理智状态中，那也是一个时代和一个民族的文化发展表现。有人认为这是对传统文化的彻底颠覆，是文化的断裂。还有人认为这不是文化断裂而是另一种方式的传承，是与中国传统文化一脉相承的精神，是中国传统文化被压抑了之后的大释放、大解放，是传统精神在特殊时代的表现，这样的释放是有民族精神内在支撑的。正如邓晓芒所说，当一个人真的要去探讨这种思想的"规律"时，便会发现在表面的热闹底下，其实还沉睡着一个幽静的、从未被触动过的海底世界，在这里，根本谈

---

[1] 余净植. 清官与法官[J]. 读书, 2011, (07): 97.

不上真正的"发展",只有一些或并列或交替的变幻不定的现象不时地浮现到表面上来①。

朱:这种说法具有一定的合理性。但是,我们在考虑建构学校公共生活,考虑传统文化的消极作用的同时,必须考虑到,我们是生活在文化中,甚至是镶嵌在文化传统之中的,我们无法脱离传统文化的影响。因此,我们必须从传统文化中汲取营养,帮助我们学会更好地过公共生活。就此,我和李荣安、冯秀军等有所探讨。我国传统文化可以认为是一种关系文化,人人都处在伦理的差序格局中,每个人在整体的格局中都有自己的位置,以自己的地位与他人联系、发生关系。学校公共生活主要目标是培养具有公共关切心的公民,这必须基于传统文化,利用传统文化中的优秀资源。

生:的确,传统文化中的和合文化、中庸之道在今天都能够发挥很大的作用。但是,市场几乎冲击了一切生活领域,在学校教育中的体现就是竞争主导一切。我认为学校教育的重要目标是教会学生学会合作,然而现在有些学校不但不倡导学生合作,反而通过各种方式强化学生之间的竞争,导致学生之间的关系冷漠。当然,学生关系冷漠也有别的原因。然而,如果要学会过一种公共生活、社会生活,学生就必须学会与人合作,这也是公共生活的重要目标之一。

我们在前面已有讨论,现代学校教育建构公共生活需要注重对传统文化资源的开发和利用,需要对很多传统文化中的教育资源进行现代性转换。现代学校更应该重视传统文化,注重原初体验、完整体验。很多哲学家认为,中国的特长在于"实践哲学",也就是"伦理和治国学说"②方面,而缺乏西方的理性、形而上等缜密思维。中国文化以自然理性和经验理性为基础,所谓中国智慧(天、道、易、仁)不过是最抽象的原则,其中没有主体的自由和内在的概念规定,因而只能体现在最外在的感性之中。这些传统的感性经验如何在学校教育当中加以开发和利用呢?

在公共生活中,最原初的、外在的、统一的感性认识能够提供最直接的直感经验,使学生置身于公共生活当中,直接体会其中的意义,并逐渐形成认识。这种原初的统一具有深刻的教育意义。学校教育应该能够为学生提供完整的、

---

① 邓晓芒. 新批判主义[M]. 北京:北京大学出版社,2008:309.
② 夏瑞春. 德国思想家论中国[M]. 南京:江苏人民出版社,1995:5.

统一的、全程的公共生活的体验。马丁·布伯认为:"只有未与世界分离的人才能认识世界。认识不存在于对立之中,不存在于主体与客体的辩证关系中。它只存在于万物的统一之中。统一就是认识。"① 当然,在我国传统文化中,对于尊重和宽恕就有很多论述,这些都可以成为传递公共生活的重要资源。如孔子说"己所不欲,勿施于人""夫仁者,己欲立而立人,己欲达而达人",这些话都含有对他人极其尊重的思想。孔子对于"恕"有极高的评价。《论语·里仁》载曾子语:"夫子之道,忠恕而已矣。"南宋朱熹注:"尽己之谓忠,推己之谓恕。"《论语·卫灵公》讲:"子贡问曰:'有一言而可以终身行之者乎?'子曰:'其恕乎!己所不欲,勿施于人。'"

朱:梁漱溟认为,中国是伦理本位的社会,就是从家庭关系推广发挥,以伦理组织社会,消融了个体与团体这两端②。没有个体的独立,就不可能有现代意义上的公民。现代学校迫切要求培养学生的独立精神和人格,甚至是不用培养,只要不压抑,学生的个性就会自然成长。很多人不是没有个性,只是被压抑而已。我认为,培养学生的独立人格应该从尊重学生入手。就尊重学生而言,关怀伦理学与我们提出的尊重原则是一致的。美国学者内尔·诺丁斯提出"关怀伦理",应以关怀为核心建构教育体系、学校和课程体系。其强调以"关怀关系"作为人与人之间的基本关系,尤其是教师应该首先倾听学生的需要,然后对之进行反馈,这才是有效的关心;而不是以自己所假设的、想象的学生的需要为依据,对学生进行关心。

生:当今社会越来越强调公民素养,我认为除了权利义务之外,民主、竞争、合作、协商等也是公民十分重要的能力。很多学校为了培养小公民的民主能力,在学校生活的各个环节中都主张采用民主的形式。民主作为现代社会普遍认可的一种价值观念,有其可取之处,民主的观念和能力对于学生的成长也十分重要。然而,现在人们对民主的理解可能会存在误区。存在误区就会导致学校教育出现问题甚至悲剧。举个极端的例子,2010 年,有一名 15 岁的女生和同学打架,老师秉承学生自主管理的原则,发动全班同学投票来决定是让她留下学习还是请家长将其带走进行一周家庭教育。在得知自己被大部分同学投

---

① 夏瑞春. 德国思想家论中国 [M]. 南京:江苏人民出版社,1995:208.
② 梁漱溟. 中国文化要义 [M]. 上海:学林出版社,1987:70.

票赶走后，这名女生留下遗言，投渠自杀。多么可悲的事情啊！据了解，教师是为了实施民主管理，坚持少数服从多数的原则，才鼓励学生投票的。那么女学生自杀是民主的错误吗？学生自杀并不是民主的错，而是滥用民主的问题。我认为，民主的价值基础是尊重每个人的基本权利，而他们投票的事件侵犯了这名女生的受教育权。因为国家规定实施九年义务教育，学校、家长都应该努力创造条件，帮助儿童完成义务教育。

朱：在当今的社会中，民主成为一种时尚被引入学校教育中。教育"民主化"现已成为几乎所有教育革新和教育改革的一项固有的口号、标语。教育"民主化"是当前全球教育系统演变的一个基本趋势。教育的民主化需要注意，学生并不是完全行为能力人，教师具有生理、知识、责任、能力等方面的天然优势，应谨慎恰当地使用这些概念。教育民主化有利于培养公民的民主素养和能力，也容易产生民主的误读和滥用。有些人不了解民主，意识不到民主的价值基础、前提、适用范围等。

生：一般而言，人们认为民主就是一种程序，然而民主有它的价值基础。作为程序的民主必须以作为价值的民主为依托，而不能以"少数服从多数"一条原则取代民主。认识民主，至少应注意以下几方面。第一，当民主作为一种价值观念时，民主的价值应渗透在现代社会生活的每个细节，所主张的是人民当家做主，倡导的是人人平等，每个人都有表达自己意见的权利和自由。民主须以自由、平等、权利等为价值基础。第二，民主可以是国家政权的组织形式之一，还可以是组织运行的程序和手段。民主的实行和操作都以尊重每个个体的基本权利为前提和底线，其决议原则是少数服从多数。少数服从多数，也只是在为了"最大多数的最大利益"，而且不伤害任何人的基本权利的前提下才成立。当民主应用到教育中，应该与它在其他场合有所不同吧？

朱：学校教育中的民主与一般意义上的民主有区别。在学校中实施民主，就是一种民主生活的教育。民主的教育，不仅指教育内容中包括民主，更要求教育本身是符合民主价值的，这样才能培育具有民主素养的公民。"民主程序或许正在确立，与程序和方法同样重要的，还有作为民主程序之基础的价值观念，以及事实民主程序和依靠民主程序才能生存的公民的感情和素质。"[①] 民主的教

[①] 怀特.公民品德与公共教育［M］.朱红文，译.北京：教育科学出版社，1998：10.

育十分重要,但是进展缓慢且艰难,因为如果在学校教育中滥用或误用民主会产生严重的负面效应。学校当中的民主和社会一般意义上的民主有很大区别。

第一,就参与主体而言,学生还不具有完全的理性思考能力,不是完全的行为能力人。教师作为民主的重要参与者,不但承担着参与学校民主管理、民主监督的重要使命,而且教师作为民主理念的传播者、学生民主观念的启蒙者,还承担着重要的启蒙任务。

第二,师生参与民主生活的目的是解决公共事务,获得公共利益,更是为了促进学生的发展。学校教育中的民主与社会中的民主的区别就在于教育的立场。迈克尔·桑德尔反对把民主当作市场的一种,他认为对民主最好的辩护来自民主的意义,而民主的意义就是它帮助人们实现"分享"和"自治",从而实现人类潜能的绽放[1]。也就是说,特别是学校教育中的民主,其目的和意义是为了促进学生的发展和潜能的实现。当民主和学生的发展存在冲突时,应该优先学生的发展。杜威强调,真正的民主是"一个有个人发展机会,有自由交流感情、认知和思想的机会的社会。这种社会的基础是社会的每个成员自由参与设定它的目标和目的,每个人为这些目标的实现充分和自愿地做出贡献"[2]。这也就是学校民主的目标所在。

生:的确,在不了解民主的前提下运用民主,这在学校教育中是十分危险的。"在任何给定的情形之下,民主都应该通过把自由、公正、尊重个人的自主等价值最恰当地体现在那些场合来充分地加以实现。"[3] 学校教育中的民主需要建构,需要教师为主导的学校教育工作者的创设和引导,从而促进学生的发展。"成功的民主社会必然是众多负责任公民的一个共同体,它不仅是众多的个体,更是这些个体构成的一种'交往的生活'"[4]。从这个意义上说,学校生活就是一种交往生活,正是这种与他人交往的生活,才能培养学生的公共生活能力。随着经济发展、第三产业的兴起,国家、社会转型也逐步推进,关注公共生活就成为一种必然。然而,经济主义侵蚀学校教育的趋势也越来越严重,保卫学

---

[1] 周濂,刘瑜,桑德尔. 理解"善"才能追求正义——迈克尔·桑德尔访谈录[N]. 南方周末,2011-05-27.
[2] 张汝伦. 杜威在中国的命运[J]. 读书,2003,(07):129.
[3] 怀特. 公民品德与公共教育[M]. 朱红文,译. 北京:教育科学出版社,1998:2.
[4] 任东来. 从负责任的公民到负责任的全球公民[J]. 美国研究,2003,(03):122.

校的公共性已经成为一种必然趋势，关于公共性、公共生活的讨论随之而来。我们需要重新思考：学校教育的目的是什么？教育要培养什么样的人？我们应该始终牢记我们要培养的是社会主义的合格公民，是能够过公共生活的人。我认为，学校生活，尤其是学校公共生活，应该能够给予学生学校所能给予的最大自由，通过学校公共生活培养学生的公共精神和品质。

朱：培育具有民族素养的公民，需要培养他们的民主精神，更需要具有健全的制度，最需要具有健全精神的公民去管理和使用制度，这样，人和制度才能相得益彰。杜威说："民主并不只是一种政府组织形式，而更是一种一起生活的方式。"① 正因为民主是一种共同的生活方式，所以民主的价值观念才应该在学校教育中得到体现，而学校也只有通过建构学校公共生活，才能更加有效地传递民主观念，培养具有公共精神的公民。"民主政治要求公民拥有某种独特的民主希望。公民需要感到对体现在他们社会中的价值，具有某种最好不经由自我意识而形成但却坚定的社会信任。"②

生：通过以上讨论，我们对学校教育中的民主有了一个大致的了解。那么，依此类推，学校教育中的竞争、合作、协商等都不是通常意义上的含义，而是必须考虑教育性因素。学会协商，在一定程度上就是妥协，但妥协并不意味着软弱、退缩、不会竞争、不能或不敢竞争。学会妥协是与他人共同生活的必备能力。妥协，是为了解决问题，是为了公共利益的妥协，是坚持自己的基本原则和底线的妥协，而非无原则退让和纵容。无论竞争还是合作，都不能单纯以其本身为目的，而应以学生发展、学生获得相应的公民生活经验为目的。

---

① 怀特. 公民品德与公共教育 [M]. 朱红文，译. 北京：教育科学出版社，1998：序言.
② 怀特. 公民品德与公共教育 [M]. 朱红文，译. 北京：教育科学出版社，1998：4.

建构学校公共生活：学校教育的可为空间

朱：在这里，我们依托公民教育建构学校公共生活，培养公民。学校公共生活与社会一般意义上的公共生活不同。其不同不仅在于地理范围。我和张睿认为，学校公共生活是指体现公共精神的学校生活，即师生作为权利与义务的主体，对涉及其权益的公共事务，理性、自由、平等地协商和寻求共识的交往活动过程。学校公共生活可以具体地表述为，是以培养学生的公民素质、为学生将来参与现实的公民生活奠基为目标，以公民社会中现实的公共生活为参照，由学校精心安排，以师生为主体，以最大限度地谋求师生公共利益最大化为目标，以建设公正、自由、理性、负责、尊重、宽容的学习发展环境为导向，针对各类公共性议题（包括涉及师生利益的学校公共性议题和受到师生关注的社会公共性议题）在学校公共领域所进行的多向互动的交往性实践活动。作为一种准公民生活，学校公共生活具有公共生活的公共性基本特征，同时，更具有教育性、准备性，是作为学校教育活动的重要组成部分加以精心安排与实施的[1]，其中包括公共精神、权利和义务的主体、公共事务、协商过程等四个主要要素。

第一，师生是平等的主体，因为公民本身就是平等的权利主体，还因为公共生活的公共性，即多与一的统一、差异共识与共享共在的统一。平等的主体性表现为师生之间人格平等，师生均具有平等的主体资格，学生具有平等的学

---

[1] 张睿. 略论学校公共生活的建构 [D]，南京：南京师范大学，2011：21.

习权和发展权①。第二，民主协商的过程应坚持以下原则：坚持多元共识；学校公共生活的法则必须是"合法之法"；坚持公共生活中交互与对话中的主体间性关系；要确保话语的有效性；从独白转为商谈，实现话语方式的转变②。第三，促进公共利益的目标与培养公共精神的价值。真正能够促进公共利益的是公共精神。第四，广泛的参与。要保障学生的广泛参与，需要学校提供以下条件：校务和班务公开，确保学生知情，丰富参与形式③。

生：您刚才提到，学校公共生活与一般意义上的公共生活的区别不在地理环境，不在参与主体的年龄，那么区别是否在学校教育的特殊性呢？学校公共生活的特殊性表现在它的教育性、建构性、持续性以及相对简单化。学校教育的教育性优先于公共生活的其他价值要素。学校公共生活参与的主体是未成年的公民，他们更需要在公共生活中体会到公共生活的意义，还需要在其中体验到自尊、自信等品质。正如杜威所说："做事的方法、目的与理解必须存在于做事的人自己的意识当中，使他的活动对他自己应当是有意义的。"④ 学校所建构的生活，首先是一种道德的生活，其次是一种具有教育意义的生活，最后才是经过筛选和建构的学校生活，尤其是学校公共生活。学生要通过学校生活的学习具备走向社会生活基本的情感和能力。

朱：学校公共生活需要自主建构，但是也需要良好的社会环境，然而，现在社会对学生的负面影响很大。有句话说"学校教育的五天小于周末两天"，说的就是社会生活的影响力远远超越学校教育生活的影响力，尤其是负面影响力。很多未成年人小小年纪就深谙世事，失去了童真童趣，就像卢梭所批判的，儿童不像儿童，成人不像成人。我认为，儿童应该天真烂漫，青年人应该涉世未深，有创造性，有勇气批判社会的阴暗面，就像哈贝马斯说的"让公开事实接受具有批判意识的公众监督"⑤。

生：的确，好的教育要培养具有批判性思维的人，2011版初中思想品德新课标已经加强了对学生批判性思维培养的重视。好社会需要勇敢的公民，这些

---

① 张睿. 略论学校公共生活的建构 [D]. 南京：南京师范大学，2011：25-28.
② 张睿. 略论学校公共生活的建构 [D]. 南京：南京师范大学，2011：30-31.
③ 张睿. 略论学校公共生活的建构 [D]. 南京：南京师范大学，2011：34.
④ 杜威. 学校与社会：明日之学校 [M]. 赵祥麟，等，译. 北京：人民教育出版社，2004：34.
⑤ 哈贝马斯. 公共领域的结构转型 [M]. 曹卫东，译. 上海：学林出版社，1999：157.

公民具有独立思想，能够提出异议。正如犹太人的古老智慧那样，在判处犯罪嫌疑人死刑的时候遵守"意见一致，则判决无效"的原则。因为他们认为，每个人都有自己独立的思考和观点，如果所有人的观点都一致，那么这种一致性肯定存在问题。

您刚才的谈话中，涉及学校生活和社会生活之间的关系，我想到，自主建构的学校公共生活与学校的日常生活、集体生活、班级生活之间是什么关系呢？首先，这几者之间应该具有相辅相成的关系，然而具体的区别是什么呢？

朱：学校的日常生活和公共生活不完全相同。从辈分与生活经验、阅历的区别上看，日常生活中的人际关系是一种相对固定、封闭与不平等的私人关系，是一种亲密的生存共同体中的生活。这种家庭共同体生活具有非功利性、非对待性（非反思性、非批判性）、规定或义务性、高信度低风险性[①]。相对而言，日常生活最原初、最广义，学校公共生活被包含在日常生活中，是指日常生活中具有公共精神的特定的生活。

集体生活往往带有集体教育的含义。学生在集体中接受教育，获得集体的力量，让集体更好。然而集体教育不等于集体主义教育，集体教育并不否认个人的独特存在，不排斥个人的权利、义务等，而是注重公民的集体意识的培养，注重提升与他人共处的能力等。学校公共生活与集体生活（包括其他生活）的关系主要有以下几种：第一种情况，如果集体生活中展现了公共生活的要素，可能促进集体生活，使之过得好。第二种情况，如果生活中没有展现出公共精神，那么集体生活过得不好，就有可能演变成集体意志论。第三种情况，原来的集体生活过得很好了，然而新的时代的特质需要被放大、被突出。如果集体生活中含有部分公共生活的要素或特征，我们就认为，这种集体生活是可以培养公共精神的。如果全部符合公共生活的要素，就可以认为这种生活就是公共生活，几者之间相互包含也是可以的，我们不能教条化。班级生活相对而言更注重场域即班级，更侧重主体即一个班级的人。

生：您说得很对，我们要在日常生活的基础上进行选择或者提升，才能构成公共生活。那么，我们是将学校的全部生活都改造成公共生活，还是在单独的时间和场所开展独立的生活呢？

---

① 晏辉. 公共生活与公民伦理（下）[J]. 河北学刊，2007，(03)：40.

朱：这是现代德育遇到的一个很大问题。一旦有什么新的理念或东西，就自上而下地搞一套教材、课程，这已经成了教育界一个无法克服的、已成惯性的思维方式。这是很严重的。比如在情感教育的实验中，有些学校说："我们现在德育课程已经很多了，你又来一个情感教育。"其实我们讲的是，应该知道情感的发展十分重要，需要在教育中的各个方面都渗透情感教育的理念。我从来没有说要有一门课程叫作情感教育，当然，如果学校愿意开发一些情感教育的课程也很好。如今，一提到公民教育，就割裂化地搞一个公民教育课程，一提公共生活，又要开设一门课程。

首先，需要指出的是，我们并不是要求学校重新构建一种生活、重新建构一个空间，让学生去过公共生活。我们也不希望学校教育专门找时间、空间过公共生活。重点在于，通过公共生活的要素判断一种生活是否具有公共精神。如果没有，那么就可以基本判断学校教育培养不出公民，因为没有经过公共生活的锻炼，学生就不知道该怎么过公共生活，不知道什么叫参与。如果学生没有经过公共生活的锻炼，这些相关的意识是很难维持和联系起来的。我的预设是，意识需要在行动中培植，不经过行动的锻炼，意识是很微弱的。有什么样的生活就有什么样的锻炼，有什么样的锻炼就有什么样的意识。我们希望，通过公共生活建筑起反对社会强制和操纵的必要屏障。我的基本判断是：学校生活本身就具有公共生活的要素，学生已经或多或少参与了一些公共生活。我们希望利用学校生活中已经具有的公共生活的要素，并且补充其缺乏的要素，将它们系统化、组织化、意识化。以往的学校教育中，公共生活的要素只是被忽视了，并且以零散的、不显著的、未被开发的形式镶嵌在学校生活中，例如，以教和学为主导的教学生活，学生的集体生活，学校中的各种小组、社团的课余生活，很多学校还有和贫困地区学校联谊的活动，帮助贫困地区的学校或学生，培养学生关注弱势群体等精神。这样的活动本身就包含着公共关怀。

其次，理解学校公共生活的弥散性特点。学校公共生活的教育和德育同样具有弥散性。苏联伦理学家德罗布尼斯基在《道德的概念》一书中指出，不要把道德从人的活动中分离出来，道德不是区分于社会现象中其他现象的特殊现象，不能限定道德的空间范围，道德渗透在社会生活的一切领域，无时不在、无处不在。道德实际上有着极其复杂的结构，不能仅仅简单将其归结为一种现象。道德教育不能从活生生的完整的生活中抽离，不能从其他诸育中抽离。而且，当将道德教育独立出来以后，就可能有陷阱。专门化就有可能背离事物的整体性，专门化与整体性具有一定的矛盾，有可能走向异化。学校的公共生活不可能离开其他的生活，不可能单独构建一个新的生活叫作公共生活。需要考虑公共生活所积聚起来的、具有特征性的要素，但不是说要把公共生活和其他生活隔离开，单独存在一种叫作公共生活的生活形式，而是为了更好地建构公共生活。现在我们这种分离的思维、碎片化的思维倾向很严重，值得注意，应尽量在教育中避免。

再次，对公共生活的概念界定要超越物理和时空的概念，学校的公共生活既弥散，又积聚在学校的日常生活、课堂生活、集体生活中。学校公共生活在外在形式上弥散在各种生活中，其精神是积聚在每种活动中的。弥散性的关键在于思维方式、方法论，也就是看问题的立场和角度。很多事情都需要运用辩证法的综合思维，对事物的看法要经过历史时段，现在看中国社会中的很多事情，可能要经过几十年之后才能看得更加清晰，才能看到它的悖论和张力。不要极端地看待某个事物，应整体性地看待事物。我们有意识地彰显出某一种生活，彰显出某一种生活积聚起来的要素，但不等于要把这些生活相互割裂。公共生活的概念超越了具体的时空概念，它弥散在学校的集体生活、课堂生活、日常生活中，但是又不仅仅体现为弥散的形式，对于培育公共精神而言它是积聚的，就是所谓形散而神不散。我们在与中小学教师的讨论中发现，部分教师没有德育的全时空观，这种全时空的德育观念应该内化为每一个中小学教师的意识观念，就这个角度而言，德育的启蒙工作任重道远。当然，德育研究者本身也未必就把这些观念内化到自己的思维中了。

生：既然学校公共生活弥散在其他生活中，那么就否定了依据地理空间进行学校公共生活的划分。以生活内容来划分似乎也不太容易。例如，学校和社会公共生活之间是既有交叉又有重叠的。例一，学校门口的马路对于学生而言有些危险，学校需要政府建一座天桥来保障学生安全，这可以认为是学校公共生活吗？例二，教师带学生参与社会实践，保护城市里的一条小河，这可以认为是学校公共生活吗？例三，学校和某个组织合作，组织学生考察，增强学生的相关意识，这可以认为是学校公共生活吗？例四，教材鼓励学生关注权利、民主，学习写一个提案，这可以认为是学校公共生活吗？

朱：简单地说，学校公共生活体现在三个方面：其一是指针对具体公共事务的对话与协商活动,以形成共识与决策;其二是针对公共事务的公共行动;其三是在最宽泛与理想状态的意义上,学校公共生活是指体现公共精神的学校生活,是师生民主交往的生活,是自由人的联合生活,构建学校公共生活即在于建设民主学校。学校公共生活就是为了培养学生的公共精神、公共关切的情感、对公共事务关切的意识和能力等。从广义上说,一切社会的公共事务都可以成为学校公共生活的来源和主体,例如,维护公共秩序、公共资源的利用、环境的可持续发展、防止核扩散等问题。如果要给学校公共生活划分类别,它至少应该包括这样几个层面:第一,学校内部的公共生活,如课堂教学、学校内部的活动等,因为课堂生活积聚公共生活的要素,充盈着公共生活的氛围,培养着学生的公共精神。第二,学校主导下建构的公共生活,如学校立足于教师、课堂,组织参观活动、社会实践活动,引导学生走向社会。第三,学校带领学生参与的纯粹的社会公共生活,如参与的社会上的各种活动,参与的社区志愿者、抗震救灾等活动。

生:建构学校公共生活,我们的总体目标是培养合格公民,养成公民的公共精神,那么该如何建构呢?

朱:首先,学校公共生活的首要目的是培育公共精神,公共精神的形成和体现需要依赖于其他目的。其次,通过良好的学校公共生活,教会学生过公共生活的基本态度,让学生获得公共生活的情感。再次,获得过公共生活的知识和能力,在更深层面是为了通过学校公共生活培养学生对社会的信任。这个信任不是指个人对自己的"自信",而是社会信任(social confidence)。"说一个社会具有社会信任,是说社会的成员意识到社会的主要价值(虽然不必达到关于这些价值的自我意识),认为它们是重要的(虽然不必任何时候都想着它们),含蓄地、有时明确地共同增强这些价值。"[①]

我和学者张睿都认为,学校公共生活不是社会现实中的公共生活的简单照搬与翻版,而是按照公共生活的基本要求与特征,通过精心组织与安排,精选学校与社会生活中的公共性主题,以师生为主体,学习公共生活的知识、技能、策略、能力,培养学生对公共性话题(问题)的敏感与关注、参与意识,在教师指导下,让学生从理论与实践两个方面,以多样化的形式,从学校生活延伸

---

① 怀特. 公民品德与公共教育[M]. 朱红文,译. 北京:教育科学出版社,1998:17.

到现实社会生活，广泛参与公共性议题确认、意愿表达、沟通说服、达成共识、采取行动的交往性实践活动。学校教育必须以学生个体的发展为根本目的，而不是把学生当成教育实验的工具、获取升学率的工具或为成人争得荣誉的工具。正如康德所说，"人是目的"，"你的行动，要把你自己人身中的人性和其他人身中的人性，在任何时候都同样看作是目的，永远不能只看作是手段"①。学校教育应该是、必须是公共生活的演练场。

学校公共生活至少应该遵循以下原则：理性原则、宽容原则、渐进原则、指导原则②。这其中蕴含一个重要的前提，就是彼此的、绝对的、无条件的尊重。尊重是发生在主体和客体之间的一种关系性存在；同时，主体必须对客体给予一种行为反应。尊重的过程虽然只能由主体完成，但依据却是客体自身的属性、品质和特征③。尊重一开始就呈现为人作为主体的某种意向——这种意向不是源于人的自然反应，而是来自道德上的自觉；它指向的不是感官欲望或者实际需要的满足，而是使人成为真正的人，亦即道德的存在。在此意义上说，尊重是一种具有道德性的意向和品行。

生： 我很赞同您说的尊重是一种道德品行，尊重也需要锻炼，是一种能力。某种意义上说，尊重的其中一个层面体现为宽容，宽容本身体现出的包容性就是一种尊重。这对于学校公共生活尤其重要，特别是当今很多独生子女不会宽容他人。有研究者从小学生对同学的宽容意识和对老师的宽容意识两个方面展开考察，结果显示：83.3%的小学生表示，如果有同学在背地里说自己的坏话但向自己道歉之后会原谅他；近半数（46.3%）的小学生认为可以理解老师有时会犯错误，可以宽容老师④。科恩在《什么是宽容》一文中指出，宽容行为是指在多样性情境中，行动者认为有力量去干涉但不去干涉敌对的他者及其行为的一种有意识、有原则的克制。宽容涉及三个要素：其一，否定性反应，指对另一人的道德意义判断上的不赞成或非道德意义上的不喜欢。其二，干涉能力，指法律意义上的权利，或非法律意义上的能力，如基于风俗、习惯或多数

---

① 康德. 道德形而上学原理[M]. 上海：上海人民出版社，1986：81.
② 张睿. 略论学校公共生活的建构[D]. 南京：南京师范大学，2011：34-36.
③ 柴楠. 尊重——课堂教学公平的伦理范畴[J]. 教学与管理，2010，(01)：5-6.
④ 刘慧，刘惊铎，俞劼，等. 社会变革时期中国小学生道德价值观调查[M]. 北京：教育科学出版社，2013：129-130.

人的意见。其三,克制,这是宽容的最核心的要素,某种意义上甚至可以说宽容就是克制[①]。宽容是有原则、有道德标准、有底线的理解和克制。

朱:的确,宽容与尊重二者相互依存,在一定程度上具有同等意义。现代学校教育中,尤其是学校公共生活中,特别需要师生之间、生生之间的彼此尊重、宽容。没有尊重、宽容,就没有教育。"教育宽容有利于营造自由、民主的氛围,有利于学生创造性的发挥,有利于师生关系的改善。理解、尊重、欣赏和对话是实现教育宽容必不可少的策略。"[②] 学校公共生活中的宽容包括两种形态[③]:一是教师与学生、学生与学生之间应该相互宽容,彼此尊重对方的权益与个性化的要求而不妨碍对方的发展权益。二是制度对人的尊重。学校的各类规则与制度必须内在地充分体现对师生尤其是对学生的尊重,包括对他们的"异见"的尊重。制度宽容营造了师生自由交往、和谐发展的精神氛围,为师生自由平等地参与学校公共生活提供了制度保障。

此外,我认为学校公共生活还要遵循渐进原则。所谓渐进原则就是说,学生参与公共生活的领域、水平是受学生身心发展水平、参与经验、参与意识、相关技能与能力的水平以及学校公共生活相关制度的完善水平制约的。学校公共生活与学生参与公共生活的自主性程度、理性与有效性水平、学生公共生活素质水平都有一个不断发展提高的过程。例如,引导小学生关注环境、有公德、遵守公共秩序等;教导初中生懂得自己和他人的权利和义务等;高中生则需要懂得选举,学会理性地处理社会事务;大学生在所有方面都需要掌握,因为他们将要作为平等的权利主体进入社会生活。因此,要遵循渐进原则,既不能借口学生年纪小、年级低、参与学校公共生活的水平低、经验不足,而凡事包办,排斥学校公共生活;又不能因为尊重学生发展的个性自由、差异,而忽视在学校公共生活中的理性尺度与必要的教育引导,混淆放手与放任的差别,导致学校生活的失序失范。因此,在二者之间保持合理的度是教育智慧的体现。学校公共生活首先应考虑的是对学生的引导性。对学生的引导至少需要包括以下内容:具体的公共资源的平等分享,参与基本的公共服务;从日常学习生活中维持平等协作的人际关系,合作完成具体的公益性任务;从班级干部与公益性岗

[①] 刘署辉. 宽容:历史理论与实践 [J]. 哲学动态,2007,(07):42.
[②] 张家军. 论教育宽容的本质、意义及实现策略 [J]. 教育理论与实践,2007,(02):58.
[③] 张睿. 略论学校公共生活的建构 [D]. 南京:南京师范大学,2011:35-36.

位的公开选举与竞争起步，逐步过渡到参与学校公共事务的自主决策与管理；发起、主持、引导公共性议题的讨论，如修订与完善学生会组织章程、活动规范，以及策划、举行公共集会、仪式等公共性活动。当然，这些活动都需要教师的指导。教师需要对参与主体提出参与意识、必要的参与技能与知识等方面的要求，要有计划地为师生尤其是学生提供相关学习的机会，进行针对性的指导，为师生参与学校公共生活提供充分的条件。

我们需要关注社会制度的文化力量，需要关心其组织或制度所给予学生的信息。制度是现代公共生活进行的平台和保障机制，公正的、善的制度有利于公民的成长和公共生活的顺利开展。制度对人的影响十分重要，制度对人的尊重更加重要。具有人对人的尊重、制度对人的尊重，公共生活才能有序开展。学校管理应当服务于其教育性。

生：我认为让学生参与学校公共生活的管理是一种更为直接有效的公共生活。然而，因为学生是未成熟的、发展中的、具有可塑性的公民，他们需要实践机会，需要教师引导，而学校管理领域就是现代公民素质的重要演练场。管理本质上成为人的存在模式，是人的意志、目的和价值的表达。"人并非存在于组织之中，相反，是组织存在于个体之中并通过个体而存在"，因而，"人就从一个物化、被动、唯利是图的人走向现实的互主体性的人"，成为平等的、合作的共同创造着世界的人①。学校公共生活构成了学生生活世界的一部分，被学生感知、内化，成为学生生活经验的一部分，从而体会到并获得直观的、直感的公共生活的经验。

朱：的确，学校管理领域内的公共生活就是应该通过沟通、对话、协商、妥协来达成。"在一个事实与价值总是纠缠不清的管理世界中，价值领域是第一位的问题，而事实和逻辑的成分则是次要的。"② 学校通过学校管理和制度传递价值观念，通过公共生活培育参与型、介入型公民。参与型和介入型公民都是强调公民的积极主动性，介入型公民更加强调一个动态的过程，强调公民的情感倾向及其积极主动的参与行为。

学校管理中培养学生公共精神的重要途径之一是学生对于民主政治的参与。

---

① 张新平. 新世纪国外教育管理学理论的发展趋势［J］. 比较教育研究，2004，(03)：50、48.
② 谢延龙. 后现代主义对我国教育管理的启示［J］. 教育探索，2004，(04)：47.

学生自主管理公共生活主要有三种形式：一是让学生制度化地参与学校公平公正公开的各类选举活动，参与学校民主决策，包括制定与审议学校章程等各类学校规则，选举各类学生干部，成为荣誉获得者。二是日常性地通过各种自治组织，有序地行使学校管理职能，使学校生活成为自主自治、团结合作的建设性的民主生活。这种自主自治的管理主要是通过善意的提醒、建设性的建议、共同参与式的活动等方式进行的，其与有的学校现行的管理实践中让小干部们成为"小监工"，以"包公头""监工"的方式，或者以量化考核与扣分、批评、打小报告、告密等方式，人为地造成学校教育主体之间人际分裂与对抗的管理是不可同日而语的。三是经常性地、自主地通过网络论坛、各类沙龙、社团等学校公共领域，对学校公共事务进行评论，通过经常性的意见表达，提出建设性的意见与建议，影响学校日常公共事务的进展，进而修改相关规定、罢免有关人员、发起某项活动、对相关学校事务提出调整的动议。学校管理应遵循以下原则：一是让教育权益相关方知情，学校管理过程公开、运行透明；二是师生的自由选择与自主管理；三是相关各方有合法与程序化的意愿表达渠道、机制，能主动参与相关管理规则与制度的制订；四是涉及师生利益的争议处理，必须经由相关各方的充分协商与对话，所有决定都必须经由相关各方依照一定程序进行认可。

班级管理制度方面，可以采取多元主体参与管理的方式，让学生参与规则制订。学生参与制订的规则宜少些禁止、多些鼓励，少些惩罚、多些激励，少些封闭、保持开放。在注重管理的影响的同时，课堂教学作为学校公共生活的主要载体之一，也需要受到格外关注。课堂的活动形式可以灵活多样，让课堂生活积聚公共生活的要素、培育公共生活的氛围。当然，课堂的形式和内容十分重要，但更重要的是课程形式背后的理念、价值和意义，应通过课堂和教学，让教师和学生的素养得到提升，让教师和学生获得幸福。

在课堂教学中，教师有必要从最基本的师生关系、生生关系开始培养学生的公民意识。在师生关系方面，教师不能压迫，不能欺辱，即便教师在学识、经验方面优于学生，但彼此在人格上是平等的。同样，学生不能够把教师当成花钱购买的服务者，因为师生之间的关系在本质上是一种精神交往，而师生之间的尊重、包容、平等交往、协商，这些都是很重要的培养学生公共参与意识的途径。在课堂教学中，尤其是在班级领域内，教师和学生接触多，其产生的教育效果相对而言就更直接。所以，教师和教材对学生的影响十分重要。教师需要在课堂中教会学生获得最基本的参与公共生活的技能。

生：师生关系的构建也是一种公共意识的锻炼。我想这其中最需要的是师生平等、权利和义务的平等。在学校教育中，平等的权利主体是指主体要懂得珍视权利、尊重和捍卫权利，而比这些更有意义的是懂得"什么时候放弃权利在伦理上是适当的"①。师生权责平等、人格平等，但是教育权利不平等，师生平等沟通，才可能有机会创造出哈贝马斯提出的理想的话语环境，即"平等的参与权、话语权；平等的解释、主张、建议与论证权利；同等的表达好恶（愿望）的权利；作为平等的主体，发出命令、拒绝命令，从而达成参与者之间的'视界融合'"②。这种理想的话语环境可以认为是学校环境，也就是理想的公共生活状态。

良好的师生关系对学生的公民素养具有重要的影响作用，而最直接的就是通过校园生活来进行。校园生活可以成为最好的公共生活。对此，有些学校已经迈出了探索的脚步。北京四中对学生培养目标的第4条是：公民意识（学会尊重、学会交往、学会合作、学会选择、学会融合以及民主、守纪、诚信、自尊、自信等）和文明习惯。直接把公民意识作为学校的培养目标，在我国的学校里还为数不多。北京四中的学生活动丰富多彩，他们的社团有"辩论社""模拟法庭""爱心社""记者站"等。其中，"模拟法庭"的活动目的是"积累法律知识，培养法律意识；提高信息收集和整理能力，培养思辨力；增强沟通、协作意识"；活动方式以案件为单元推进，学生了解案例、分组准备、提交文书、开庭审理，最后进行活动总结；活动时间为每周四下午4：20—5：30；活动还配有专门的指导教师给予帮助与支持。如果这个模拟法庭活动能够像他们预计的那样实施，教育效果应该非常好。

朱：无独有偶，公共生活的教育、公民生活的教育在深圳南山实验学校也存在。深圳南山实验学校校长李庆明主要做儿童阅读和公民教育研究，他提出公民教育从公德养成做起。

李庆明的公民教育主张归结为五点：追求公民人格完善、遵循公德基本伦

---

① 怀特. 公民品德与公共教育[M]. 朱红文，译. 北京：教育科学出版社，1998：45.
② 关英菊. 对话与商谈如何可能？——以哈贝马斯商谈伦理透视多元社会之伦理建构方式[J]. 深圳大学学报（人文社会科学版），2007，(09)：42.

理、倡导公益慈善活动、学会公共事务参与、达成公理世界认同。"最终，就是要让学生们成为懂得捍卫自我和他人尊严与权利的现代公民"。他说，多年来，中小学在公德养成教育中存在的明显不足是因为对公德的界定很不明晰，对公德行为所涉及的领域缺乏详细规定，提出的多数是正面要求，而非"不可以""勿伤害"的底线行为限制。提出"正面要求"当然是好的，但如果没有明确的行为限制，学生就缺乏行为的边界意识，不知道什么样的行为是"不可以"的，或者是超越了"勿伤害"底线的。例如，你要学生"爱护花草树木"，看上去没有问题，但是"施肥浇水"属于值得嘉许的"美德"，而"不攀折""不践踏"是不可逾越的道德底线，前者可倡导而不必强求，后者则带有强制性的必须。

生：除了提到的重视课程教学中的公共生活，学校的课余活动也可以作为培养学生公共精神的重要途径之一。通过参与课余活动，可以培养学生的实践能力、有效性参与的能力，获得公共生活的最真实的体验。通过公共生活，让学生感受到公民社会的重要特征，"从而让社会真正成为每一个个人的社会，使国家真正成为每一个个人的国家"[①]。

朱：参与公共生活是一个逐渐锻炼的过程。我们把公共活动分为三类，最初可以让学生先学会参与学校内部构建、组织的公共生活，掌握了基本的规则和技能之后，再扩展公共生活的范围、提升目标。公民的教育是一个持续的过程，犹如生命的绽放一样，都是人生全过程的教育。

生：我认为，通过志愿活动可以培养学生的有效参与感，培养其公共精神和理性精神。这种公共生活可以是自己直接参与到事情中，可以是通过其他力量推动事情发展，还可以是讨论等方式。2008年汶川地震、北京奥运会以及2010年上海世博会有大批大学生积极参与志愿服务并得到社会各界广泛赞誉。同时，也有调查结果显示，与传统单纯强调和提倡无私奉献精神相比，当代大学生更倾向于以理性的方式为社会和他人提供志愿服务。在我们的调查中，30.6%的受访者认为助人需更理性和量力而行，即不是以大公无私的方式去助人，而是以"有私"的方式去奉献。

朱：志愿活动的确是一种参与公共生活的方式。我们的调查显示，94.2%的小学生认为志愿活动很有意义，是为社会做贡献，愿意参加。然而，我们如

---

① 张康之，张乾友. 市民社会演变中的社会治理变革［J］. 浙江学刊，2009，(06)：115.

何才能够把志愿活动开展得更好,帮助他们体会到志愿服务本身的价值和意义?我们是不是可以换个角度,让学生自己去发现一些需要做的事情,让他们自己发现问题、解决问题?即便他们在志愿服务中体会到了意义和快乐,然而并不是所有的公共生活都能够立刻得到情感、态度、事实上的改善和反馈,并不是所有的公共生活都是快乐或容易的,实际上还是有挫折的。这需要我们对公共生活有一个清晰的认识。为此,家庭、学校、社区等应尽可能给学生提供参与公共生活的机会。

公共生活不仅需要有效的参与,更需要学会妥协、寻求共识、解决问题。"教育能够为学生准备应付解决冲突,达到在一种多元社会中生活所要求的可接受的妥协的必要方法。"[1] 学会妥协、能够达成共识是一种很重要的能力。因此,教育工作者应该有意识地培养学生的沟通、说服、论辩、妥协的能力,让学生学会达成共识,用清晰的口头语言表达自己的立场和观点,有换位思考的能力,能够理解他人的观点和立场,能够找出差异、达成共识,并共同努力将之付诸实践。

---

[1] 怀特. 公民品德与公共教育[M]. 朱红文,译. 北京:教育科学出版社,1998:48.

专题八

以德为本：彰显学校管理的特质

学校管理：重要的德育环境

生：我曾经担任过班主任、学校的政教主任和副校长，一直从事德育工作。就个体的直观感受而言，我觉得各级各类学校管理层面对德育工作是比较重视的。在相关课题的调研中我们也发现，学校各级管理层对德育工作也是比较重视的。从调查的数据看，在所调查的 65 所学校中有 23 所学校（约占 35.4%）由校长负责学生日常德育工作的协调及安排事宜，有 31 所学校（约占 47.7%）由分管德育工作的副校长负责，二者占到 83.1%。另外，很多学校德育工作机制也是较为健全的。关于德育工作的具体负责部门，在调查的 65 所学校中，有 42 所学校（约占 64.6%）回答的是"德育工作处"，有 14 所（约占 21.5%）为"少先队队部"，有 4 所（约占 6.2%）为"学生工作处"，有 3 所（约占 4.6%）由学校团委负责，几类总计约占 96.9%。

应该说，个体的经验与调查的数据都表明，学校管理层面在德育工作方面是做了很多工作的，不过我们还是觉得很多学校德育工作的效果并不令人乐观。我想请教您，就学校管理这个视角而言，德育工作实效性不彰的原因究竟在哪里呢？作为管理者应该做哪些调整？

朱：如你所说，学校管理层面，无论是校长，还是班主任，或者教师，作为管理者，在德育方面的确是做了很多工作。学校德育工作实效性不高有很多的原因，比如社会价值多元，应试教育的模式不衰，德育目标虚置，德育方法粗疏、表浅等。管理方面存在的不足仅仅是原因的一个方面，不过这个方面很有必要给予着重说明。

管理构成了德育的一个很重要的环境，这是无法回避的。但是很多学者可能会质疑，德育还要靠管理吗？我们不是说德育要靠管理，而是说现在制度化的学校是有一套管理运行模式的，我们应该将其变成一种好的管理模式、好的管理文化，使之成为有助于学生道德生长、有助于学生道德种子萌芽的环境、文化、土壤。

管理中处处都可能有教育，可能有文化，可能到处都有培养诚实、爱心、尊重等道德品质的因子，所以我们讨论的是管理的道德性问题。有道德性的管理本身就是道德教育。

管理育人、管理育德，无非是两种机制，一是外源性的机制，一是内源性的机制。管理当然需要一定的外部机制、一些外源性的东西，比如纪律、规章、奖惩、榜样、戒律，等等。这些诉诸外部的管理，也能起到促进个体道德成长的作用。不过，在实践中，不少管理者把这种外源性的管理当成了德育本身，用管理代替了德育。他们认为能够严格遵守这些纪律、规章、戒律的学生，就是具有良好的道德品质的人。这种把外源性的管理当成德育的做法，很早以前就受到了一些教育家的批判。比如赫尔巴特就提出，如果"满足于管理本身而不顾及教育，这种管理乃是对心灵的压迫"[①]。

应该这样看，外源性的管理不是没有必要，但若过于依助便束缚了被管理者的主体性发展。道德的形成最终是个体的自我建构，教育管理的德育价值性最终需要通过个体内在的努力才能实现，因此，德育工作更多要靠内源性的机制。对于管理而言，就是管理者通过创造、培育一种管理文化，进而通过文化氛围来促进学生的道德生长，或者有助于学生道德种子萌芽。形成这样的一种机制是学校管理的工作重点。

学校的管理文化一般分为三个层面，即物质文化、制度文化和精神文化。随着经济的快速发展和政府的大量投入，物质层面的文化建设在很多学校已经很不错了。有的学校管理的电子化、智能化已经达到了世界的先进水平，校园的布局、绿化、美化以及实验室、图书馆等都很上档次了。就制度层面的文化建设而言，学校的管理组织架构和规章制度也已比较健全，你刚才提到的相关课题的数据就表明了制度文化也是相对完善的。

---

① 赫尔巴特. 普通教育学 [M]. 李其龙，译. 北京：人民教育出版社，1989：23.

物质层面和制度层面都含有道德教育的因子，对学生的道德发展起到影响作用。不过，显然精神文化对学生的道德发展最具影响意义。精神文化是学校文化的核心，它包括学校师生员工的"思维方式、价值取向、伦理观念、心理状态、理想人格、审美情趣等精神成果"[①]。精神文化与人的认知、情感、信仰等精神活动紧密联系，它最容易唤醒人的生命、人的灵魂、人的道德潜能，因而在三种文化中，它对人的道德构建的影响是最深刻的。

不难发现，当前有的学校管理仅仅把力量用在物质文化和制度文化这些显性的文化建设上，对隐性的精神文化建设的工作努力是相当不够的。这就是当前部分学校管理层面在德育工作中的不足。

精神文化是最里层的，又是最贴近人的精神的，且又是最难改变的。老的精神文化很难消逝，几千年都可能不变，好的精神文化也很难建造。但是，再难也需要建设。关键在于如何建设，如何形成一种好的、有助于人的道德以及人的整体成长的精神文化。

---

① 曾丽雅. 关于建构中华民族当代精神文化的思考[J]. 江西社会科学，2002，(10)：83.

信任关系：学校德育的基本条件

生：是否可以这样理解，就学生的道德发展而言，我们的学校管理还是做了很多工作的，只不过仍有可为的空间，尤其是需要通过管理建设有助于学生发展的精神文化。那么，一种什么形态的精神文化才是有助于学生道德发展的精神文化呢？也就是能不能给一个具体的指标，否则，精神文化太大、太抽象，作为一线的管理者是很难把握的。我们希望获得一些可以操作的建议。

朱：你这个问题很关键，也是我想进一步说明的。学校的精神文化有很多的内容，比如积极的校风、班风、教风、学风，这些很多学校都已经关注到了，不少学校还做得很好。不过这仍然是不够的。因为人们常常忽视了一个最为本源的东西，即人际关系。人际关系结构是风气、风尚，乃至精神氛围背后的东西。

从教育学的立场看，学校的管理、文化怎样才有利于学生的发展？或者说学校管理应该体现的是什么样的文化？我认为，它一定是关系文化，一定体现的是校长与教师的关系、教师与教师的关系、教师与学生的关系、学生与学生的关系。这所有的关系里面，能不能形成一种很好的、健康的教育文化？这种文化里面又至少有一个表征，或者一个标志，也就是你说的具体的指标，在我看来就是这几层关系内部应该达成相互信任的关系。

如果这几层关系之间都不能达成信任的话，比如校长与教师之间缺乏信任、教师与学生之间缺乏信任，那么人与人之间关系的良性发展就没有基础。如果没有彼此间的信任关系，彼此没有一种内源性的东西相互传递和支持，管理一定只能靠外部的压力来维持。

我们发现，凡是学校的教师是积极的，学生是活泼的，那都是因为学校里师生关系比较顺畅，校长与教师、教师与教师、学校与家长之间的关系比较良好，这几层关系中没有很多的紧张或冲突。反之就是两种不正常的现象，要么大家都不说话、不交流，要么就是冲突与斗争。这两种不正常的现象其实又有相似之处，即大家彼此是抱怨的、压迫的、提防的、不平等的、不自由的。

关于信任对于人的发展和社会发展的巨大意义，法国学者佩雷菲特曾用了46年的时间进行了研究，他的结论是："最强大最能产生积极成果的社会关系是建立在相互信任的基础之上的：男人和女人之间、父母和孩子之间、上司和下属之间、同一国度的公民之间、病人和医生之间、学生与教师之间、出借人与借款人之间、创业者与合作人之间的互信，反之，相互怀疑是毫无成果的。"[①]没有信任就不能构成正常的人的关系，教育是最需要人的关系的，信任是教育诸种关系中最基本的关系。

为什么信任是教育诸种关系中最基本的关系？很多人都知道，埃里克森把信任与不信任视为个体最原初的心理危机，认为个体早期与父母之间建立的以信任为基础的社会关系将是他以后与其他人建立良好社会关系的人格基础。这说明，人与人、人与世界、人与自我原初关系的建立，首要的就是信任。

人一开始是与自然共在的生命体，后来人从自然中分离了出来，人获得了自由，但也带来了孤独感以及安全感的失却。弗洛姆指出，"人——所有时代和所有文化之中的人——永远都面临着同一个问题和同一个方案，即如何克服这种疏离感，如何实现与他人融合，如何超越个体的生命，如何找到同一"[②]。人要去克服这种强烈的疏离感和孤独感，寻找安全感，就必须与他人联系，必须生活于社会生活之中。在马克思看来，"个体是社会存在物，因此，他的生命表现，即使不采取共同的、同他人一起完成的生命表现这种直接形式，也是社会生活的表现和确证"[③]。只有在社会中与他人结为群体，个体才能生存下去，才可获得安全感与相与感，人必须与他人联系起来。

人与人的联系当然也可以是机械性的，如同流水线上的工人，大家彼此照

---

① 佩雷菲特. 信任社会——论发展之缘起［M］. 北京：商务印书馆，2005. 前言.
② 弗洛姆. 爱的艺术［M］. 赵正国，译. 北京：国际文化出版社，2004：14.
③ 马克思. 1844年经济学哲学手稿［M］. 北京：人民出版社，2000：84.

面，但是却缺乏心灵的交流，这肯定是无法克服疏离感、获得安全感的。因为这时与自己联系的他人的一切都是没有完全向"我"敞开的，即使敞开的部分也不能确信是否真实。与他人的共在将"我"置身于无所寄托、无所依赖的离散状态，使"我"茫然不知所措，"我"感到非常的焦虑和不安。

人与人之间的相互信任可以使人们跨越这一个体独立与人际交往的鸿沟，获得内心的安宁。吉登斯认为，内心安宁是"大多数人对其自我认同之连续性以及对他们行动的社会与物质环境之恒常性所具有的信心。这是一种对人与物的可靠性感受。它对信任来说如此重要，以至于它不仅构成了本体性安全感的基础，而且在心理上信任与本体性安全也彼此密切相关"[①]。信任保证了人与人之间联系的可靠性，能够克服人的焦虑与不安。

刚才是从一般意义上的人的生存这个角度理解信任的意义的，我们再回到教育学的视域。当父母将稚嫩的儿童送入学校，儿童暂时失去了父母对他们的安全庇护。"面对着新的环境，他们既充满期待也抱有恐惧，诸如'我可以学得好吗''我适应这种环境吗'等等。"[②]儿童必须重新建立起与外界的信任关系，克服自身的焦虑和不安，从而能够重新获得安全的满足。这就需要学校中校长、教师等成人对学生的信任支持。

人类学家博尔诺夫指出了教育者的信任带给学生安全需要的重要性，他说："当人在其生命的发展中失去某个空间，比如父母的房子所提供的安全时，他便会产生建造一个新的保护性空间的任务，在这方面给他以帮助，这是教育的一项重要任务……在教育过程中，确保儿童获得安全感，使儿童始终感到自己在受到关心、爱护和信任。"[③]博尔诺夫把爱和信任作为学生获得安全感的基础。

教师的信任之所以可以给学生以安全感，让学生克服孤独和焦虑，在于教师的信任是对学生的接纳与认可。教师对于学生的信任，在某种意义上确证了学生在学校空间中共同存在的事实，表现的是作为权威的教师对于弱小的学生的肯定和接纳。当学生感受到自己被接纳、被肯定了，才会真正地敞开自己，

---

① 吉登斯. 现代性的后果 [M]. 田禾, 译. 南京：译林出版社，2000：80.
② I・ザルツバーガー‐ウィッテンバーグ，G・ウィリアムズ、E・オズボーン. 平井正三, 鈴木誠, 鵜飼奈津子監訳. 学校現場に生かす精神分析：学ぶことと教えることの情緒の体験, 日本岩崎学術出版社，12.
③ 博尔诺夫. 教育人类学 [M]. 李其龙, 等, 译. 上海：华东师范大学出版社，1999：译序.

这样真正的教育才能开始。

现象学教育学的代表马克斯·范梅南也把信任看成是教育学最基本的条件。他是将信任和希望联系在一起说的，认为"希望指的就是那些给了我们对孩子发展的各种可能性的耐心和忍耐、信念和信任，信任的希望激发了孩子，使他们能够对自己的发展和前途充满了自信"[1]。范梅南还提出，同情心，也是一种信任的同情心，"对于教育学理解的实践来说，再没有什么比我们的信任的同情心这种品质更重要了"[2]。所谓信任的同情心，就是一种同情性的理解。一般意义上的同情心可能仅仅是情绪性、伦理性的，而信任的同情心具有了理性的思考成分，带有了教育性。这样，教师不仅在认知上，也在情感上了解学生，这样的信任关系建立得就比较深刻。它是情理交融的产物，克服了认知的冷漠和情感的随意。

生：刚才您提到了信任关系的建立是学校管理、学校教育的首要任务，道德教育又不同于其他教育活动。我想问的是，师生之间如果建立了一种彼此信任的关系，对于学校的德育工作而言，到底有哪些意义呢？

朱：德育活动是无法抽离教育活动的，我们始终坚持认为，德育活动是全域的，所有的教育活动中都有德育的因子。当然德育也有其特殊性，这样，师生之间的信任关系对于德育活动既有同于又有异于其他教育活动的意义，我想至少表现为三个方面。

第一，师生之间的信任关系是德育活动有效开展的前提条件。

师生的信任关系是教育活动展开的基本条件，我在前面已经阐述了，这里不再多说。对于德育活动来说，作为前提条件的信任更为重要。很多人都知道，道德学习有着不同于知识学习、技能学习的特殊性。知识学习指向于人类活动的对象，主要解决"懂不懂"的问题；技能学习来自活动的主体，主要解决"会不会"的问题；而道德成长是个体交往经验的习得，主要解决"信不信""做不做"的问题。没有对教师的信任，就很难有对道德学习内容的信任，所以师生之间的信任对于德育活动的展开尤为重要。

---

[1] 范梅南. 教学机智——教育智慧的意蕴 [M]. 李树英，译. 北京：教育科学出版社，2001：91.
[2] 范梅南. 教学机智——教育智慧的意蕴 [M]. 李树英，译. 北京：教育科学出版社，2001：129.

这里有必要提到一个人，那就是关怀伦理学家诺丁斯。诺丁斯把学会关心作为教育的主要目的。她认为只有重视个体性、具体性和学生真实感受的关怀性教育才是道德的教育，只有道德的教育才能孕育有效的道德教育，才能培养学生的道德理想，才能使之成为有责任感、有关怀意识和关怀能力的关怀者。如何使学生学会关心呢？这需要教育者付出耐心、付出信任，她说："抚养孩子和教育学生都需要时间，都需要一种互动关系和连续体。二者要想成功，都必须从构建信任关系开始，并且持续维护和完善这种信任关系。"① 没有这种持续的信任关系，道德教育是很难有效展开的。

第二，师生之间的信任关系是学生道德的滋养空间。

道德的发展是在一定的时空中形成的，环境非常重要，而现在很多孩子的生活环境是不健康的。比如老师批评孩子时常使用"你的脑子像糨糊""你的耳朵聋掉啦""你没有家教啊"等置孩子人格尊严于不顾的、带有侮辱性的话。在这样的道德生存境遇里，学生怎么能和学校、家长配合，怎么能和同学合作，怎么能对老师、家长产生信赖心理呢？没有信任、没有合作又哪来的道德呢？现在学生生存关系中有一些复性情感，如恐惧、焦虑、不信任、侵犯性、逆反心理、不合作等，会对德行成长起到破坏作用，但还没有引起教育者的足够重视。

我认为人在一定的德育环境中，其正当的安全感、自尊感、自然情趣必须要得到满足，它们是树立个体健康的自我形象的重要内容。而一个拥有健康的自我形象感的人在人际交往中常常表现出积极、主动、开放的态度。这种态度正是健全人格、道德人格形成的首要基础或者说是最重要的基础性情感。学生在一个有安全感、信任感的集体中，不会感到道德是外部强加的，可以在自然、轻松的气氛中，甚至是在无意识的冥冥之中接受一定的道德文化导向。

情绪心理学的研究表明，安全、信任容易转化为同情和爱，而恐惧、害怕容易转化为攻击、仇恨。所以，我们在德育中，一定要给学生提供和谐融洽、安全有序的人际关系和生存空间。但是十分遗憾，在我们的现实教育中，存在着大量伤害学生自尊心的事例，如有一位家长在《我为孩子讨说法》一文中

---

① 诺丁斯. 学会关心——教育的另一种模式［M］. 于天龙，译. 北京：教育科学出版社，2003：2.

写道：

一次，我到教室里接孩子，看见他坐在最前面一排唯一的一张靠墙的桌子边。"看，老师多关心你，让你一个人坐最前边，免得上课讲话。"我一半讨好地说道。

"那是惩罚座位，班上最差的学生才坐那儿呢！"当着教室里的许多人，A老师毫不留情地甩过一句。儿子还经常被安排和班上一个女生坐在一起。这个女孩子也是班上经常挨骂的学生。他们俩坐在一起老动，老是说话。在一次放学的时候，A老师又极不耐烦地向我抱怨他俩怎样不守纪律，怎样爱说话。我小心翼翼地说："A老师，你看，他们俩都爱说话，是不是把他们俩调开？"

"调什么调。他们既然爱说话，就让他们在一起好了，让他们俩都烂掉，免得影响别的同学！"

我被呛得一句话都说不出来。

最让人无法容忍的是，她竟然在课堂上当着全班同学的面，奚落我的孩子和那个女孩子说："看看你们俩，你摸摸我的大腿，我摸摸你的大腿，就像一对儿，亲热得很嘛！"班上的同学哄的一声笑开了。

两年半的时间，一个刚刚步入学校的小男孩的自尊就这样被摧毁，他的自信就这样被泯灭了。

第三，师生之间的信任关系对于德育的意义还有一个重要的方面，就是德育过程的简化机制。

教育过程是一个复杂的系统，而德育的过程则是教育过程中最复杂的系统。

到今天为止，理论界对于德育过程的本质、特征、规律、结构、模式、机制的研究仍是众说纷纭。于是有人戏言最好搞的教育研究是德育，也有人认为最难搞的教育研究是德育。因为学生的道德品质到底是怎样形成的，教师做了哪些贡献，又在什么时候做了贡献，是绝没有像知识教育、技能教育那样能说得比较清楚的。结果是，德育过程谁都可以说，谁也说不清楚。

德育过程的复杂性源于德育存有三个层次的矛盾。首先是德育过程与外部环境的矛盾，社会大环境对学生的道德影响巨大，学生在社会中所受到的消极影响导致了学生对教师提出的德育目标持有否定态度，使得德育过程变得复杂；

其次是德育过程内部的矛盾，包括师生之间的矛盾，教师与德育要求之间的矛盾，学生与德育要求之间的矛盾；再次是德育过程中教师与学生自身内部的矛盾。矛盾既促使了德育过程的展开，也给德育过程带来困难，使德育过程变得异常复杂。在教师的德育实践中，教师并不需要过多地去分析这么复杂的矛盾，他们有着简化德育过程的方法，那就是教师通过信任学生促发师生之间的信任关系，形成了德育过程的简化机制。在他们看来，德育的过程并非十分复杂。

生：我们接触到的一个案例，应该说是一个比较正面的例子。江苏省如东县曹埠镇孙窑学校的祝小林老师从教近三十年一直担任班主任，由于其教育教学工作成绩显著，先后被评为南通市优秀教育工作者、如东县优秀乡村教师、十佳园丁、优秀班主任。为了增进师生之间的彼此了解和信任，她每天找四位学生谈心，很快在师生之间构建了信任的共同体，从而使得德育活动有效开展。对她而言，德育似乎并非是一个非常困难的过程。

朱：在一种相互信任的师生关系中，学生首先会认同教师，进而认同教师所任教的学科和教师所传递的道德价值观。相反，在一种非信任的师生关系中，由于学生对教师的不信任，即便他们对教师提供的德育学习内容是不反感的，但是他们却因为不认同教师而不认同这一内容，甚至选择与教师要求相反的道德价值信念，教师成了横亘在道德价值和学生之间的障碍。

卢曼有过一段话，尽管他不是专指德育过程的，但肯定是可以包含德育过程的，他说："一方暂时信任另一方会成功地驾驭暧昧不清的情况，换言之，将会简化复杂性；确实，在这种信任基础上，另一方实际上有更好的取得成功的机会。"[①] 这样看来，教师给予的信任所激起的学生对教师的信任关系，使得教师所开展的道德教育活动过程变得简单了许多。

---

① 卢曼. 信任：一个社会复杂性的简化机制［M］. 瞿铁鹏，等，译. 上海：上海人民出版社，2005：33.

学校管理要建立普遍的信任关系

生：既然信任关系、信任文化如此重要，那么我们就应该考虑如何去建立这种关系。不过我感觉很多人对此是持悲观态度的。很多人认为，现在的外部大环境越来越远离信任。

朱：当我们谈大环境的时候，可能会出现悲观或者盲目的乐观这两种不理想的认知。的确，现在的大环境显示出了信任建立的困难。应该说，我们在社会发展中的某些阶段，尤其是现在的社会转型期，必然会出现这样那样的危机和矛盾，这是我们没有办法回避的。大环境中的危机有时是发展的代价。

大环境肯定影响小环境，大环境中的信任危机必然会反映到学校管理和学校生活中来。但是，我们不能悲观。我想，作为小环境，能不能在其中有一些优秀的人来创造一个好的小环境，在学校这个小环境中，优秀的校长也好，优秀的教研组长也好，优秀的教师也好，优秀的学生也好，这些优秀者能够意识到"我能够为这个群体做什么？以我的行动，来建立一点信任的文化。通过改变一个个的小环境，进而改善大环境"。

或许有人会认为，即便你努力营造了一个不错的小环境，但是还会出现"5+2=0"的情况。但是，即便是"5+2=0"，其实也是有效果的，没有这个"5"的努力，那可能就是负数了。再进一步，如果这个"5"的努力再强劲些，那么结果就不再是"0"，而是零点几。很多个零点几聚集起来，力量就比较强大了，而且这些力量也会反过来改变那个"2"，使"2"中消极的东西变少，积极的东西变多。很多个优秀的小环境，必然会促进大环境的改善。再比如现在很多人说"世风日下",那么在大环境之下为什么还有那么多的好人呢?那是因为个体遭际的小环境不同,而因为有了优秀的小环境从而造就了好人。

这里我们在谈小环境的时候,谈的是学校这一个小环境。我们想,在学校里能否建立一个好一点的环境?而这种环境的文化又应该是一种什么样的教育文化呢?我们认为就是形成一个信任的教育文化,包括校长与教师之间的信任、教师与教师之间的信任、教师与学生之间的信任、学生与学生之间的信任。每个关系主体对于信任关系的建立都需要付出努力。不过在各种信任关系的建立过程中,校长是一个最关键的因素。

校长对于学校信任关系建立的效能有三个方面:一是个人的人格影响力,即他作为一个可信赖的管理者;二是他可以建立和运行一个可信赖的管理团队,尤其是班主任的选拔;三是他可以引导建立信任支持的管理制度和管理文化。前两个方面又影响第三个方面的建立,这里面校长的作用是很大的。"起作用的信任文化必须包括以积极的认可调动可信性的强有力的规范和以消极的制裁组织信任的背叛的强有力的禁忌。"①规范、禁忌都需要校长来制定、执行、维护。相反,现在很多学校规则、禁忌遭受的破坏,恰恰是作为学校最高领导者的校长所导致的。

生:美国企业信任的研究者罗伯特·布鲁斯·萧研究发现,"各个层次的领导者行为对信任有着显著的影响。在建立或侵蚀信任的过程中,高层领导者的影响力尤为巨大。如果要建立一种高度信任的企业文化,就必须要有这样的一群领导者:他们的行为能够反映每一种信任要素的重要性;而又当这些要素产生冲突的时候,他们能够在其中很好地进行平衡"②。校长作为学校的最高领导,可以通过个体的强烈影响力维护信任的运行,但是如果他做得不好,也可以很快侵蚀掉学校中的信任,正所谓"上梁不正下梁歪"。

现实中,有的学校的校长与教师是一种不正常的领导与被领导的关系,教师须臣服于校长、取悦于校长,否则年终就拿不到 A,绩效考核就受影响,甚至被调离、转岗等。校长的管理完全是一种官僚式的管理方式,教师没有自己的主体性地位,教师依附于校长。这种状况的改变当然首先要靠校长的努力。

---

① 什托姆普卡. 信任——一种社会学理论 [M]. 程胜利,译. 北京:中华书局,2005:150.
② 布鲁斯·萧. 信任的力量 [M]. 王振,译. 北京:经济管理出版社,2002:130.

朱：教师之间的信任关系，同样是需要校长来引导建立的。在市场经济竞争大潮的影响下，现在教师与教师同侪之间的关系发生了很大的变化，总的是竞争多于合作，甚至多有竞争鲜有合作，彼此的信任越来越少，不信任却越来越多。比如我的资料是要向你保密的，因为我的资料给了你，我就评不了A，这样你的工资涨上去了，我的工资就涨不上去了。

教师是需要同侪合作的，因为教师是为了学生的发展，学生的发展是需要教师同侪之间的互动和相互的了解的，这样才能知道一个学生语文学习、数学学习、品德学习、体育学习的具体情况，才可能知道一个学生的全面情况，在此基础上，才谈得上有的放矢地开展教育。

我们不否认竞争可能会带来一些激励。一个人要发展，需要超越自我和他人，渴望得到更多的资源，寻求满足个性化的需要，因而，竞争文化都是有意义的，不能全盘否认竞争文化。教师之间的竞争也会促进教师个体和学校组织的进步。但是竞争不是主要的形态，教师同侪之间最主要的交往方式应该是合作关系、信任关系。对教师而言，与其他教师的合作是自己最佳的选择方式。

现在有很多的教育工程以及各种评奖、评估等，对教师有一定的激励作用，但同时也容易造成人为的矛盾。为了竞争，有人将自己的资源、信息、知识封闭起来，人与人彼此设防，这不利于教师职业本身需要的合作的展开。

教师的合作文化、信任文化需要校长来引导建立。如果校长垄断了学校的各种资源，如果校长不能保证制度的公平以及执行的力度，如果校长一味地强调教师之间的竞争，尤其是过分看重考试名次、教师选拔等，教师之间必然会产生信任障碍。

校长对教师的管理，实际上应更多地激发教师创造和工作的活力，激发教师对教学和育人的热爱，推动教师研究课堂教学与育人的技巧，形成教师发展的团队。校长的力量应该用在这些地方。

在西方，校长被称为是教师的首席，就如同科研单位的领导就是科研的首席，而不是一个行政领导。对于校长的作用，苏霍姆林斯基说得非常明确，他说："如果你担任了校长职务，便认为凭着某种特殊的行政领导才能就可取得成功，那就打消当一名好校长的念头吧！……校长领导学校的秘诀之一就在于唤醒教师探索和分析自己工作的兴趣，如果一个教师能努力去分析自己的课堂教学以及他与学生相处中的优点和缺点，那么这个校长就取得了一半的成功。"①如果按照苏霍姆林斯基的这种理念去做校长，那么这个学校的教师与校长之间、教师与教师之间一定是积极向上的、充满朝气的，也是相互信任的。

领导者就是鼓舞人、激励人的。当校长就是去鼓励一群人，让大家觉得我们是有希望的，即使感觉眼前的现实很糟糕，但是大家发现了希望。大家来分享这种希望，分享这种可能，分享这种前景、这种出路，教师就被慢慢地感动了、被激励了，就会发现有些事情是可以做一做的，做一做就改变了，校长就应该起这样的作用。

---

① 苏霍姆林斯基. 和青年校长的谈话 [M]. 赵玮，译. 上海：上海教育出版社，1983：5.

建立师生信任关系是一个情感培育过程

生：您非常强调校长对学校信任关系建立的作用。对教师而言，信任也是一种积极的教育力量。那么教师信任学生什么呢？或者学生的什么品质能让教师产生信任呢？

朱：你问的其实是信任的决定因素或驱动力问题，也就是"信任源"。信任是主体对他者的美好期望。在信任关系里，我们相信一定有好的人性，在这个团队里，大家不是互相猜忌的，而是友好的。人性中有真、有善、有美。人性最美好的东西在信任文化中是可以绽放的，是可以闪现出来的，是可以让我们感受到的。在不信任文化中，大家是人心隔肚皮，其他人想什么我们也无法懂得，我们也不敢多说一句话。

谈到教师信任学生什么，或者是什么导致了教师信任学生，简洁点说就是教师信任学生具有发展的可能性和可塑性。这种认识在历史上很早就有了。孟子在《告子上》中认为："水性无分于东西，无分于上下乎？人性之善也，犹水之就下也。人无有不善，水无有不下。今夫水，搏而跃之，可使过颡；激而行之，可使在山。是岂水之性哉？其势则然也。人之可使为不善，其性亦犹是也。"意思是说，人性本善，犹如水自然就下。至于有些人做不善的行为，不是其本性不善，而是犹如水流遇到山石阻挡而上行，是由于自己主观努力不够，被形势所左右的结果[①]。因而，教育的目的就在于使人去蔽、去阻，这当然需

---

① 王正平. 中国传统道德论探微［M］. 上海：三联书店，2004：88.

要对人的发展有充分的信任和等待，相信其本质是善的，是可以发展的。性恶论者荀子也是充分信任人的可教育性的，他说："欲虽不可尽，可以近尽也；欲虽不可去，求可节也。"《中庸》中也有"虽愚必明，虽柔必强"。这些也都是相信人是可以发展的，具有可以教育之资。

当然教师对学生发展的可能性和可塑性的认识是具体的，而不是抽象的。有研究显示，具体而言，教师对学生的学习潜力、亲近教师、诚实可靠三方面的判断，构成了教师是否对学生产生信任的重要因素。

理想的教师信任状态应该是教师的信任抵达每个学生的距离和温度都是同等的，即以教师信任为圆心，每个学生为圆周上的点，圆心到圆周上每个点的距离都是相等的。但是实际上，同一个教师对于不同学生的信任表达中，师生的信任关系必然呈现出不同的密度，反映出或亲或疏、或近或远的关系状态。是什么原因导致了信任的不同呢？是学生的学习潜力、亲近教师、诚实可靠，当然还可能有其他的一些影响因素，比如学生的个性乃至长相都有影响。这里有一个资料，表明学生的长相居然成为校长和教师们信任学生的理由。

有一次实验，要求504个小学校长各对一个附有照片的五年级学生，根据成绩报告单做出评价。校长们并不知道成绩单上的成绩是相同的，而照片则是千方百计经过化装，使这个学生显得好看或者不好看。男女校长们对漂亮的五年级学生的评价是更有智慧、教养和社交潜能；还认为他们的家长很重视对他们的教育。校长的评价没有受学生性别的影响。这项研究曾经被反复试验。小学校长对一年级学生的评价也有相同的结果。好看的孩子比不好看的孩子聪明，作这种假定的不限于小学校长。小学教师对长得好看的小学生的学习能力和改错能力都给予较高的评价[①]。

虽然我们说影响教师信任学生的因素是很多的，但是在我看来，如果你有教育学的立场，如果你是一个真正的教师，那么就不要过多地受这些表面因素的影响，过多地考虑什么学习潜力、诚实、长相。因为学生的这些表现都可能是暂时的现象，或者教师做出这个判断的依据本身可能就是错误的。这里有一

---

① 克莱恩科. 人际交往和理解[M]. 殷达，编译. 北京：科学技术文献出版社，1988：66.

个有趣的案例,可以说明这一点。

成功智力提出者、心理学家斯腾伯格小学时参加了智商测试,结果是失败的。这样,他小学一到三年级都不是一个好学生。幸运的是四年级的时候他遇到了一个好老师。斯腾伯格说:"这位老师既不知道也不相信我的智商分数,她相信我能做得更好,结果我的成绩非常出色。"斯腾伯格在书中写道:"不瞒诸位,如果不是她太老了一点而且已经结婚,我甚至想娶她为妻。当我确实达到了老师的期望时,她并没有显示出特别的惊讶,倒是我觉得自己有点奇怪。我很快成为一名全优生。"

斯腾伯格说:"如果我小学四年级的教师是其他人,那么如今我可能在给耶鲁大学的办公室擦玻璃而不是于其中工作了。"[1]

这位教师可以说就是有教育学的立场的,即他相信每个学生都可以成长、进步,具有发展的潜能。因而对于我们当老师的来说,即便这个学生学习似乎潜力不足,与自己也不够亲近,或者令人觉得不诚实、不讨人喜欢,但是,我们仍然需要信任他。为什么?因为你是教师。如果师生之间没有信任,那么"教师的每一天都将是一场血战"。这种话可能并不是危言耸听。

生:人与人的信任关系建立的过程是怎样的?师生之间的信任关系又该如何建立呢?

朱:克莱默和泰勒提出了一个信任发展的三阶段模型:第一阶段以个人对交往中得失结果的精确计算为基础,第二阶段以个人对交往对象的认知了解为基础,第三阶段以交往双方在感情及认知上的相互认同为基础。只有在第三阶段,交往双方之间的关系达到亲密无间的程度,并建立起真正的相互信任[2]。这可以说是一般人际信任的建立过程。我这里主要谈师生之间信任关系的建立。

师生的信任关系构建基于一般的人际信任关系,但是也不完全相同。师生之间的信任建立有其特殊性。就教师对于学生的信任建立而言,我想也至少有三个阶段。

---

[1] 斯腾伯格. 成功智力[M]. 吴国,钱文,译. 上海:华东师大出版社,1999:5.
[2] 转引自:李伟民,梁玉成. 特殊信任与普遍信任:中国人信任的结构与特征[J]. 社会学研究,2002(03):13.

第一个阶段是人格型的信任。在陌生的师生交往之初，并不存在所谓的不信任关系，而是体现为一般性的信任关系，即一般都表现为相互认可和接纳，而不是提防、对抗和斗争。这源自师生双方对彼此人格的认知，就如同报案者对警察的信任、原告对法官的信任、患者对医生的信任是一样的。

学生基于人格的信任，是其早期生活经验的累积。儿童早期从自己的父母那里寻求得到了种种的呵护，基于人格的信任倾向就产生了。我们说学生对教师有天然的"向师性"，天然地认为教师是值得自己信赖的对象，教师是自己的"替代父母"，于是就形成了对教师人格的信赖。教师初期接触学生也是一样的，教师在与学生交往的过程中，不需要什么算计。在教师看来，学生都是活泼的、无邪的、进取的，因而也是值得信赖的，本质上也是对于学生人格方面的认同和期望。

但是随着交往的加深，教师对某些学生，或者学生对某个教师开始产生了一些不好的印象，于是，就不再是普遍意义上的信任，而是由普遍的信任转变为具体的不信任。比如，教师不再对每个学生表现为均等的信任，而是对那些具有学习潜力、亲近教师、诚实可靠的学生表现出更多的信任，而对缺乏学习潜力、不能亲近教师、不够诚实可靠的学生表现出不信任。

一般的人际交往是由普遍的不信任再到个别的信任，而师生之间则是由普遍意义上的信任到个别的不信任，两者建立信任关系的路径是相反的。

当师生之间认识开始加深，彼此理解之后，建立的就是一种认知型的信任关系。这一信任类型显然要比人格型信任牢固了很多。就教师而言，认知型信任是教师基于对学生可信任度的理性认识和判断，即充分了解学生以便可以充分预测学生的行为。我（教师）之所以信任他（学生），是因为我对他的品性、他可能的有效选择和结果、他的能力等方面的了解，使我有理由认为他不会让我失望。

师生信任发展的第三个阶段是情理交融型的信任。长期的交往实践使师生之间产生了情感联结，信任者通常不再考虑对方在某一事件中的可信任性，即便从认知上认为对方某一行为不可信任，但对其仍抱有信任，因为双方建立起了比较坚实的情感基础。这样的信任关系就比较稳固了。在这一阶段，教师对学生既有认知性的理解，也有同情性的理解。教师的判断及信任行为的表达，既有真挚的情感，又有公正的理性，情感与理性是合一的。

当然要到达第三个阶段的信任是需要时间保障的。前面谈到诺丁斯，她不仅提出了信任关系建立对于关怀教育的重要性，同时也提出了一个观点，认为信任关系的连续体建立是需要时间的，因此她反对每年都更换教师，她认为彼此的深刻了解与牢固的信任关系是长期互动的结果。现在我们很多的校长可能也有这种认知，认为师生长期性的亲密交往有助于教育的效果，但是他们往往为了平衡教师利益，为了教师考核的需要，学生每升入一个年级，就重新分班，重新分配教师。校长不是从教育的立场出发，而仅仅从便于考核的立场出发，这就有些异化了。

在这里，你可能看到我对教师信任学生谈得比较多，而对学生如何信任教师谈得比较少。因为在师生信任关系建立过程中，教师信任是起主导作用的。心理学的研究表明，教师对学生的信任度高，相应地学生对教师的信任度也高。另一方面，学生被教师信任可以成为其被家长和同伴信任的证据，被信任的学生能获得更多人的信任，学生也更加充满自信。

生：您刚才提出了师生信任关系建立的三个阶段，提出教师信任的意义。我感觉其实很多教师也会致力于建立与学生的信任关系。但是很多老师认为：我多次向某个学生采取了信任的态度，结果却看不到这个学生的进步，这个学生一次次地让我失望，于是我真的灰心了。教育不是万能的，信任也不是万能的。针对这种情况，作为教师，我们该怎么办呢？

朱：信任关系的建立是一个动态的过程，首先是表达，其次是接受反馈，最后是调整后的表达。在不断的表达、反馈和调整之后，师生的信任关系才得以建立起来。这个过程不是一蹴而就的，是一个循环往复的过程。

首先，教师表达信任非常重要。教师对学生的信任一定要表达出来，才能为学生所理解，进而成为学生道德发展的力量。鲁洁先生曾经说："德育只能是人理解人的教育，而这种理解必须通过人与人的交往而实现，最后，它还要经由人的自我意识建构才得以凝聚形成个体的德性。"[①] 如果进一步追问，学生要实现对教师这个人的理解，教师需要付出什么？回答只能是一个，即教师需要表达。狄尔泰指出："人们只能通过理解他们自己的表达式以及彼此间的表达

---

① 鲁洁. 道德教育的当代论域[M]. 北京：人民出版社，2005：67.

式，方才逐渐地彼此认识并进而认识他们自身。"[1] 如果教师没有表达，即便教师对学生的信任无论怎样炽烈，学生也无法实现对教师教育活动的理解，进而教师对于学生道德发展的影响也不可能实现。

教师应怎么表达呢？信任作为一种精神现象，或者作为一种情感，其本身是无形无象的，而表达是信任的物态化、形化的过程。

任何表达都可以分为两个过程：意化过程和形化过程。所谓意化过程，指表达者形成交流动机或交流理念的过程。人的任何表达活动，都是针对一个他者（这个"他者"也可能是虚拟的主体，比如自然界）而发的。因此，针对他者而形成的交流理念的过程是意化过程。交流理念一旦形成，就要选择合适的表达方式表现出来。这就是形化过程[2]。形化过程须在一个能够"代表"或"代替"别的事物的"符号"系统中进行。我们所说的"表达准确"，指的就是"表达者"所用的"符号"具有"代表"或"代替"表达对象的功能，实现了"表且达"的理想。实现这种"表且达"的符号不是抽象的，而是具体的；不是精神的，而是物质的。信任表达的过程实质上就是将信任感、信任认知物态化的过程，使得信任不再处于认知和体验层面，而具有了可感性和客观性。教师温馨的话语、微笑的表情、柔和的声音、丰富的肢体语言等，都可以表达对学生的信任。

这里需要指出，学生的差异性是很大的，就年龄差异性而言，教师对幼儿、小儿童与对大儿童就可能不一样。这就有不同的表达信任的方式。对于幼儿，表达需要外显一些、直接一些，而对于大孩子、中学生，则需要直接与间接相结合。

其次，要注意信任表达之后的学生反馈。教师不能以信任信息是否传递出了为止，而是要看信息传递出去的效果是什么，然后还要侧重于自我的反省。很多的教师自认为信任学生、爱自己的学生，但是对学生的调查显示却与教师的理解差异性很大，即便教师表达了信任信息、爱的信息，但是很多学生并没有接收到。于是就有教师认为这些学生太糟糕了，一点都不领情，感到很失望。甚至有的教师在反馈的过程中会发现，虽然自己传递的是信任，但学生感受到

---

[1] 里克曼. 狄尔泰[M]. 殷晓蓉，吴晓明，译. 北京：中国社会科学出版社，1989：166.
[2] 孟华. 符号表达原理[M]. 青岛：青岛海洋大学出版社，1999：52.

的却是压抑。

种种不好的反馈结果固然与学生接受、感知的能力有关，同时也涉及教师信任表达的能力问题。如果学生对教师的信任表达没有反馈，或者是一个负向的效果，那么教师就需要思考：究竟出了什么问题？是学生的问题还是自己表达的问题？如果是自己表达的问题，自己该如何改善，并使其对学生具有积极的影响力？

当接受了反馈，反思了自己存在的问题之后，教师需要对自己的信任表达做出调整，这是第三步。在这一步，教师要观察经过调整后的信任表达是否引起了对方的某些变化，引起了什么变化，是否经受了实践的考验。如果教师觉得自己给予对方的信任没有引起良性的反应，那么教师还要做出调整，直到取得良性反应为止。只有当教师的信任表达在学生身上有了积极的效果，教师的信任表达过程才算完成。

很多老师认为，自己付出了努力，付出了信任、关怀和爱就可以了，其实这是不够的。不要认为自己做出了努力就一定会有期望的结果。当没有好的结果的时候，一定有自己可以调整、改进的地方。

生：看来，信任的建立的确是一个动态的过程，需要表达、反馈、调整。作为一个初涉讲台的教师，或者以前对信任表达不关注的教师，该如何尝试着做呢？当我们讲教师对学生表达爱的时候，是有一些要点的，比如弗洛姆就发现，爱包含对对方的尊重、关怀、责任和理解这四个要点。作为教师，如果向学生表示了尊重、关怀、责任和理解，这就意味着爱孩子了。那么作为教师向学生表达信任，是否也包含有一些要点呢？如果有，是哪些要点呢？

朱：美国学者罗伯特·布鲁斯·萧在研究组织中的信任关系时提出，成效、正直和关注是表达信任的三个要点。我这里对于这三个要点做一些教育学的转化，看能不能初步解释这个问题。

布鲁斯·萧对其提出的"成效"是"我们相信他人愿意并且也能够实现他们对我们的承诺"[①]。这里的"成效"其实可以理解为"期望"，因此我把期望看成是信任表达的第一个要点。

---

① 布鲁斯·萧. 信任的力量[M]. 王振, 译. 北京：经济管理出版社, 2002：130.

教师的期望是"对孩子的发展的各种可能性的耐心和忍耐、信念和信任"①。教师对学生期望的表达是多渠道、多维度的，比如教师对学生经常性的微笑、点头、注视，与学生有较多的谈话机会，提供给学生更多的展示机会，等待学生回答问题的时间适当长一些，以及经常性的鼓励，等等。心理学家罗森塔尔和雅各布森在奥克小学进行的研究结果表明，提供给实验组学生的深切期望和设想的区别对待，结果造成了他们的智力比对照组学生得到显著的提升。这就是著名的皮格马利翁效应，也称之为期望效用、期待效应。

信任表达的第二个要点在布鲁斯·萧看来是"正直"，这里的正直指的是"言行一致"，在我看来就是教师要真实、真诚。信任学生一定是向学生真实地敞开自己，不做作、不虚假，以一个"真人"的形象出现。否则，教师在学生面前充满伪饰、不能够敞开自己，就谈不上对学生的信任。

庄子在《渔父》中说："真者，精诚之至也。不精不诚，不能动人。……真悲无声而哀，真怒未发而威，真亲未笑而和。真在内者，神动于外，是所以贵真也。……真者，所以受于天地，自然不可易也。故圣人法天贵真，不拘于俗。"② 因而，教师的真实具有重要的教育意义。"真实，是一切教育的灵魂……只有真的才是可信的，才是有教育意义的，才会是被儿童所认同的。在儿童率真的心灵中本来就容不得半点虚假……"③如果教师不真实，那自然就不可信，也就谈不上对学生的信任。真善美，真为先，所以陶行知说"千教万教教人求真"。

我这里有一个案例，可以说明教师的"真"才能体现教师的信任。1993年，我结束在莫斯科大学的访问进修后回国，开始在南京琅琊路小学做情感教育实验，实验班的班主任周老师本来以为一个四年级的孩子是不能完全接受和理解真实的教师的，但是一件事情告诉她，其实并不如此：

班上的一位学生非常调皮，并做了一些过火的事情。于是周老师就向其家

---

① 范梅南. 教学机智——教育智慧的意蕴 [M]. 李树英，译. 北京：教育科学出版社，2001：91.
② 杨岚. 人类情感论 [M]. 天津：百花文艺出版社，2002：99.
③ 鲁洁.《品德与生活》《品德与社会》：最有魅力的课程. http://www.pep.com.cn/rjqk/sjtx/sjpdysh/yj2006_6z205/200703/t20070302_280585.htm

长报告了这个孩子的情况。结果没有想到,家长把这个孩子毒打了一顿,打得鼻青脸肿的。

第二天一进教室,周老师就发现了。"糟糕!"周老师想,肯定与我昨天告状有关。与这个学生一聊,果真如此。周老师心里很难受,不断地自责。并且,周老师当着大家的面,在班上进行了自我批评,批评自己昨天的处理方式是不恰当的,自己没有耐心地、过细地了解家长的脾气和具体情况,没有想到事情的结果会是这个样子。并且,周老师真诚地向这个孩子承认了自己的不对。

结果,在这个课堂上,班上很多孩子都哭了起来。孩子们在日记中写了很多。很多孩子同情这个同学,批评他的家长做法失当;还有很多孩子说老师很勇敢,能够向我们这些十来岁的孩子承认自己的不当。孩子们的最后结论是:我更爱我们的周老师了!因为周老师对我们很真实、对我们很信任,能够向十来岁的孩子承认自己的不对。

十来岁的孩子都可以接受真实,那些大孩子还不能接受真实吗?虚伪地说一些东西对已经可以辨别真假的孩子而言有什么意义呢?这样做的结果往往只能是负向的。在学生看来,这是老师不相信我们、不信任我们,把我们当成了什么都不懂的小孩子,老师是在骗我们。

信任表达的第三个要点是关注。所谓关注,就是"我的眼睛中有你"。教师的眼里有每个孩子,知道每个孩子的特点。对于学生而言,他必须能够在教师的眼睛里看到他自己的存在,否则谈不上信任。因此,教师信任的表达必须是个别指向的,也就是要关注每一个学生,让每个学生都能感受到信任的存在。

日本学者佐藤学认为,"在教室里,并不存在'大家',存在的只是有着自己的名字和容貌的一个个学生。即使在以教室中全体学生为对象的讲话时,也必须从心底里意识到,存在的是与每个学生个体的关系"[①]。这也就是要让学生始终感受到,自己与教师联系的专有通道没有堵塞,始终是保持信息畅通的。教师怎么做到这一点呢?佐藤学说,即使是教师对学生群体讲话的时候,也"能做到与一个个的学生展开对话,而不是以群体为对象进行谈话,教师边与每

---

① 佐藤学. 静悄悄的革命 [M]. 李季湄,译. 长春:长春出版社,2003:5.

个学生谈话,边倾耳静听每个学生尚未说出的话语"①,从而形成一种多维应答、多维对话。

　　这种多维沟通的方式是有的,比如教师眼神的使用、声音的使用等。教师一个眼神扫视过去,每个学生都可以接收到信息,而且由于眼神表达内容的多义性,不同的学生接收到的信息会存在差异:学习认真的学生可能认为是鼓励,做小动作的学生可能以为是提醒,正在感受孤单的学生感受到的可能是关怀……这样,大面积的师生之间的单独信息交流就成了可能。

　　诸葛亮在《出师表》中说:"侍卫之臣不懈于内,忠志之士忘身于外者,盖追先帝之殊遇。"为什么这些臣子如此地效力于刘备?原因在于他们受到了刘备特殊的关注、特殊的待遇。每个人首先希望自己得到的关注不少于其他人,其次是希望得到的关注不同于其他人,比其他人获得的频率更多、程度更高。人总是追求这种被关注的特殊化的,因为这可以证明自己存在的独特价值。这是可以理解的,这就是人性。对于每个学生来说,他们感受到了教师特殊的关注、特殊的信任的时候,他们不仅感受到自身存在的独一无二的优越性和价值性,而且会生发出前进的力量,于是师生关系就变得生动了起来。

　　生:您谈到的信任学生我是比较容易接受和理解的。但是对于学生特殊化的信任,似乎很难做到。现在不少的班级有50个孩子,甚至更多,教师的时间和精力有限,如何实现对每个学生的信任表达,进而建立信任关系呢?

　　朱:教师只有一个个体,因而平均式的信任是很难的。佐藤学讲的是对的,教育就是教育,教育只有在个体身上产生影响,用普遍、同一的方式是不可能的。在中国的语境下,很多班级有50几个学生,因而教师尽管知道特殊的信任是对的,均等式的关怀是对的,但是客观上个人照顾不了那么多的学生。其实我们也不是说任何时候、任何事情都面对50个学生、60个学生,只是告诉老师们还有可能性。什么可能性呢?比如,在上数学课的时候,教师可能照顾不到某一个孩子,不过下课的时候是可以做到跟某一个孩子接触的。教师只要心中装着50个孩子,总是有办法照顾一下某一个特别需要照顾的学生的。如果教师心中只有10个孩子,而不是50个孩子,那么教师永远只会信任和关注这10个孩子,而不会照顾到其他的孩子。

---

　　① 佐藤学. 静悄悄的革命[M]. 李季湄,译. 长春:长春出版社,2003:30.

之所以我们很少或者不去关心班上的某一个或某几个学生,是因为你心中没有这些孩子,或者这些孩子在你心中的位置是不够的。对于我们的父母,当自己出外的时候,总是会每隔一段时间通过电话问候;当自己太忙,感觉有很长一段时间没有问候的时候,就会觉得很歉疚,会想今天无论如何也要抽时间问候一下,否则自己就会很自责,吃不下饭、睡不好觉,总感觉不对劲。这是因为自己心中有父母,而且父母在自己心中的地位很重要。教师对学生也是一样的,如果学生在自己心中没有位置,就不会去采取行动;在自己心中有位置,一定会采取行动。这就是老师的教育民主的思想,所有的孩子到自己这里来学习,机会应该是均等的,这个机会均等不仅是入学机会的均等,更指教育过程中的机会均等。学生所获得的资源,学生表达的机会,学生情感交流的机会,应当尽可能均等。学习好的人可能在被提问上、在学业展现上有机会,学习不好的人应该在其他地方有机会,这个地方没有机会那个地方补,那个地方没有机会这个地方补。如果所有的地方这个孩子都没有机会,那就不是机会均等了。

生: 不少的学者认为,信任是需要冒风险的。社会学家彼得·什托姆普卡在其《信任——一种社会学理论》中讲了这样一个故事:一位学生向他借了一本很重要的书籍备考,但是事后却没有归还,因而什托姆普卡为自己轻信了这位学生而非常懊悔[1],从而他认为信任就是一种风险,为此他作了深刻的反思。什托姆普卡认为,"在不确定和不可控制的条件下行动,我们就是在冒风险,我们就是在赌博,我们在拿未来的不确定性和他人的自由行动来赌博。这样我们就获得对信任的最简单、最一般的定义:信任就是相信他人未来的可能行动的赌博"[2]。

教育人类学家博尔诺夫在其著作中也引用 N. 哈特曼的话,认为"一切信任和信赖都是冒险……这等于信任者把赌注压在被信任者身上,他就像置身于一场赌博之中"。所以这种预先给予信任的教育需要教育者自身做出极大的努力[3]。

这就是说,教师对学生的信任可能被学生利用,可能被学生撕成碎片,那

---

[1] 什托姆普卡. 信任——一种社会学理论 [M]. 程胜利,译. 北京:中华书局,2005:40—48.
[2] 什托姆普卡. 信任——一种社会学理论 [M]. 程胜利,译. 北京:中华书局,2005:33.
[3] 博尔诺夫. 教育人类学 [M]. 李其龙,等,译. 上海:华东师范大学出版社,1999:48.

教师该如何去做呢？如何看待信任的风险性问题呢？

朱：风险是一个经济学的词汇，是指投资能否收回成本的问题。如果投资无法收回成本，那就是风险了。信任需要投入时间、投入感情、投入精力。

说信任是有风险的，可能放在其他的情境中可以这么看，但是放在教育情境中，就要另当别论。教育学的立场不是去考虑后果的好与坏，而是考虑发展、进步，无论是持续的发展，还是曲折的发展。在其他立场看来，信任是一种冒险，但是在教育立场看来，信任的"冒险"则是一次教育的契机。关于这一点，有个很著名的案例可以说明：

马卡连柯的《教育诗》中记述着这样一则故事：学员谢苗逃离了课堂，经过一段时间的流浪后又回来了，马卡连柯宽容他、信任他，还令他到离学校很远的财务处去领取五百卢布。当时谢苗"瞪着眼睛"不知所措，事情完全出乎他的想象。但他迅速地取回了钱。过了两个星期，马卡连柯又令谢苗去取两千卢布，还交给他一把手枪、一匹马，供其使用。当时，谢苗和马卡连柯之间进行了这样一段对话："两千？要是我取了钱不回来了呢？""你少说这种傻话，既然把委托书交给你，你就去取。""你不可能这样信任我。""你年轻力壮，马又骑得好，同时，我知道你跟我一样诚实。"于是，在马卡连柯超乎常规的信任中，谢苗又一次忠实地完成了任务。此后，谢苗为了不辜负马卡连柯的信任，上进心一直很强，成为优秀学员，后来还成为马卡连柯教育事业的接班人。

我自己也接触到一个案例，是一位南京学校校长的故事：

一个孩子偷东西，最后全班的家长联名写信，要求把这个孩子调出这个班。如果不把这个孩子赶出这个班的话，这些家长就不让自己的孩子到这个班来了。"我们的孩子家长要求转班、转学。"教师觉得没有办法了，校长说："那我来试试看。"校长于是跟这个小孩交了朋友。校长问他："你记得你第一次拿别人东西的时候是什么情景？"他说："第一次是妈妈出去打工了，没有东西吃，非常饿，于是跑到烧饼店偷了一块烧饼。"这就是他的第一次偷窃，其实是很可怜的。后来一到肚子饿了，他就想到外面去偷烧饼、偷馒头。就这样，渐渐地他有了偷窃的欲望，控制不住自己。

怎么办呢？校长跟他讲："要不这样，你跟我不是朋友吗，我就像你的妈妈一样吧。你跟我承诺，我们俩拉个勾，一个月不拿别人的东西行不行？"这个孩子答应了。到了一个月的最后一天了，这个孩子还是忍不住了，偷了班上同学的一支钢笔。

班上同学愤怒了，说："校长你是有承诺的，但是却没有实现这一承诺，他还是偷东西，这次必须把这个学生赶出去。"校长说："他已经有了很大的进步了，我们再给他一次机会吧。"校长转换了一种方式，没有直接让他交出钢笔，而是用一种委婉巧妙的办法让他把钢笔放回了原处，这样这个孩子又熬过了这次危机。最后这个孩子不再偷窃了。

如果我们从法学的观点，用法律的方法来处理这件事，那么这个孩子就只有接受法律的惩戒；如果从经济学的视角，那么他就该受经济处罚了。但是如果基于教育学的立场，我们就不能这样看，我们看到的不是冒险、失败，而是成功、发展；我们看到的不是这种承诺失败了，而是看到前面的 29 天的进步、发展、坚持。这里，我们的立场与观点关注的不是风险投资失败了或者成功了，而是信任对这个孩子的成长是有意义的，是促进他成长的。

如果说信任有风险，但是教育面对的是正在成长中的人，所以当我们回到教育学立场的时候，尽管有风险，仍然需要信任，否则，教育就不存在了。从教育学的立场看，作为一个真正意义上的教师，无论信任是否有风险，无论风险有多大，我们还是要保持这种信任。当然信任不等同于宽容，宽容有其限度，而信任学生是没有限度的。教师必须无条件地信任学生，尤其是信任学生具有发展的可能性，否则教师就远离了教育的基本要求。

现在我们在谈教育问题的时候，常常总是寻求从社会学、经济学、管理学理论的角度寻找依据、解决问题，但是却常常寻找不到。我们应该从教育本身，从对教育的认知中去寻找依据和办法。

比如班上出现了偷窃的行为，这时候有的教师会运用法学的方法，要求学生互相举报。但是优秀的教师就不会采用这种方法，而是把各种教育问题，包括信任危机的问题、信任冒险的问题都当作教育契机，从有利于学生成长的角度去分析和处理问题。这里有一个案例也是很有名的，是教育现象学研究中关于学生考试的故事：

那是小学四年级的一次语文测试。我一向十分自信。这一次测试后我满以为一定能考取前三名。我们的语文老师是一位十分慈祥的老师。记得那天老师抱着一大捆试卷走进教室。我的心怦怦直跳。当试卷发下来时，我迅速打开，发现我的分数只有90分。我的心一下凉了半截。我仔细地检查试卷，发现一个10分的题我是能做出来的。可是，考试时我为什么那么粗心呢？强烈的虚荣心驱使我拿起橡皮擦去错误的答案，写上正确的答案。之后，我颤抖着拿着试卷让老师帮我加分数。"老师，您瞧，我这个题做对了的。您为什么扣我十分呢？"老师听了我的话，接过试卷，不露声色地说："是吗？让我看看。"过了一会儿，老师若有所悟地说："哦，或许是我错了，有错就改嘛。"他帮我加上了分数，并加了一句话："人就该诚实，对吗？"分数加上了，可老师意味深长的话却着实让我不安了好几天。最后我还是鼓起勇气向老师坦白了事情的前前后后……①

如果按照伦理学的观点，这个孩子的行为就是欺骗，但是依照教育现象学的立场，则不一样。到底什么是教育？关于教育，我们是为了要坚持一个评价标准，坚持澄清、揭示事实本身，还是基于学生发展的考量？当我们看到了教育意义，那可能就是另外的一种做法、另外的立场。

再回到你的问题，可以做这样的归纳，如果信任是有"风险"的，其实这种"风险"是教育必经的过程，甚至是教育的契机。《老子·四十九章》中说："信者吾信之，不信者吾亦信之，德信。"即便学生被证明不可信，教师的信任之光仍然要光照这样的学生，这就是德信。只有相信他，你才能改善他。以往是看到才会相信，"眼见为实，耳听为虚"，但是现在很多是相信才会看到，比如保险就是这样的。信任也一样，只有相信了学生之后，教师才会看到学生的变化；只有相信了信任是有意义的，教师才会去做，才会取得积极的效果。不相信肯定就不去做，也就没有效果。苏霍姆林斯基认为，教师信任必须充盈于教育过程的始终，否则"全部教育智谋，一切教学和教育上的方法和手段都将像纸牌搭小房一样定然倒塌"。这种理解是很深刻的。

---

① 转引自李树英报告。

生：作为成人之间的交往，当我觉得对方不值得我信任的时候，我就会取消对对方的信任。但是您提到了教师的信任却不能这样，即便学生多次被证明是不可信任的，教师仍然需要信任他。这对于教师公平吗？学生是人，教师也是人，师生是平等的关系啊，凭什么教师就要无条件地信任学生，要付出那么多呢？

朱：现在关于师生关系的研究，有一种将师生关系等同于一般人际关系的倾向。民主、平等、对话这些一般人际关系提倡的特征也被引入到了师生关系之中。提倡师生之间的人格平等、地位平等是需要的，但是师生关系又是一种特殊的人际关系，其中不仅有精神的相遇，还有大量的知识学习和技能训练等"功利任务"，那些信息型知识的掌握、操作技能的掌握是无法平等、对话的，也就是说在很多地方师生是不能够做到平等的。

在教育过程中，过分奢求教师与学生在教育过程中的交往成为两个成人之间的平等对话，其实就是对学生生命特殊性的忽视，实际上也就抽空了儿童的本质和现实存在。因为，儿童在这个以成人的标准设立的世界里，很多时候都是以一种弱者的形象出现的，他们需要成人的照顾、呵护和抚慰，尤其是在年幼的时候。过分宣扬平等会遮盖儿童十分需要帮助的弱势。对此，诺丁斯指出，"教师们可以洞察学生的内心，而学生却不能如此洞察教师，没有理由要求学生这样理解教师"[1]。如果我们以成人的标准要求学生，就等于要求学生也如同教师一样的成熟，这显然是不现实与不合适的。正因为学生是未完成、未成熟的人，他们才来到学校，将自身与教师联系起来，并赋予教师权威，期望获得教师的帮助，"孩子们以他们所具有的表达方式，直接或间接地授权给成人们对那些确保孩子幸福和走向成熟的自我责任意识的价值做出道德和道义上的反应"[2]。面对着可爱的孩子，教师仿佛面临着一种恳求，"孩子的脆弱变成了一种奇怪的驾驭成人的力量"[3]，它意味着教师对孩子负有责任，教师必须带着一种"对孩子的责任的见面形式"出现在学生面前，而教师对学生无条件的信任，就是对孩子的责任之一。

---

[1] 诺丁斯. 学会关心——教育的另一种模式 [M]. 丁天龙, 译. 北京：教育科学出版社, 2003：138.
[2] 范梅南. 教学机智——教育智慧的意蕴 [M]. 李树英, 译. 北京：教育科学出版社, 2001：94.
[3] 范梅南. 教学机智——教育智慧的意蕴 [M]. 李树英, 译. 北京：教育科学出版社, 2001：94.

后 记

《当代学校德育对话录：情感的关切》是朱小蔓教授和当年的一群博士研究生在 2011—2012 年间围绕"社会变革时期青少年思想道德价值观教育"主题合作完成的一部对话体作品。

2016—2017 年，当时正养病中的小蔓老师将这部书稿交给我，希望借我这个"局外人"的眼睛提出修改建议。后经与小蔓老师多次讨论，我们最终共同确定了篇章题名与章节顺序。当时，小蔓老师曾雄心勃勃地计划要对全书进行一次与时俱进的完善。但由于病魔反复作祟，这一想法也变得越来越不可能实现。虽然如此，小蔓老师却仍惦记这部书稿。其中，既有遗憾，更有欣慰，尤其是几位当年参与对话的青年博士经过几年的学术磨砺，学术思想已日臻成熟。于是，2017—2018 年间，朱老师亲嘱他们分别对各自负责的专题做了一次全面完善。他们分别是：刘巧利（专题一）、钟晓琳（专题二）、马多秀（专题三）、王善峰（专题四）、何蓉（专题五）、李亚娟（专题六）、王慧（专题七）、徐志刚（专题八）。

小蔓老师在长期与病魔斗争中一直表现得十分顽强，直到 2019 年仍与学生合作完成数篇重要学术论文。因此，我们对老师战胜病魔始终充满信心，也一直期待她能振作精神对书稿进行系统完善，毕竟她一辈子对学术都要求尽善尽美。可天不遂人愿，2019 年秋冬以后，她的身体一天比一天虚弱，生命状态一天比一天辛苦。在这种情况下，2020 年四五月间经反复沟通、商量，由小蔓老师亲自决定将此书纳入"当代情感教育研究"丛书出版。

小蔓老师作为我国当代情感性德育理论的创立者，一生著述颇丰。《当代学校德育对话录：情感的关切》可视作她对变革时代学校德育的最后思考。此书历经十年而成，比较完整、准确地反映了小蔓老师借回应转型时期学校德育问题，以"情感"之眼治学校德育之原理表达。对话体一直为小蔓老师所偏爱。

她执着地认为，学术形式可以多样，教育研究更应彰显情感—人文特征；师生对话有助于学术思想在共情中自然流淌，思想碰撞与激荡更有助于教育知识的生成。《当代学校德育对话录：情感的关切》可以说是小蔓老师在生命的最后给世人留下的思想光亮，盼着后人能借着这一抹光亮看到更美好的教育前景。

此书成稿时间较长，作为一部回应现实问题的著作，有些材料可能已经过时，但小蔓老师回应问题所呈现出的思想激越与智慧火花，至今仍然饱含历史深意。为了保留书稿原貌，此次出版除了对一些材料做一些必要删减外，基本未做大的改动。这样做的目的，无非希望能让读者走近真实、活泼且智慧的小蔓老师。

杨一鸣　泣书

2021 年 11 月